中国人类发展进程监测评估

迈向可持续的未来

杨永恒　龚　璞——著

科学出版社
北　京

内 容 简 介

如何科学测度发展水平并指导发展实践，是理论界和实践界一直以来持续探索的重要命题。本书系统回顾了人类发展与人类发展指数的理论概念及演进，总结了联合国开发计划署以及学术界对于人类发展指数及其拓展指数编制的前沿动态。聚焦中国人类发展指数编制实践，本书结合中国国情和统计基础，构建了以人类发展指数为核心、以多维度专项指数和监测指标为补充的中国人类发展指数体系。在此基础上，本书系统比较了中国各区域人类发展的进程，总结了中国改革开放以来人类发展的成就，分析了中国人类发展面临的主要挑战，并就实现我国的可持续人类发展提出了思路和路径。

本书主要为公共管理、发展经济学领域的研究者、大专院校师生以及发展规划领域的从业人员提供参考。

图书在版编目（CIP）数据

中国人类发展进程监测评估 ：迈向可持续的未来 / 杨永恒，龚璞著. 北京 ：科学出版社，2025.4

ISBN 978-7-03-075370-0

Ⅰ. ①中… Ⅱ. ①杨… ②龚… Ⅲ. ①社会发展-研究-中国 Ⅳ. ①D668

中国国家版本馆 CIP 数据核字(2023)第 061767

责任编辑：郝 悦/责任校对：王晓茜

责任印制：吴兆东/封面设计：有道设计

科学出版社 出版

北京东黄城根北街 16 号

邮政编码：100717

http://www.sciencep.com

北京中科印刷有限公司印刷

科学出版社发行 各地新华书店经销

*

2025 年 4 月第 一 版 开本：720×1000 1/16

2025 年 12 月第二次印刷 印张：12

字数：242 000

定价：132.00 元

（如有印装质量问题，我社负责调换）

前　言

国家和社会的发展最终都体现为人的发展，实现人的全面发展是我们追求的最终目标。如何科学测度发展水平并指导发展实践，是理论界和实践界一直以来持续探索的重要命题。从新中国成立之初的一穷二白，到实现全面建成小康社会的第一个百年奋斗目标，中国取得了前无古人、彪炳史册的辉煌发展成就。2024年，中国人均国内生产总值（gross domestic product，GDP）突破1.3万美元，接近高收入国家门槛。改革开放以来，按照现行贫困标准计算，中国7.7亿农村贫困人口摆脱贫困；按照世界银行国际贫困标准，中国减贫人口占同期全球减贫人口的70%以上。全国居民的健康水平和受教育程度稳步提高，中国人均预期寿命从1990年的68.55岁提高到2023年的78.6岁，15岁及以上人口平均受教育年限由1982年的5.3年提高到2020年的9.91年。但同时也要看到，我国经济社会发展中仍然存在不平衡、不协调、不可持续的问题，值得重点关注。

以阿马蒂亚•森（Amartya Sen）为代表的学者和联合国开发计划署等国际组织围绕人类发展的理论与测量做出了开创性贡献。1990年，联合国开发计划署首次发布人类发展指数（human development index, HDI），用以衡量一个国家或地区的综合发展水平，涵盖了健康长寿的生活、知识的获取、体面的生活水平等三个方面的发展成就。HDI的推出将决策者、媒体和非政府组织的注意力从传统的经济统计转向人的发展，强调人和人的能力而不是经济增长，应当成为评价国家和地区发展的最终标准，吻合了“以人为本”的发展理念。

中国的发展，既有自身特殊的国情，也展现出了世界一般规律。人类发展指数的提出，为我们深刻认识和理解中国发展提供了科学评估工具。从“人的全面发展”的角度综合衡量我国经济社会发展进程，诊断现代化建设进程中存在的关键短板，不仅是理论界持续关注的重要议题，而且对于以中国式现代化推进强国建设、民族复兴也具有重要的现实意义。

人类发展指数自诞生以来，得到了理论界和实践界的广泛关注。许多机构和学者在HDI指数的基础上，不断地发展和完善人类发展评估技术方法，并应用于不同地区、国别和情境下的发展测量。本书作者长期致力于经济社会发展战略研究，尝试对HDI技术方法进行拓展和创新，构建了覆盖国家、省和地市三级的HDI指数体系，并综合运用第七次全国人口普查的初步数据和多种数据来源，系统测算2020年国家、省级和地市级HDI，并对历史数据进行了修订，较为全面系统地测量和评估了中国人类发展水平，实现了国内次区域人类发展水平与国际人类发展水平的直接比较。特别是首次测算了2010～2020年我国331个地级行政区的HDI，为在更细颗粒度上衡量地区间人类发展差距和模式提供了数据基础。此外，本书还开创性地测算了省级性别发展指数（gender development index, GDI）、不平等调整后人类发展指数、人类发展协调性指数（coordinated human development index, CHDI），进一步丰富了人类发展指数编制的技术方法，实现了对中国各地人类发展情况更加立体的刻画。

当前，中国已经开启全面建设社会主义现代化国家新征程，向第二个百年奋斗目标进军。在这个伟大的历史节点上，回顾中国人类发展的历史成就，展望中国迈向可持续人类发展面临的挑战，对于实现强国建设目标至关重要。中国是联合国开发计划署推出HDI指数以来，最早实现从低人类发展水平迈入高人类发展水平行列的国家，其成功经验本身也值得广大发展中国家借鉴。本书立足中国国情，参考国际上关于HDI的最新理论和实践成果，开发了以HDI为核心、体现新发展理念的中国人类发展指数体系（China human development composite indices, CHDCI），丰富了国际理论界和实践界关于HDI的理论体系和方法体系。同时，本书深入分析了中国人类发展面临的挑战，提出了实现可持续人类发展的思路和路径，可以为制定相关公共政策提供科学支撑和决策参考。

本书汇总了清华大学中国发展规划研究院近年来在发展研究领域的部分理论和实证研究成果，一些内容曾在作者编著的《中国人类发展报告特别版》中发表，并在本书中做了修订补充。受限于数据可获得性，本书中的HDI测算截至2020年，其他一些数据分析仅更新至2023年或更早年份，故可能无法全面反映最新的人类发展状况。除本书作者外，清华大学中国发展规划研究院博士后王红帅、博士研究生朱思窈、研究助理黄溯源和邓雅兮，硕士研究生张哲、李晓凡和毕诗尧等也在资料收集、数据测算和文稿校对中做出了贡献。

感谢国家社会科学基金重大项目（16ZDA009）、国家社会科学基金哲学社会科学领军人才项目（24VRC043）、清华大学自主科研计划（2023THZWYY01）的支持。

目　　录

第一章 绪　论

改革开放以来，我国经济建设取得了长足发展，人民生活水平明显提高，社会建设取得了显著进步。但是，由于改革开放前期过度强调经济增长，社会发展滞后于经济发展，带来了片面、不协调的人类发展问题，造成了日益拉大的人类发展地区差距（宋洪远和马永良，2004；杨永恒等，2006），以及生态环境压力（孙伟增等，2014）。正如党的二十大报告指出，“发展不平衡不充分问题仍然突出，推进高质量发展还有许多卡点瓶颈”①。

中国改革开放以来的发展历程，既反映了中国独特国情，实际上也是第二次世界大战以来全球发展历史的缩影。第二次世界大战以后，主要资本主义国家面临的最大问题就是如何通过经济发展来减少或消除贫困，这时的发展几乎等同于经济增长，这就是第一代“以增长为核心”的发展观；但是，经济增长带来的社会不公等问题，引发了人们对经济增长之外的社会发展的关注，由此产生了第二代“以人为本”的发展观；随着资源环境问题和压力的凸显，第三代“可持续发展观”应运而生，倡导人们正确处理发展过程中人和自然的关系以及代际公平问题（杨永恒，2012；张美云，2016）。由此可见，人们对发展的认识是在人类发展的进程中不断深化的——从早期对物质的关注逐渐到对人的关注，从片面的经济增长逐渐演变为“以人为本”的全面协调发展，从短期的增长逐渐转为长期可持续发展（杨永恒和陈升，2019）。

针对我国经济社会发展中面临的不平衡、不协调、不可持续问题，党的十六届三中全会明确提出：“坚持以人为本，树立全面、协调、可持续的发展观，促进经济社会和人的全面发展。”②党的十八届五中全会审议通过的《中共中央关于制定国民经济和社会发展第十三个五年规划的建议》指出，“必须牢固树立创新、协调、绿色、开放、共享的发展理念”，“必须坚持以人民为中心的发展思想，把增进人民福祉、促进人的全面发展作为发展的出发点和落脚点”③。党的十九大报告指出，“坚持以人民为中心”是新时代坚持和发展中国特色社会主义的基本方略

---

① 《习近平：高举中国特色社会主义伟大旗帜 为全面建设社会主义现代化国家而团结奋斗——在中国共产党第二十次全国代表大会上的报告》，https://www.gov.cn/xinwen/2022-10/25/content_5721685.htm。

② 《中国共产党第十六届中央委员会第三次全体会议公报》，https://www.gov.cn/test/2008-08/13/content_1071056.htm。

③ 《中共中央关于制定国民经济和社会发展第十三个五年规划的建议》，https://www.gov.cn/xinwen/2015-12/11/content_5022855.htm。

之一[①]。党的二十大报告概括了中国式现代化具备五个方面的中国特色，即人口规模巨大的现代化、全体人民共同富裕的现代化、物质文明和精神文明相协调的现代化、人与自然和谐共生的现代化、走和平发展道路的现代化。[②]由此可见，我国的发展观既体现了当今世界第二代发展观“以人为本”的核心内容，又衔接了第三代发展观“可持续发展观”的主旨，反映了我国的发展理念与世界前沿的接轨。

在全球范围内，随着现代发展观念的演变，尤其是“以人为本”“全面协调可持续发展”观念的形成，催生了 HDI 的出现。自 1990 年联合国开发计划署首次发布 HDI 以来，该指数被广泛用于测度和比较各国或地区的相对人类发展水平，日益成为世界各地区提高人类发展意识的工具[③]。HDI 由三个分项指数合成，主要衡量一个国家或地区在三个方面的发展成就：①健康长寿的生活，用出生时预期寿命衡量（预期寿命指数）；②知识的获取，用平均受教育年限和预期受教育年限衡量（教育指数）；③体面的生活水平，用购买力平价调整后的人均 GDP 或国民总收入（gross national income, GNI）衡量（GDP 指数或 GNI 指数）。HDI 的推出将决策者、媒体和非政府组织的注意力从传统的经济统计转向人的发展，强调人和人的能力而不是经济增长，应当成为评价国家和地区发展的最终标准，吻合了“以人为本”发展理念，因此成为各国或地区衡量综合发展的重要工具。自 1997 年开始，联合国开发计划署联合中国有关机构，每 2~3 年发布一份《中国人类发展报告》，并公布中国各省区市的 HDI。

如图 1.1 所示，从 1990 到 2022 年，中国人类发展水平不断提高，是联合国开发计划署在全球首次测算 HDI 以来，最早从低人类发展水平跨越到高人类发展水平的国家。按照联合国开发计划署的最新测算，中国的 HDI 在 1990 年时仅为 0.482，到 2011 年时突破 0.7 的门槛，到 2022 年已达 0.788，正在向极高人类发展水平迈进[④]。在三个分项指数中，预期寿命指数一直处于较高的水平，教育指数与 HDI 基本同步，GNI 指数增幅最大，是促进中国人类发展的主要推动力。

---

① 《习近平：决胜全面建成小康社会 夺取新时代中国特色社会主义伟大胜利——在中国共产党第十九次全国代表大会上的报告》，https://www.gov.cn/zhuanti/2017-10/27/content_5234876.htm。

② 《习近平：高举中国特色社会主义伟大旗帜 为全面建设社会主义现代化国家而团结奋斗——在中国共产党第二十次全国代表大会上的报告》，https://www.gov.cn/xinwen/2022-10/25/content_5721685.htm。

③ 《促进人类持续进步：降低脆弱性，增强抗逆力》，https://www.undp.org/zh/china/publications/2014nianrenleifazhanbaogao。

④ 按照联合国开发计划署的标准，HDI≥0.800 为极高人类发展水平，0.700~0.799 为高人类发展水平，0.550~0.699 为中等人类发展水平，<0.550 为低人类发展水平。

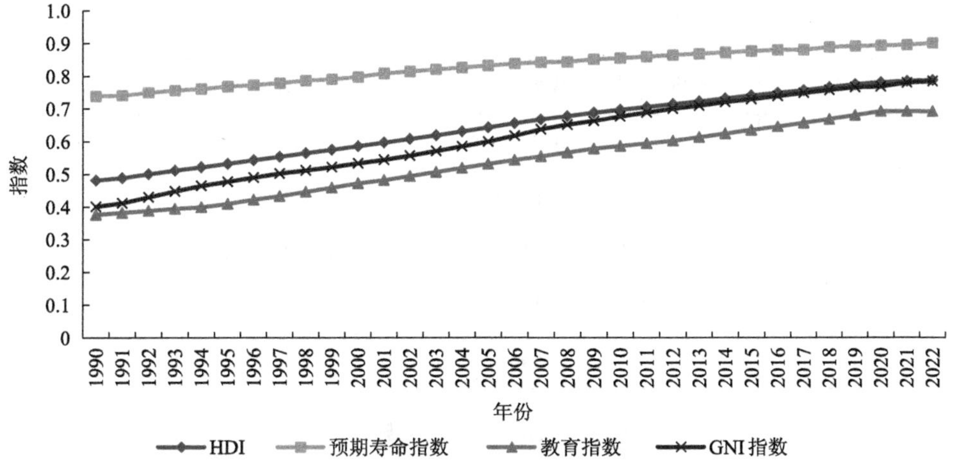

图 1.1 中国 HDI 及分项指数（1990~2022 年）

资料来源：联合国开发计划署

HDI 在一定程度上克服了 GDP 或人均 GDP 等衡量经济发展指标的局限，在指标选择范围、阈值确定、权重分配等方面受到的批评或质疑从未停止过（张美云，2016）。此外，由于 HDI 主要涵盖了经济发展和社会发展，对于以代际公平为核心的“可持续发展”的反映却并不足够。HDI 的主要贡献者、诺贝尔经济学奖得主阿马蒂亚·森在不同场合反复强调，HDI 的提出是为了引起人们对人类发展问题的关注，基于数据可得性等角度考虑，很难包括影响发展的所有指标，但它是一个可变的动态开放的体系（张美云，2016）。当前，联合国开发计划署及学术界开始对 HDI 进行扩展，比如，1995 年联合国开发计划署首次公布了性别相关人类发展指数和性别赋权测量（gender empowerment measure, GEM）。2010 年联合国开发计划署调整了 HDI 的构成指标和指数合成方法，并引入了新的扩展指数。在性别相关的发展方面，引入性别不平等指数（gender inequality index, GII）；在不平等和贫困的测量方面，引入不平等调整后人类发展指数和多维贫困指数（multidimensional poverty index, MPI）。2014 年开始，人类发展报告引入新的性别发展指数。这些拓展在健康、教育和物质财产收入的三个维度之外，又分别纳入了政治和社会的维度，在测量平均水平的基础上，又对主要发展维度上的剥夺、脆弱性和不平等程度进行了刻画，成为对 HDI 的有益补充。由联合国开发计划署发布的 HDI 及主要拓展指数体系如图 1.2 所示。

<table>
<tr><th colspan="6">人类发展构成</th></tr>
<tr><td>实证测量</td><td>健康</td><td>教育</td><td>物质财产</td><td>政治</td><td>社会</td></tr>
<tr><td>平均水平</td><td colspan="3">HDI</td><td colspan="2">赋权指标</td></tr>
<tr><td>剥夺</td><td colspan="3">多维贫困指数</td><td colspan="2"></td></tr>
<tr><td>脆弱性</td><td colspan="5">环境可持续性、人类安全，福祉以及体面工作的指标</td></tr>
<tr><td rowspan="2">不平等</td><td colspan="3">不平等调整后人类发展指数</td><td colspan="2"></td></tr>
<tr><td colspan="4">性别不平等指数</td><td></td></tr>
</table>

图 1.2　HDI 及拓展指数体系

资料来源：Human Development Report 2010: The Real Wealth of Nations: Pathways to Human Development，https://hdr.undp.org/content/human-development-report-2010

除了联合国开发计划署之外，以 HDI 为核心，研究和编制相关的指数体系，从多个维度揭示人类发展的全貌，是当前学术界和实践界探索中的重点。在我国和世界其他国家，除生活水平、教育获取、健康生活等方面之外，均面临如何促进绿色发展和可持续发展、促进社会公平的挑战。目前，国内学术界对于省一级 HDI 的测算已经比较普遍，也有学者根据微观调查数据计算了部分地区 2020 年以前的多维贫困指数，但是目前尚未有研究对全国地级层面的 HDI 进行测算，也没有研究对省级拓展指数进行测算，因此难以对中国各地人类发展情况进行纵向和横向的评估比较。因此，本书参考国内外人类发展指数研究的前沿进展，结合中国国情和统计基础，运用多种省级、地级统计数据，构建了以 HDI 为核心、以多维度专项指数和监测指标为补充的中国综合人类发展指数体系，在省级和地级层面测算了 HDI、人类发展协调性指数，在省级层面测算了区域不平等调整的 HDI、性别发展指数。

本书接下来的章节安排如下：第二章介绍人类发展的基本概念与发展观的演进，第三章介绍中国 HDI 及拓展指数的计算方法与基本结果，第四章系统比较了中国各区域人类发展的进程，第五章总结了中国改革开放以来人类发展的成就，第六章分析了中国人类发展面临的主要挑战，第七章提出了中国实现可持续人类发展的思路和路径。

第二章 发展与发展观的演进

发展是人类永恒的话题。在不同历史阶段，学术界对于“发展”有着不同的理解，对发展的认识也是随着人类社会的演进而不断深化，从早期对物质的关注逐渐到对人的关注，从片面的经济增长逐渐演变为全面协调的发展，从短期的增长逐渐转为长期、可持续发展。在此背景下，阿马蒂亚•森等学者提出了“人类发展”的概念，联合国开发计划署则开发了以 HDI 为核心的综合人类发展指数体系，定期在全球、区域及国别人类发展报告中公布。

第一节 发展观的历史演进

一、国际上关于发展观认识的变化

1990 年联合国开发计划署将发展定义为：“发展的基本目的，就是创造一种能够使人长期地享受健康和有创造性的生活。”[①]1993 年联合国开发计划署进一步明确：“发展是人的发展，为了人的发展，由人去从事的发展。”[②]很多发展经济学家也将发展视为一个多维过程：既强调生活状况和经济水平的改善，也关注人的能力的发展（Ray，1998），扩大人的选择范围（Lewis，1955），是整个社会系统向着更加美好和更为人道的生活环境持续前进的过程（Todaro，1981）。

人们对发展的认识随着世界各国面临的主要发展矛盾的变化也在不断深化。总的来看，发展观的演变大致可以分为三个阶段（杨永恒，2012）：从第二次世界大战以后最初关注如何通过经济发展来减少或消除贫困（第一代“以增长为核心”的发展观），到关注经济增长带来社会不公、两极分化等问题（第二代“以人为本”的发展观），再到关注日益凸显的资源环境问题和压力（第三代“可持续发展观”）。

1990 年起，联合国开发计划署开始发布全球各个国家和地区的 HDI，以衡量一个国家在健康生活、知识获取和体面生活等三个领域的成就，比较世界各国和地区的经济社会综合发展水平。HDI 的推出将决策者、媒体和非政府组织的注意

---

① Human Development Report 1990: Concept and Measurement of Human Development, https://hdr.undp.org/content/human-development-report-1990.

② Human Development Report 1993, https://www.undp.org/publications/human-development-report-1993.

力从传统的经济统计转向人的发展，强调人和人的能力而不是经济增长，应当成为评价国家和地区发展的最终标准。

二、中国发展观的演进

中国用几十年时间就走完了发达国家一二百年的路，取得了辉煌的发展成就。1990 年中国的 HDI 低于 0.5，到 2010 年以后达到高人类发展水平，中国是 HDI 推出以来最早实现从低人类发展水平跨越到高人类发展水平的国家。与此同时，在中国广阔的国土上，不同地区又分别处于不同的发展阶段中，东部沿海地区已经与发达国家发展水平相当，而一些边远地区的发展水平仅相当于发展中国家的平均水平。所以，中国的发展既反映了中国独特国情，也是全球发展历史的一个缩影。中国发展观的演进是人类追求发展的伟大探索中的典型样本，对于广大发展中国家乃至发达国家都有极强的借鉴意义。

事实上，从早期的“四个现代化”到“科学发展观”，再到“新发展理念”，中国的发展理念也与联合国的发展理念不谋而合。正如杨伟民在《中国人类发展报告特别版》序言中指出的：经济发展、人的发展、可持续发展，“三个发展”必须均衡，中国的不平衡不充分的发展，最主要的就是“三个发展”之间的不平衡不充分。中国经济已由高速增长阶段转向高质量发展阶段。高质量发展，不仅仅是经济发展，也包括高质量的人的发展、高质量的可持续发展。既要保持经济稳定增长，提供更多更优质的农产品、工业品、服务产品；也要促进人的发展，提供更多更优质更均等的公共服务；还要促进可持续发展，提供更多更优良的生态产品，让人民生活在好山好水好空气的美好环境中①。

从中国五年规划的发展历程中，也可以看出中国发展观的演变。在新中国成立之初一穷二白的局面下，如何建立起一个独立的比较完整的工业体系和国民经济体系是当时的关键问题。通过“一五”到“五五”计划的实施，基本实现了预期目标，并为社会主义建设积累了重要的经验和思想、物质、制度条件。随着计划经济体制向社会主义市场经济体制转轨，发展理念发生了进一步的变化。“六五”计划开始，社会发展被纳入到五年规划中，国民经济发展计划更名为国民经济和社会发展计划。“七五”计划末期，我国解决了人民温饱问题。

“八五”计划之后，发展规划编制实施与发展目标的关系更加紧密，而在每一个发展目标迭代的背后，则是发展理念相应的变迁。从“八五”到“九五”计划末期，我国人民生活持续改善，总体上达到小康水平，实现了“三步走”现代化战略前两步的目标（王昌林，2020）。这一时期，是社会主义市场经济不断完善的时期，“以经济建设为中心”“发展才是硬道理”等表述生动反映了中国当时的发

① 参见：杨永恒，等. 2019. 中国人类发展报告特别版. 北京：中译出版社.

展观念。

在社会主义市场经济体制基本建立后，指导我国发展的基本理念进一步丰富发展。“十一五”和“十二五”规划编制与实施正是以“科学发展”为主线。2015年，党的十八届五中全会提出的“创新、协调、绿色、开放、共享”新发展理念是我国发展理论的一次重大创新，“十三五”规划就是在新发展理念下制定和实施的。在这些发展理念的指导下，通过“十五”计划到“十三五”规划的实施，决战脱贫攻坚取得了全面胜利，我国胜利实现全面建成小康社会的目标，也为未来的长远发展奠定了坚实基础。

2020 年，《中共中央关于制定国民经济和社会发展第十四个五年规划和二〇三五年远景目标的建议》首次以党的全会文件形式明确提出了到 2035 年实现“人民生活更加美好，人的全面发展、全体人民共同富裕取得更为明显的实质性进展”，并把“以人民为中心”作为“十四五”时期经济社会发展必须遵循的一项重要原则①。在《中共中央关于制定国民经济和社会发展第十四个五年规划和二〇三五年远景目标的建议》提出的 20 项经济社会发展主要指标中，民生福祉类的指标占了 7 项。这些都充分体现了发展为了人民、发展依靠人民、发展成果由人民共享的发展理念。

第二节　联合国发展议程的演进

联合国倡导的发展观可以追溯到成立之初“发展、和平、人权”的三大支柱和 20 世纪 80 年代“经济、社会、环境”的三大支柱（徐奇渊和孙靓莹，2015）。不同的历史时期，联合国的发展观不断演进，发展议程不断更迭。联合国成立之初，发展问题便是联合国的主要工作内容，《联合国宪章》第九章第五十五条规定，“联合国应促进较高之生活程度，全民就业，及经济与社会进展”②。直到 20 世纪 80 年代，发展理念开始向可持续发展转型，除经济之外，社会和环境也成了联合国的发展主题。

20 世纪 60 年代以来，联合国的发展议程经历了三个阶段。自联合国成立以来，每年都有较多的国际发展议程由各方提出并由联合国通过。联合国的议程既包括综合性议程，如 2030 年可持续发展议程，也包括较多单一性的议程，如有关援助、难民、妇女等议题的议程（李东燕，2020）。考虑到联合国议程从 20 世纪 60 年代起有“大议程化”的趋向，本书所梳理的议程主要指的是跨支柱、跨领域、

① 《中共中央关于制定国民经济和社会发展第十四个五年规划和二〇三五年远景目标的建议》，https://www.gov.cn/zhengce/2020-11/03/content_5556991.htm。

② 《联合国宪章》，https://www.un.org/zh/about-us/un-charter/chapter-9。

跨部门的基于正式安排的综合性大议程。下面以联合国的综合性大议程为线索，梳理联合国的发展观变迁，大致可以分为：1960~1980 年、1980~2000 年以及 21 世纪以来三个阶段。

一、第一阶段：从经济增长到内源性发展

20 世纪 60 至 70 年代，联合国通过了两份具有标志性意义的文件，即 1961 年第 16 届联合国大会通过的《联合国发展十年：国际经济合作方案》和 1970 年第 25 届联合国大会通过的《第二个联合国发展十年国际发展策略》[①]。两个发展十年以两份战略议程为基础，主要体现了联合国从注重经济增长到开始关注内源性发展的发展观念的演变。在第一个十年发展战略中，联合国的发展主题是缩小全球发展差距、帮助发展中国家实现经济增长、改善全球人类的福祉。例如，联合国曾将第一个十年的发展中国家的经济增长速度设置为 5%；此外，20 世纪 60 年代以来，联合国通过了一些其他的重要议程，如 1966 年的《经济、社会、文化权利国际公约》和 1969 年的《社会进步和发展宣言》（徐奇渊和孙靓莹，2015）。这两个议程帮助大多数国家认识到有关人权和经济主权的观点。但在这一时期，各主权国家谋求的主要还是民族独立和经济决策主权的获取，发展观念以数量上的经济增长为主，社会发展相对停滞，经济有“增长”无“发展”，国民经济发展比例相对失调（肖巍，2016）。

第二个十年发展战略注意到了经济增长不等于经济发展的问题，开始在规定国民经济发展速度的基础上，更加重视公平的分配制度和以人为本的民生措施，物质不再是衡量发展的唯一标准，人本思想开始成为发展的内源性动力。值得注意的是，在第二个十年的发展时期内，经济和社会的协调发展开始进入联合国的工作重心。为此，联合国通过了一些其他国际议程。例如，1974 年的《建立新的国际经济秩序宣言》[②]和《各国经济权利和义务宪章》等[③]。这一阶段的发展观念虽然更加重视发展多样化的内源性动力，但联合国规定的经济增长指标还是较多，全球的贫富差距也没有得到根本性的扭转，尤其是不公正的国际政治经济秩序依旧存在。

二、第二阶段：从发展权利到可持续发展

20 世纪 80 至 90 年代，联合国的发展观念迎来了全方位的变化，并相继通过了另两份十年发展战略议程，即 1980 年的《联合国第三个发展十年国际发展

① 联合国大会第十六届会议通过的决议，参见：https://www.un.org/zh/ga/16/res/；《第二个联合国发展十年国际发展策略》，https://www.un.org/zh/documents/treaty/A-RES-2626(XXV)。

② 《建立新的国际经济秩序宣言》，https://www.un.org/zh/documents/treaty/A-RES-3201(S-VI)。

③ 《各国经济权利和义务宪章》，https://www.un.org/zh/documents/treaty/A-RES-3281(XXIX)。

战略》[①]和 1990 年的《联合国第四个发展十年国际发展战略》[②]。在第三个发展十年中，环境发展、可持续发展、发展权利等概念相继出现，经济、社会和环境发展成为联合国发展观念的新支柱，《联合国第三个发展十年国际发展战略》开始初步关注环境领域[③]。随后，1986 年，联合国通过了《发展权利宣言》，正式确立“发展权利是一项不可剥夺的人权”[④]。1987 年，世界环境与发展委员会发布报告——《我们共同的未来》，该报告介绍了可持续发展的定义，自此可持续发展的概念正式进入国际社会的视野（鲜祖德等，2021）。在这个阶段，全球范围内，更多的公正和人权得以保障，但是较多经济发展的预期目标却难以实现；发展观念的不完善是未能取得预期效果的重要原因（徐奇渊和孙靓莹，2015）。

第四个十年发展战略则开始重点控制数量型经济增长指标，并在经济和社会发展维度的基础上，开始对环境发展维度加强关注，引入更多具有时间和目标值约束力的措施（徐奇渊和孙靓莹，2015）。1992 年，联合国在巴西里约热内卢通过了《里约宣言》《21 世纪议程》《联合国气候变化框架公约》《生物多样性公约》[⑤]。1995 年，联合国在哥本哈根通过了《哥本哈根社会发展问题宣言》，为全球可持续发展框架进一步夯实了基础[⑥]。1997 年，第一部系统性阐述联合国发展观的文献《发展纲领》通过[⑦]，该文献为全球发展问题提供了一个更为全面的框架。至此，联合国的发展观已经相对成熟，但是在发展问题的具体操作上仍具有不小的提升空间。

三、第三阶段：从千年发展目标到可持续发展目标的演变

21 世纪以来，联合国的发展观念开始进入可量化、可执行、可参与、有约束的阶段（徐奇渊和孙靓莹，2015）。2000 年至今，以 2015 年为分界线，联合国的发展观一共围绕两个主题：千年发展目标和可持续发展目标。2000 年，第 55 届联合国大会千年峰会首先通过了《联合国千年宣言》[⑧]。随后，联合国设置了千年发展目标以及其他具有约束性的具体目标和指标[⑨]。千年发展目标的内容来源

---

① 《联合国第三个发展十年国际发展战略》，https://www.un.org/zh/documents/treaty/A-RES-35-56。

② 《联合国第四个发展十年国际发展战略》，https://www.un.org/zh/documents/treaty/A-RES-45-199。

③ 1972 年，斯德哥尔摩人类环境会议就关注了发展与环境的关系。1980 年 3 月，《世界自然资源保护大纲》就已经开始呼吁关注可持续发展问题。

④ 《发展权利宣言》，https://www.un.org/zh/documents/treaty/A-RES-41-128。

⑤ 参见：https://www.un.org/zh/conferences/environment/rio1992。

⑥ 《哥本哈根社会发展问题宣言》，https://www.un.org/zh/documents/treaty/A-CONF-166-9。

⑦ 《发展纲领》，https://www.un.org/zh/documents/treaty/A-RES-51-240。

⑧ 《联合国千年宣言》，https://www.un.org/zh/documents/treaty/A-RES-55-2。

⑨ 千年发展目标包括消除极端贫困与饥饿，普及初等教育，促进两性平等和赋予妇女权利，降低儿童死亡率，改善孕产妇保健，与艾滋病病毒/艾滋病、疟疾和其他疾病作斗争，确保环境的可持续性，建立全球发展伙伴关系。

于联合国过去议程的经验总结，但联合国发展议程的覆盖周期从十年发展战略的10年变为千年发展目标的15年，发展框架的设定更加具备综合性、时限性及责任性。千年发展目标设定的意义在于为21世纪的发展奠定方向、任务和基础，并特别强调消除极端贫困和促进资源可持续发展对全球发展的促进作用。2015年7月联合国发布的《千年发展目标报告》也对千年发展目标的作用做了系统评估，该目标所带来的全球政策效应明显，却依然存在一些未竟的事业①。千年发展目标针对的主要还是发展中国家，全球意义上的变革未能在千年发展目标的框架中得以体现，环境、气候变化等可持续发展问题也没有得到充分的体现（叶江，2016）。因此，在继承千年发展目标的基础上，联合国在2015年又推出了面向2030年的可持续发展目标框架。

2015年9月，联合国通过了《变革我们的世界：2030年可持续发展议程》，为各国发展提供了新的路线图和风向标，标志着全球发展进程的变革以及可持续发展目标的诞生②。2017年3月，联合国可持续发展目标指标机构间专家组以及联合国统计委员会又将可持续发展目标确认为包含17个发展目标、169个具体目标以及232个指标的指标框架，并将此成果形成决议于2017年7月提交联合国大会通过。根据决议精神，指标框架的完善以年度修改和五年回顾相结合的方式进行。在第51届联合国统计委员会上，联合国可持续发展目标指标机构间专家组又提交了包含36处指标变化的提案，完成了对指标框架的修改，形成了2020年全面回顾下的新指标框架，在替代、修改、增加及删减指标的基础上，三级指标的数量最终更新为231个（王红帅和董战峰，2020）。值得一提的是，2016年9月，中国正式发布了《中国落实2030年可持续发展议程国别方案》，将17个可持续发展目标与中国具体国情相结合，并先后数次发布中国落实2030年可持续发展议程进展年度报告，回顾了中国落实2030年议程取得的进展、经典的案例、存在的差距以及未来的安排③。可以说，联合国的发展议程继承了千年发展目标，迎来了变革性的2030年可持续发展议程，可持续发展理念逐渐成为全球的普遍性共识。

第三节　人类发展与HDI

一、发展评价与HDI

基于发展是人的全面发展的理念，以诺贝尔经济学奖获得者阿马蒂亚•森为代

---

① 《千年发展目标报告》，https://www.undp.org/zh/china/publications/2015nianqiannianfazhanmubiaobaogao。

② 《变革我们的世界：2030年可持续发展议程》，https://www.un.org/zh/documents/treaty/A-RES-70-1。

③ 参见：中国国际发展知识中心网站，https://www.cikd.org/products?menuId=1470217744411103234。

表的专家团队开发出了 HDI，并在 1990 年的《人类发展报告》中首次发布。HDI 的推出将决策者、媒体和非政府组织的注意力从传统的经济统计转向人的发展，强调人和人的能力而不是经济增长，应当成为评价国家和地区发展的最终标准。

（一）HDI 作为衡量发展的重要工具

HDI 作为评估绩效与衡量发展的工具，是其开发的初衷与最基本的功能。HDI 的理念是对以 GDP 等指标衡量发展的一种超越。从诞生起，HDI 就被广泛应用于衡量各国和地区的综合发展水平。例如，一些学者用 HDI 或者基于 HDI 的理念构造新的综合指标来衡量不同群体间的发展水平（Sanusi，2008；Harttgen and Klasen，2011）、与其他发展指标对比（Lee et al.，1997；丁杰和武继磊，2008；Wu et al.，2014）、比较国家和地区之间的发展差异和相似性（覃成林和罗庆，2004；杨永恒等，2005；Rende and Donduran，2013）。还有一些学者基于 HDI 的理念，从健康、教育和收入三个维度构造了“准人类发展指数”“混合人类发展指数”等来衡量一个国家历史上的发展水平（Campos-Vázquez and Vélez-Grajales，2012；Felice and Vasta，2015）。

随着人类发展概念的引入与讨论以及对经济社会均衡发展的关注和科学发展观的提出，越来越多的学者开始呼吁 HDI 才是中国经济快速增长背景下需要的新的发展理念。早在 20 世纪末，一些中国学者便开始呼吁关注与研究 HDI，认为在中国可持续发展战略的背景下引入 HDI 具有重要的意义（张劲，1999；杨伟民，1997）。国民福祉水平的提高不仅需要经济的增长，还需要社会政策的推动（吴雪明，2004）。HDI 本身所包含的进步且全面的发展思想引起了更多的理论讨论。李红（2007）认为，片面强调经济增长的时代已经过时，科学的发展需要新的衡量标准，“以人为本”的 HDI 比“以物为本”的人均 GDP 更能反映发展的真谛，要实现从 GDP 到 HDI 的过渡。例如，茅于轼（2009）也认为，从 GDP 到 HDI 的转变，体现了发展观的进步——过去的发展成就体现为人均 GDP，而未来的发展则体现为 HDI。

HDI 作为可以衡量发展差距的工具与方法，一直被用于研究不同地区之间的发展水平差异问题。在国内的研究中，宋洪远和马永良（2004）将 HDI 作为一种估计工具，用其评估了中国的城乡差距，发现中国城乡收入差距最大的时间集中在 20 世纪 90 年代，且这种趋势有扩大的倾向。赵志强和叶蜀君（2005）则利用联合国开发计划署的 HDI 法计算了按东中西部划分的 HDI，以分析东中西部的收入、教育和健康的差距及其变化趋势。在省级层面的研究中，田辉等（2007）采用 HDI 的概念，测量了 20 世纪 90 年代以来我国东部六省的发展水平及差异。还有学者采用聚类分析法对中国各省市 HDI 数据分别进行了单维度及多维度（经济、健康、教育）的分类，更加综合、动态地揭示了各省市在经济、健康和教育等发展领域的历史演进和不协调程度（杨永恒等，2006；Yang and Hu，2008）。

此外，还有一种前沿趋势是基于 HDI 的算法思想，利用微观数据探索细分的区域和人群的人类发展差异。Grimm 等（2008）计算了一国内按照收入分组的 HDI。Harttgen 和 Klasen（2011）开发了基于家庭水平的 HDI 计算方法，从而为按人群评估人类发展提供了分析工具。Lopez-Calva 和 Ortiz-Juarez（2012）以墨西哥、尼加拉瓜与秘鲁为例，利用家庭调查数据，发展了针对收入分配敏感的 HDI。Permanyer 等（2015）利用 24 个非洲国家的普查数据，计算了基层行政区划的 HDI。

（二）HDI 编制技术方法的讨论

自 HDI 被提出 30 多年来，学术界围绕其编制技术方法的合理性开展了一系列研究，主要聚焦于指标本身的充足性以及指数合成技术方法。

1. 关于指标充足性的探讨

自 HDI 诞生以来，学界对其褒贬不一，争论非常激烈（Kelley，1991；Ravallion，1997；Sagar and Najam，1998；Ivanova et al.，1999；Srinivasan，1994；Bilbao-Ubillos，2013a）。传统的 HDI 只包含健康、教育和收入三个维度，其优点在于算法简洁、易于理解，缺点是不能涵盖人类发展的全部特征。因此，国内外学者们对于 HDI 指标的充足性和指标修正开展了大量研究。国外学者详细比较了 HDI 与 11 类 39 个人类发展相关指标之间的关系，发现 HDI 排名与 5 岁以下婴幼儿死亡率高度相关，但是仍有 31 个指标与 HDI 排名相关度不高（Ranis et al.，2006）。因而很多研究者呼吁将更多反映人的全面发展的因素纳入考虑，如资源的利用、环境退化、可持续发展和人的价值等方面（Desai，1995；Carlucci and Pisani，1995；Neumayer，2012；Morse，2003；Costantini and Monni，2005；Bravo，2014；Sharma H and Sharma D，2015）。此外，Salas-Bourgoin（2014）还提出应将职业和政治自由这两项指标补充到 HDI 中。在国内的研究中，李立男和赵润泽（2009）也曾提出，针对早期联合国 HDI 的不足，公民素质、特色文化、发展平衡、发展平等这四个方面应加强重视。王玉振和 Gorobets（2012）也针对原 HDI 中的寿命预期与人均 GDP 等指标存在的不足，对 HDI 的指标做出了修正，并提出了可持续发展的替代目标，建议使用健康人口比例作为测量可持续发展的新的指标。

2. 关于指数合成技术方法的研究

早期，联合国开发计划署测算 HDI 时采用算术平均法等权重地合成健康、教育和收入三个维度的发展水平。一些学者批评等权重假设未能充分考虑三个分项指标之间可能存在的高度相关性，而且主观认为三个分项指标对人类发展水平的贡献或影响总是恒定不变的，这掩盖了不同维度之间的不均衡；这种假设不同维度之间可以互相替代的理念也有违人类发展观的初衷（Sagar and Najam，1998；Noorbakhsh，1998a，1998b；Neumayer，2012）。然而，Chowdhury 和 Squire（2006）利用调查研究数据发现，等权重算数平均合成的 HDI 与专家打分的结果是一致的。Stapleton 和 Garrod（2007）认为提高指标赋权的复杂性并不一定比简单的权重假设更佳。2010 年起，联合国开发计划署更新了 HDI 的计算方法。汪毅霖（2011）检验了 2010 年版 HDI 计算方法对于中国的适用性，基于中国省际面板数据比较了“混合”、“非收入”与“旧版”三种 HDI，发现 2010 年的算法改进较为理想。Zambrano（2014）比较了 2010 年版与 1990 年版的 HDI 在算法上的改进，认为 2010 年版的 HDI 算法与其测量初衷更一致，更有效地处理了在三个人类发展维度上的不平衡问题。然而，Ravallion（2012）认为最新的算法仍然存在问题，即欠发达国家的健康得分会被低估，从而导致即使在出现寿命下滑的情况下，经济微小的增长也会带来 HDI 的增加。为了修正这种不合理的情形，Ravallion 建议采用 Chakravarty（2003）提出的广义人类发展指数。此外，现有的 HDI 计算方法在多大程度上反映了指标之间的均衡关系，以及综合指数对于指标分布的敏感性仍然存在争议（陆康强，2012）。

为了更好地合成衡量人类发展的综合指数，学者们尝试使用多种有别于联合国开发计划署所采用的指数合成技术。鉴于 HDI 三个分项指数之间的高度相关性，很多学者提出了采用多元统计分析方法替代等权重算术平均法来合成 HDI，其中一种有意义的尝试是利用主成分分析法，根据数据本身的特征进行加权。Lai（2003）基于三个分项指标之间的高度相关性，提出了基于相关系数矩阵的主成分分析法来合成 HDI。杨永恒等（2005）针对 HDI 各分项指标相关性和等权重编制法存在的问题，提出了基于主成分分析法的替代技术，而且通过权重向量的动态变化来揭示人类发展差距的模式演进，以及经济和社会发展在人类综合发展中的角色变化。Despotis（2005）使用两阶段数据包络分析法来合成 HDI，其优越性在于权重是根据指标成分确定的，从而减轻了权重选取的随意性和争议。考虑到健康等维度的指标是非线性增长的，Escosura（2010）采用有别于联合国开发计划署的分项指数构造方法来计算分项指数，并使用几何平均数来合成 HDI。Lind（2010）用校准的方法构造了校准的 HDI，并用世界价值观调查（world value survey, WVS）的数据进行了验证。Canning 等（2013）指出，用简单线性方法将多维度指标合成为综合指数会导致信息损失，建议采用非参数估计法来估计 HDI。

（三）HDI 的影响因素

实证研究表明，经济增长以及一些影响经济增长的因素也会促进人类发展（Anand and Ravallion，1993；Ranis et al.，2000）。Davies（2009）应用 1975~2002 年 154 个国家的面板数据，发现政府规模对 HDI 有影响，而且存在一个最优政府消费水平。此外，大量学者研究了公共支出对于入学率、婴幼儿死亡率等人类发展指标的影响（Tanzi and Schuknecht，1997；Filmer and Pritchett，1999；Gupta et al.，2002）。Rajkumar 和 Swaroop（2008）发现公共支出对于教育和健康的影响受到治理水平的调节。Gerring 等（2012）发现，一国在给定年份的民主水平在一定程度上影响其人类发展水平，而过去的民主积累则对人类发展水平有更显著的影响。

国内对于人类发展的影响研究主要集中于公共支出、财政分权与基础设施建设等方面。霍景东和夏杰长（2005）对公共支出是否对人类发展存在影响及其影响程度进行了分析，发现公共支出可以对人类发展产生正向的影响。戴珊珊（2007）探究了中国 HDI 与政府支出的相关关系。黄君洁（2009）的实证研究发现财政支出分权能促进中国发展水平的提高。王升和吴群琪（2011）就交通建设投资与 HDI 的关系问题展开了探究，发现交通基础设施建设与 HDI 具有相关关系，且交通基础设施建设有利于区域经济的平衡增长。谷民崇（2013）通过格兰杰因果检验发现，公共服务支出对于人类发展指数的影响大于经济性支出。龚璞和杨永恒（2016）梳理了国内外公共支出与人类发展研究的进展，用更新的数据和更合理的分析方法，基于 1995~2010 年的省级面板数据，通过将地方政府财政支出划分为社会性支出、经济性支出、一般性支出和其他支出，实证检验了财政支出结构对人类发展的影响；发现社会性支出占比对人类发展的影响大于经济性支出占比的影响，说明地方政府通过调整财政支出结构可以有效提升地区人类发展水平。此外，刘彦龙和王彦平（2017）应用甘肃的数据实证分析了中央财政转移支付对于人类发展的影响。王圣云等（2018）实证分析了卫生经费、教育经费、社会保障支出等对于各地区人类发展的影响。

二、联合国 HDI 的演进

（一）联合国 HDI 编制方法

1990 年以来，联合国开发计划署对于 HDI 的编制方法做了一系列改进，如表 2.1 所示。

表 2.1 1990 年以来 HDI 的编制方法演进

《人类发展报告》年份	上下限	指标			教育指数	GDP/GNI 指数	合成公式
		健康	教育	收入			
1990	样本极值	人口出生时平均预期寿命	成人识字率	实际人均 GDP		log 对数转换	简单平均
1991~1993			成人识字率（权重 2/3） 平均受教育年限（权重 1/3）	调整的实际人均 GDP	按 2：1 的权重简单平均	Atkinson 收入效用公式折算	
1994	固定阈值		成人识字率指数（权重 2/3） 平均受教育年限指数（权重 1/3）				
1995~1998			成人识字率指数（权重 2/3） 综合毛入学率指数（权重 1/3）				
1999~2009						log 对数转换	
2010~2013	上限：观测值 下限：固定		平均受教育年限指数（权重 1/2） 预期受教育年限指数（权重 1/2）	实际人均 GNI（购买力平价）	分指数几何平均后除以观测到的综合教育指数上限	自然对数转换	几何平均
2014 年及以后	固定阈值				分指数简单平均		

资料来源：根据 Klugman 等（2011）修改。每一行表示相对于上一轮的算法调整

例如，早期人类发展报告使用 Atkinson 收入效用公式对高于标准极限水平（即世界收入平均水平）的人均 GDP 进行折算，后来又改为用对数的方法来调节人均 GDP（购买力平价法）。尤其是自 2010 年起，联合国开发计划署对 HDI 分项指数的构造以及指数的合并方式都做出了重大调整。在分项指数上，使用预期受教育年限和平均受教育年限来合成教育分项指数，代替了使用成人识字率和毛入学率计算的旧算法；用人均 GNI（购买力平价）法代替了人均 GDP（购买力平价）法。在分项指数合成上，使用几何平均法代替了算术平均法。其中，2006 年与 2020 年 HDI 计算方式的变化参见图 2.1 和图 2.2。

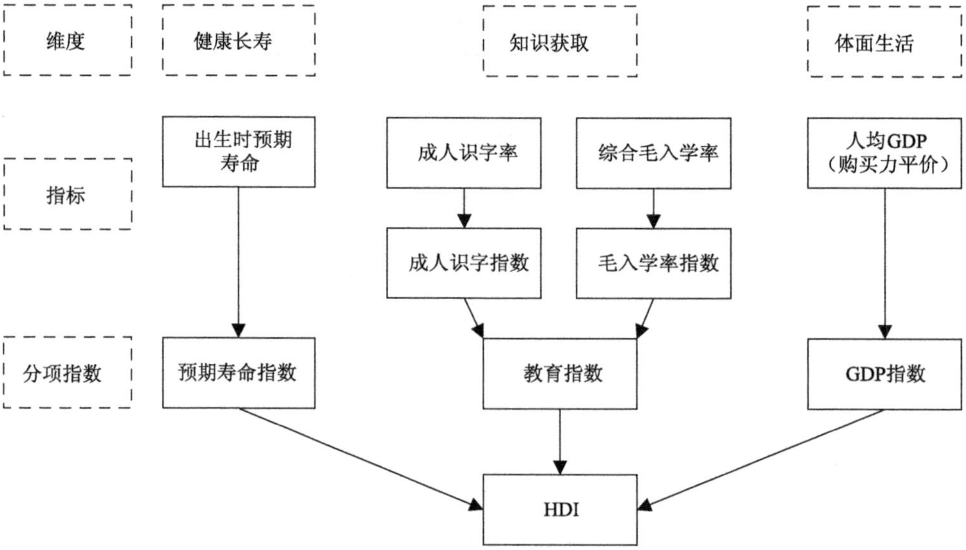

图 2.1　HDI 的计算方式（2006 年方法）

资料来源：联合国开发计划署

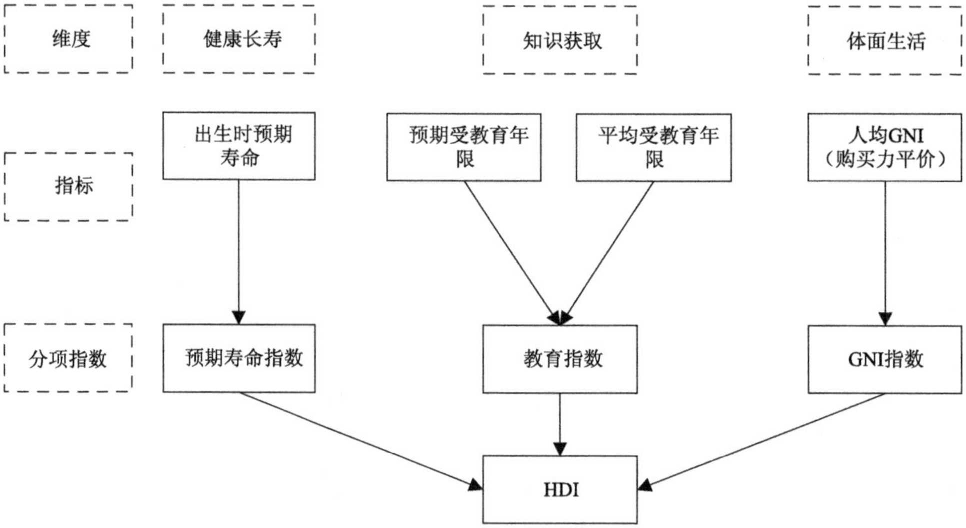

图 2.2　HDI 的计算方式（2020 年方法）

资料来源：联合国开发计划署

HDI 最初用于监控世界各国的人类发展水平，很多学者将其应用到一个国家内部，用这一分析工具来评估一个国家内部的人类发展地区差距（Indrayan et al.，1999；Tang，1999；Lai，2003；宋洪远和马永良，2004）。自 1997 年开始，联合国开发计划署与其他研究机构的学者开展合作，编制中国各地的 HDI。截至 2024

年，已经出版了9份《中国人类发展报告》（1997年、1999年、2002年、2005年、2007/08年、2009/10年、2013年、2016年、2019年）。近年来，一些学者在研究中国发展问题时，也对特定年份的中国各省级行政单元的HDI做出了估算，并公布了相应的测算结果（胡鞍钢等，2013；龚璞和杨永恒，2016；任栋等，2020）。例如，龚璞和杨永恒（2016）在研究公共支出结构对地区综合发展影响时，为了保证HDI的历史可比性，按照联合国开发计划署公布的最新算法，重新计算并公开了中国各省区市1995~2010年的HDI。

（二）HDI的拓展

面世30多年来，HDI在用于测量不同地区的发展水平之外，也被不同程度地替代、扩展与革新。在经典的HDI基础上，联合国开发计划署官方和很多学者也提出了多种基于人类发展思想的拓展指数，逐渐形成了综合人类发展指数体系。例如，联合国开发计划署针对收入分配和社会公平等发展问题，推出了人类贫穷指数、不平等调整后人类发展指数、性别不平等指数、性别发展指数、多维贫困指数，以及2020年首次提出的地球压力调整后的人类发展指数（planetary pressures-adjusted human development index, PHDI）。2019年12月，经过两年的研究，清华大学中国发展规划研究院与联合国开发计划署、国家信息中心一起发布了《中国人类发展报告特别版》。首次计算全国范围的地级HDI和省级性别发展指数、省级不平等调整后人类发展指数。

1. 不平等调整后人类发展指数

自从HDI问世以来，很多学者都尝试通过引入衡量不平等的算法来改进（Hicks，1997；Foster et al.，2005；Alkire and Foster，2010）。联合国开发计划署在2010年引入了不平等调节的HDI，用来反映考虑了不平等因素后的人类发展实际水平，如图2.3所示。相对地，HDI可以视作潜在的人类发展水平，是不平等调整后人类发展指数的最大可能值。当不存在平等的情况时，不平等调整后人类发展指数就等于HDI。

2. 性别发展指数

性别发展指数衡量的是女性和男性在健康、教育和收入这三个基本人类发展维度上的不平等程度。性别发展指数的主要思想是，首先分别按男性、女性计算HDI，其次计算女性HDI与男性HDI之比，该比值即为性别发展指数。分性别的预期寿命指数和教育指数的计算方法与计算HDI分项指数的方法相同，区别在于仅计算某一性别的有关指标。分性别GNI指数则通过男女薪资比例、经济活动人口中的男女份额和人均GNI，加权计算得到。

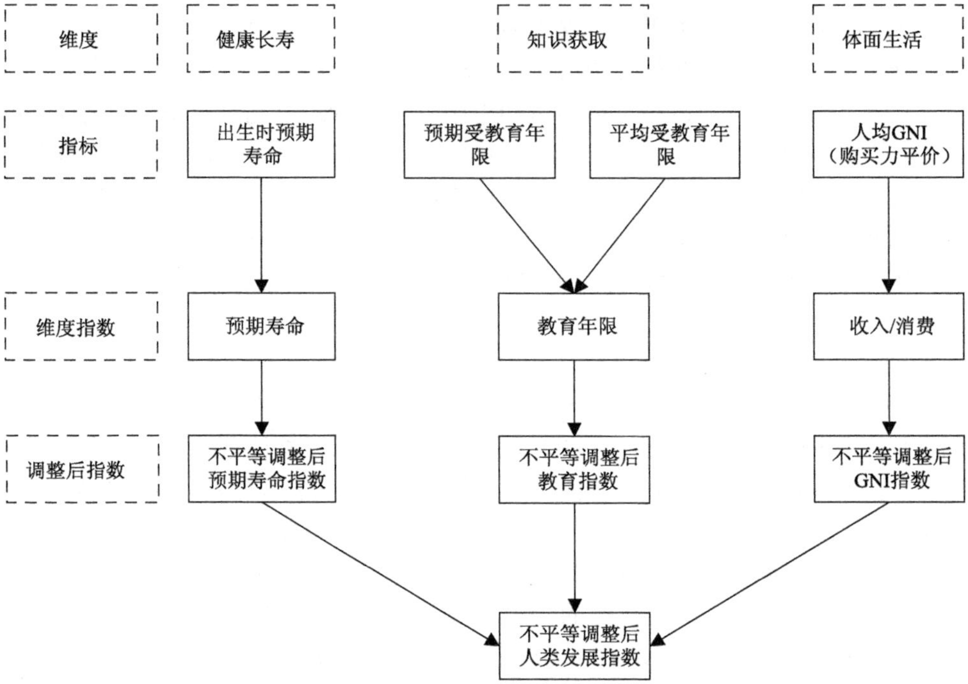

图 2.3　不平等调整后人类发展指数的计算方式

资料来源：联合国开发计划署

第三章　中国 HDI 及拓展指数体系

基于“立足中国国情、接轨国际前沿、服务中国实践”的理念，本书借鉴国际上有关 HDI 的最新学术和实践成果，结合中国国情和发展阶段，在研究中国人类发展的历史演进、地区差距和不平衡的基础上，设计了以 HDI 为核心的 HDI 体系，具体包括编制中国各省级、地级的 HDI，以及省级不平等调整后人类发展指数、性别发展指数等多种人类发展指数的拓展指数。通过研究合理有效的指标构成和编制方法，本书以省级和地级行政区为分析单元，为衡量和监测我国各地人类发展进程提供方法和工具。

第一节　《中国人类发展报告》回顾

自 1997 年起，联合国开发计划署分别与斯德哥尔摩国际环境研究院、中国发展研究基金会、中国（海南）改革发展研究院、中国人民大学、中国社会科学院、国务院发展研究中心、清华大学中国发展规划研究院等机构的学者开展合作，不定期编制并发布中国省级 HDI。截至 2019 年，已经出版了 9 份《中国人类发展报告》。这些报告以减少贫困、实现经济社会转型、推动绿色发展、促进社会公平、实现基本公共服务均等化、促进低碳经济和社会可持续发展、建设生态文明的可持续与宜居城市为主题，全面、详细地分析了中国人类发展的现状，并公布了中国各省区市 1990 年、1995 年、1997 年、1999 年、2003 年、2005 年、2008 年、2010 年、2014 年、2017 年的 HDI。

表 3.1 展示了历次《中国人类发展报告》的主要内容。

表 3.1　历次《中国人类发展报告》主要信息一览表

报告年份	中文标题	英文标题	编写单位	主要内容及创新
1997	人类发展与扶贫	Human Development & Poverty Alleviation	联合国开发计划署 中方专家学者团队	第一本以中国为对象的人类发展报告，奠定了中国人类发展报告基本框架，高度肯定了中国在促进人类发展方面的成就
1999	经济转轨与政府的作用	Transition and the State	联合国开发计划署 中方专家学者团队	关注到转轨时期经济社会不平等、环境污染等问题凸显，强调了政府运用新政策工具促进人类发展的重要意义

续表

报告年份	中文标题	英文标题	编写单位	主要内容及创新
2002	绿色发展 必选之路	Making Green Development a Choice	联合国开发计划署 斯德哥尔摩国际环境研究院	将人类发展嵌入环境可持续发展的框架，对社会与环境发展之间的关联及相关驱动因素进行了系统分析与评估
2005	追求公平的人类发展	Development with Equity	联合国开发计划署 中国发展研究基金会	关注了城乡之间、地区之间、性别之间的发展不平衡，首次计算了城市和农村地区的 HDI
2007/08	惠及 13 亿人的基本公共服务	Access for all Basic Public: Services for 1.3 Billion People	联合国开发计划署 中国（海南）改革发展研究院	分析了义务教育、公共卫生和基本医疗、基本社会保障和公共就业等基本公共服务的差距，以及向市场经济体制转变过程中面临的一些最重要的政策问题
2009/10	迈向低碳经济和社会的可持续未来	China and a Sustainable Future: Towards a Low Carbon Economy & Society	联合国开发计划署 中国人民大学	提出基于中国国情的、促进人类发展的低碳经济模式的情境构想和对策建议
2013 .	可持续与宜居城市——迈向生态文明	Sustainable and Livable Cities: Towards Ecological Civilization	联合国开发计划署 中国社会科学院城市发展与环境研究所	分析了城镇化对人类发展的影响，关注了城市治理、不平等、城乡关联以及不断恶化的城市环境等问题
2016	通过社会创新促进包容人类发展	Social Innovation for Inclusive Human Development	联合国开发计划署 国务院发展研究中心	探讨社会政策和社会治理对人类发展的多重影响，基于国际实践经验提出推动中国包容性人类发展的总体思路和建议
2019 特别版	历史转型中的中国人类发展 40 年：迈向可持续未来	In Pursuit of a More Sustainable Future for All: China's Historic Transformation over Four Decades of Human Development	联合国开发计划署 清华大学中国发展规划研究院、国家信息中心	第一本特别版报告，回顾了改革开放以来中国人类发展的成就和未来的挑战，首次测算了全国地级 HDI 和省级性别发展指数、不平等调整后人类发展指数，拓展了中国 HDI 体系

一、1997 年报告：聚焦人类发展与扶贫

这是联合国开发计划署发布的第一本专门关注中国的人类发展报告，报告撰写组包括了联合国开发计划署专家以及来自国家计划委员会社会发展司等机构的中国专家。这本报告也奠定了未来中国人类发展报告的基本框架，广泛探讨了收入分配、卫生、教育和营养、人口与人口流动、妇女地位、就业、社会治安管理，

以及自然环境的状况等议题。

该报告高度评价了中国在人类发展方面取得的举世瞩目成就。中国在人类发展方面取得的成就也为中国经济增长创造了条件。根据联合国开发计划署测算，中国 HDI 1994 年在 175 个国家中排名第 108 位，正式进入中等人类发展水平国家行列。中国成功从“高生育率、高死亡率”国家转型为“低生育率、低死亡率”国家，这种成就对于全球人口数量最多的国家来说实属不易。在当时，中国在人类发展方面的主要统计指标已接近发达国家水平，如人均出生预期寿命超过 70 岁。

在公共健康方面，大部分人口经历了第一次健康革命，得以摆脱传染性疾病的蔓延；国民届时主要面临的健康威胁是非传染性疾病和慢性疾病的“第二次健康革命”，这些疾病是经济发达国家的主要死亡原因。许多基本健康指标的改善远远超过全球平均水平，饮食和营养状况均得到改善，营养不良现象有所缓解。

在国民教育方面，根据 1994 年统计数据，在校学生人口超过 2.3 亿，中国达到了有史以来在校人口比例和成年识字率最高的水平：文盲率降至 12%（其中成人文盲率降至 16.5%）。然而，中国在高等教育方面（以大学在校生比重衡量）仍然落后于其他发展中国家。

在性别平等方面，中国女性平均预期寿命达 73 岁，超过中国男性平均预期寿命。国家制度层面已出台针对女性劳工的劳工保护法，包括保障育龄女性职工的产假权利。国家制度层面已提出同工同酬的准则，然而男女劳工收入不平等现象依然存在，尽管这种按性别的收入差距在缩小。

最后，该报告也认为，与其他转型经济体相比，中国市场经济转型尚不完整，表现为中国人类发展方面仍然存在国民收入不均等和社会保障制度不健全等问题。一是收入不均等主要表现为城乡间和区域不均等。例如，中国国民平均收入基尼系数要高于国际平均水平（0.42~0.45），且该指标在区域之间和省份之间差距加大，表现为经济发达的东南沿海地区与经济相对落后的西部地区差距加大。基尼系数在经济转型期间的城乡差距也在不断扩大。二是经济较落后省份 HDI 较低。一些地区的 HDI 排名远低于人均 GDP 排名，如西藏、宁夏、江西、青海等地区。而另一些地区的 HDI 排名超前于其经济发展水平，如山西、湖南和四川等。

二、1999 年报告：聚焦经济转轨与政府的作用

该报告的主要目的是考察经济转轨时期政府作用对于中国人类发展的影响。随着中央政府角色经历了革命性转变，政府对经济和企业的干预程度显著下降，国家对公民的社会经济生活干预程度减弱。此外，市场经济繁荣发展，私营企业、外资企业和混合所有制企业逐渐渗透国民经济的方方面面，在国民经济中开始占据重要地位。国家政治经济的转型对中国人类发展产生了重要影响，主要体现在

以下两个方面。

第一，国民发展的自由得到了更大的保障，但是社会不平等、环境污染问题凸显。国民人均寿命和健康状况显著提升的同时，生活自由度高于以往，更加开放地接受全球化信息，且获得了更多的就业选择。但与此同时，不同层面的社会和经济不平等现象加剧：虽然农村贫困率有所下降，但城市贫困率却有所上升，部分原因是国企改革导致了大量城市工人下岗。失业率的增加和农村劳动力过剩导致大量农村人口向城镇迁移，这对于社会政策提出了新的挑战和要求，对于城市女性劳工的权益问题提出了挑战。此外，中国对于环境破坏的回应仍不充分，保护和修复生态迫在眉睫。

第二，政治经济体制的转型需要新的政策工具促进人类发展。经济体制改革过程中的央地财政分权导致中央政府在社会政策方面的支配力量减弱。此外，虽然行政控制减少，但监管工具却未得到相应的发展。20 世纪 90 年代中期之后，尤其是亚洲金融危机后，经济增长速度面临减缓风险。报告指出，在这种宏观环境下，一系列有力而高效的提高人类发展的政府政策变得愈发重要。通过使用新的政策工具，政府对于提升人类发展整体水平的作用可以进一步加强。

三、2002 年报告：聚焦绿色发展

该报告由联合国开发计划署和斯德哥尔摩国际环境研究院联合编撰，以“绿色发展 必选之路”为主题，关注了中国在迈入绿色发展的十字路口时期面临着的主要挑战。报告指出，过去 20 年间，中国经济的年均增长率接近 10%的水平，经济体制快速迈向市场经济体制转型阶段，并加入了世界贸易组织。而中国城市的现代化更是实现了全球范围内史无前例的高速发展水平。在这一阶段，虽然公众意识到了绿色发展的重要性，但是制度层面还缺乏配套政策措施以实现绿色发展。

本次报告整体研究了中国的政治、经济、社会和环境等因素对于中国人类发展和中国可持续发展的影响，并对中国实现绿色发展的政策议程的瓶颈进行了详细分析，并提出了具有针对性的政策建议。报告将中国人类发展嵌入环境可持续发展分析框架下，从土地、水资源、空气和生物资源等环境因素进行了全面分析描述，并分析了上述环境因素对于人类发展在健康和福利方面的影响力。本报告的亮点在于对社会与环境发展之间的关联及相关驱动因素进行了系统分析与评估。该报告还首次加入了省级层面的经济、社会和人口等维度的指标。第一次将环境指标加入人类发展指标体系当中，以反映省级层面的环境发展状况和环境保护成就。

四、2005 年报告：聚焦公平的人类发展

该报告由联合国开发计划署与中国发展研究基金会联合编撰，聚焦社会公平问题。针对中国人类发展中不平等现象，本报告超越了收入分配不平等，重点考察了社会不同群体之间不均等的权利和能力，如迁徙自由、就业及同工同酬等方面。

报告关注了城乡之间、地区之间、性别之间的发展不平衡。本次报告首次计算了城市和农村地区的 HDI。城乡之间人类发展差距的扩大，在很大程度上是由城乡之间的收入不平等加剧造成的。世界银行估计，中国的国民收入分配基尼系数从 1982 年的 0.30 上升到 2002 年的 0.45，增长了 50%，在 131 个国家中排名第 90 位。最高收入十分位组的平均收入是最低收入十分位组的平均收入的 11 倍。

报告指出，弱势群体面临的发展挑战主要包括：一是在劳务市场中面临待遇不公平和缺乏保障。农民工面临户口（户籍）制度相关的歧视，该制度剥夺了许多人获得教育、医疗保健和社会保障的机会，城镇中农民工移民群体与城市工人在就业机会间存在巨大差距。此外，城市劳动力重组导致千万工人下岗失业，其中对女性职工影响尤其严重。二是教育资源分配不均等。农村地区人口与城市人口教育资源不均等，中国文盲人口集中在农村，且弱势群体接受教育机会的差距与群体年龄增长成正比。三是公共健康与医疗资源分配不均等。医疗资源在城乡群体中分配不平衡，城乡群体在儿童营养、孕妇死亡率、可接受医疗服务最近距离等方面均存在差异，农村地区的儿童和孕产妇死亡率是城市的两倍。在可接受医疗服务最近距离方面，80%以上的城市家庭可以在 10 分钟内到达最近的医疗机构，而在农村这一比例只有 66.9%。四是社会保障制度不健全。大多数中国农民工、乡镇企业从业人员和农民实际上被排除在社会保障体系之外。据当时统计，城镇农民工享受全额或部分失业保险的不到 2%。养老金方面，截至 2004 年末，基本养老保险仅覆盖城镇职工。五是财政收支制度导致公共服务分配不均等。城乡群体在接受公共服务分配间存在较大差异，造成这种差异的主要原因是央地财政分权导致不同级别政府之间能力差异，县乡级政府财政收入能力有限导致了公共服务提供能力不足。

五、2007/08 报告：聚焦基本公共服务

该报告由联合国开发计划署与中国（海南）改革发展研究院联合撰写。主题为“惠及 13 亿人的基本公共服务”。中国从低收入国家跃升为中等收入国家，13 亿人的生活改善速度、广度和程度是人类发展历史上最伟大的成就之一。与此同时，经济社会的快速发展不可避免地带来了新的压力。城乡、区域和不同社会群体之间的人类发展差距仍然比较明显。

报告以义务教育、公共卫生和基本医疗、基本社会保障和公共就业等基本公共服务为重点，分析了基本公共服务的关键差距，如城乡之间的差距、沿海与内陆地区的差距、城镇居民群体和农民工群体之间的差距、男女之间的差距等，并把这一讨论同政府在实现基本公共服务均等化方面的政策结合起来。还讨论了基本公共服务差距与生活质量之间的因果关系。

报告提出了中国从计划经济体制向市场经济体制转变过程中面临的一些最重要的政策问题，并指出中国解决人类发展问题面临的形势和任务与改革开放初期已有很大不同。中国经济发展仍处于较低水平，需要继续把解放和发展生产力作为长期性的根本任务。同时，中国又是经济社会转型的大国，经济社会制度还不完善，还需要坚定不移地推进改革，进一步激发全社会的创造活力，逐步实现社会公平与正义，促进社会和谐。

六、2009/10 报告：聚焦低碳经济

该报告由联合国开发计划署与中国人民大学共同撰写，主题为“迈向低碳经济和社会的可持续未来”。报告指出，改革开放 30 年来，高度依赖于能源和资源投入的经济增长模式，已经带来了巨大代价，如资源退化、环境污染等。从长期来看，这种发展模式是不可持续的。

在经济发展方面，中国成为世界第三大经济体，并跃升至世界中等偏下收入国家行列。人民生活从以基本的“吃穿”为重点，向以提高文化素质及健康水平为重点的多层次消费转变。在成人识字率和受教育水平方面，小学辍学率和初中辍学率均有明显下降，达到历史最低水平。在健康方面，2007 年预期寿命已经上升到了 73 岁，超过了世界平均水平（67 岁）；孕产妇死亡率则由 2000 年的十万分之 53 下降到 2009 年的十万分之 31.9，还不到 2005 年发展中国家的平均死亡率的十分之一。

报告指出，低碳经济应当首先是一种改善民生、促进人类发展的经济发展模式。报告识别了中国当时发展低碳经济面临的重大挑战，提出了基于中国国情诠释低碳经济概念。历史数据分析表明，无论是在全球范围还是在中国，人类发展水平都与碳足迹呈现明显的正相关关系。中国正处于一个“战略十字路口”，要么延续“高人类发展高碳足迹”模式，或者探索“高人类发展低碳足迹”发展道路。此外，报告还识别了影响低碳经济相关政策有效实施的主要障碍，提出了低碳发展的优先政策领域和政策选择。

七、2013 年报告：聚焦可持续与宜居城市

该报告由联合国开发计划署联合中国社会科学院城市发展与环境研究所共同撰写，以“可持续与宜居城市——迈向生态文明”为主题。报告特别关注了中国

城市人类发展的挑战。1978 年到 2012 年，中国城镇化率从 17.9%提高到 52.6%，中国城镇化扩张规模在人类发展史上前所未有，城市转型带来了巨大的机遇与挑战。报告基于已有的相关研究，全面分析了中国建设可持续、宜居城市、开展生态文明建设和城镇化转型过程中的人类发展相关问题，重点分析了城镇化对人及人类发展的影响。

报告首先分析了中国现在和未来的城镇化发展趋势，以及城镇化的发展将会对居住于城市中各种社会群体的不同选择产生怎样的影响。其次，特别关注了城市宜居与可持续发展面临的挑战、城市经济发展面临的挑战、城市社会发展面临的挑战、城市资源环境可持续面临的挑战等。最后，探索了为使中国城市发展更加具有可持续性、宜居性以及更能满足人的各种需求的实现路径。报告还加入了大量国际城市和中国城市的案例，并首次按照联合国开发计划署的 HDI 最新算法计算了中国各省份的 HDI。

八、2016 年报告：聚焦社会创新与包容性人类发展

该报告由联合国开发计划署和国务院发展研究中心共同撰写，主题为“通过社会创新促进包容人类发展”。中国已进入高人类发展水平国家组，在人类发展所关注的收入、健康、知识水平等方面，中国都取得了显著的进步。中国快速的经济增长对人类发展进步起到了比大多数国家更为关键的作用。相对而言，社会政策整体上对促进中国人类发展的作用发挥不足，但其重要性在日益增加。中国在社会政策和社会治理领域持续的探索和创新为中国取得上述成果做出了巨大贡献。

报告提出通过社会政策和社会治理领域的创新来应对新时期的挑战。由于中国国情的特殊性，很多方面很难参照先例或直接复制国际经验。报告在总结中国过去发展经验教训，尤其是社会创新经验的基础上，分析中国社会经济背景和特性，参考了国际相关发展经验，为中国应对当前挑战提出了通过社会创新提高人类发展包容性、减少不平等的政策建议。这些建议既包括政策设计本身的创新，也包括对各具体部门运行机制和治理方式的改革。其最终目的是，坚持发展型的社会政策理念并突出社会政策的包容性和公平性；改革公共投入的方向和管理方式，切实提高投入效率；完善社会参与机制，提升社会参与能力。

九、2019 年报告：回顾改革开放以来进展

该报告由联合国开发计划署联合清华大学中国发展规划研究院和国家信息中心共同编写，是联合国开发计划署在中国出版的第一本特别版报告，旨在庆祝中华人民共和国成立 70 周年、中国改革开放 40 年、联合国/联合国开发计划署驻华 40 周年，以及《人类发展报告》在华落地 20 周年。

报告全面分析了中国自改革开放以来在人类发展方面取得的成就和经验，分享地方和企业在推动人类发展方面的实践经验和案例，对未来中国人类可持续发展进行了展望，提出了政策建议和实施路径。报告分为五章，第一章从国家、地区、省和地级市层面，总结和梳理了中国改革开放40年来取得的人类发展成就。第二章从人类发展的视角分析了中国改革的基本逻辑、核心经验和作用机制。第三章通过案例分析剖析了中国推动人类发展的典型经验。第四章分析了中国人类发展在生态环境、公共服务、经济发展、收入分配、减贫和政府治理等领域面临的关键挑战。第五章就迈向高质量可持续人类发展提出了对策建议。

相比于以往8本《中国人类发展报告》，本次报告有三点特别之处。首先是时机上的特别。2019年正值中华人民共和国成立70周年之际，也是联合国及联合国开发计划署在华40周年。其次是内容上的特别。回溯过往，展望未来。报告回顾了助力中国人类发展进程的关键改革举措：从农业生产转型到发展市场经济，再到现阶段的教育、卫生及其他公共服务改革。同时，报告也分析了中国在生态环境、公共服务、经济发展、收入分配、减贫及政府治理能力等人类发展相关领域面对的若干挑战。最后是范围上的特别。此次报告首次计算了县级市和地区（超过280个）的HDI，因而可以观察到区域内及省内差异。

第二节　中国HDI的方法与体系

一、中国HDI测算的回顾

联合国开发计划署作为人类发展理念和HDI的主要推广者，其编制的HDI最具权威性，也被广泛引用。联合国开发计划署从1997年开始至2019年发布的9本《中国人类发展报告》中，分别测算了1990年、1995年、1997年、1999年、2003年、2005年、2008年、2010年、2014年、2017年中国各省区市的HDI。表3.2是2019年以前历次《中国人类发展报告》对于HDI的测算。

表3.2　2019年以前历次《中国人类发展报告》中HDI测算结果

测算年份	1990	1995	1997	1999	2003	2005	2008	2010	2014
报告年份	1997	1997	1999	2002	2005	2007/08	2009/10	2013	2016
全国	—	—	—	—	0.746	0.777	0.793	0.693	0.754
北京	0.742	0.876	0.867	0.845	0.882	0.897	0.891	0.821	0.869
天津	0.798	0.859	0.852	0.801	0.855	0.877	0.875	0.795	0.843
河北	0.598	0.670	0.730	0.723	0.766	—	0.810	0.691	0.735
山西	0.607	0.627	0.679	0.710	0.753	0.775	0.800	0.693	0.738

续表

测算年份	1990	1995	1997	1999	2003	2005	2008	2010	2014
内蒙古	0.571	0.578	0.645	0.679	0.738	0.765	0.803	0.722	0.766
辽宁	0.698	0.756	0.831	0.764	0.808	0.814	0.835	0.740	0.798
吉林	0.609	0.659	0.710	0.720	0.776	—	0.815	0.715	0.768
黑龙江	0.624	0.676	0.766	0.732	0.786	0.786	0.808	0.704	0.755
上海	0.862	0.885	0.877	0.853	0.909	0.911	0.908	0.814	0.852
江苏	0.638	0.760	0.817	0.750	0.805	0.821	0.837	0.748	0.798
浙江	0.628	0.785	0.821	0.758	0.817	0.831	0.841	0.744	0.798
安徽	0.533	0.600	0.646	0.675	0.727	0.723	0.750	0.660	0.720
福建	0.688	0.729	0.802	0.733	0.784	0.786	0.807	0.714	0.758
江西	0.529	0.577	0.635	0.673	0.732	0.735	0.760	0.662	0.726
山东	0.625	0.704	0.770	0.724	0.776	0.797	0.828	0.721	0.769
河南	0.558	0.618	0.661	0.686	0.741	0.758	0.787	0.677	0.727
湖北	0.578	0.609	0.707	0.697	0.755	0.755	0.784	0.696	0.754
湖南	0.547	0.592	0.662	0.683	0.751	—	0.781	0.681	0.735
广东	0.652	0.814	0.843	0.771	0.807	0.820	0.844	0.730	0.772
广西	0.548	0.605	0.649	0.680	0.731	0.741	0.776	0.658	0.713
海南	0.582	0.674	0.709	0.711	0.761	0.762	0.784	0.680	0.738
重庆	—	—	0.635	0.684	0.745	0.756	0.783	0.689	0.747
四川	0.532	0.582	0.617	0.671	0.728	0.728	0.763	0.662	0.720
贵州	0.470	0.594	0.516	0.602	0.639	0.647	0.690	0.598	0.673
云南	0.496	0.526	0.583	0.632	0.657	0.672	0.710	0.609	0.668
西藏	0.388	0.391	0.452	0.521	0.586	0.616	0.630	0.569	0.600
陕西	0.550	0.570	0.617	0.680	0.729	0.742	0.773	0.695	0.751
甘肃	0.505	0.514	0.570	0.632	0.675	0.681	0.705	0.630	0.689
青海	0.498	0.503	0.528	0.625	0.684	0.685	0.720	0.638	0.694
宁夏	0.543	0.571	0.603	0.660	0.712	0.724	0.766	0.674	0.727
新疆	0.593	0.619	0.685	0.707	0.757	0.744	0.774	0.667	0.718

资料来源：历次《中国人类发展报告》

注：报告的年份与其中所测算的 HDI 年份并不完全一致。例如，1997 年报告中公布的是 1990 年和 1995 年的 HDI

在 2019 年以前，历次《中国人类发展报告》对于 HDI 的测算存在一些问题。第一，历次《中国人类发展报告》只有省级层面的测算，难以刻画更低层级、更细颗粒度的人类发展水平。例如，广东省总体人类发展水平很高，但是省内人类发展差异较大。2010 年广州、深圳等发达地市已进入极高人类发展水平，而汕尾、梅州等地区还处于中等人类发展水平。第二，历年报告的算法不统一，难以进行纵向比较。2010 年联合国开发计划署在《人类发展报告》中对于 HDI 的组成指标与合成方法进行了重大调整，而 2013 年之前《中国人类发展报告》公布的 HDI 都是按照旧算法进行计算的。不同年份《中国人类发展报告》采用的关键指标的阈值也各不相同。第三，在同一年份中，不同维度指标选取规则和估算方法不统一。例如，《中国人类发展报告》中 1990 年和 1995 年、2005 年和 2008 年、2010 年和 2014 年分别使用相同的预期寿命数据，导致年度间 HDI 变化无法体现出健康维度的改进。另外，受制于数据可得性，一些年份报告在计算教育指数时采用的是 6 岁以上人口平均受教育年限指标，而联合国开发计划署计算各国家和地区 HDI 采用的是 25 岁以上人口平均受教育年限指标，这就导致在进行国际对比时产生了不一致和不可比等问题。

除了《中国人类发展报告》，一些学者也基于联合国开发计划署的算法，对中国省级 HDI 做了测算（如杨永恒等，2006；胡鞍钢等，2013；龚璞和杨永恒，2016；任栋等，2020）。然而，仅局限于对国家、地区等较高层次行政区划的人类发展水平的测算已不能满足需要。近几年，HDI 也开始被用于测量省级以下行政区划的可持续发展水平，比如对于兰州（龚琪等，2012）、楚雄（原梦和童绍玉，2012）、山西各地市（任媛和谢学仁，2011），以及山东省 109 个市直辖区、县和县级市（包玉香和李玉江，2009），研究各地人类发展的水平以及经济社会发展的协调程度。

如上所述，联合国开发计划署的人类发展指标缺少对于绿色、可持续发展、政治文明和区域间平衡等问题的考虑，学者们对此进行了大量研究。李晶（2007）在原有 HDI 的基础上，引入了污染敏感的收入成分，扩展了原有的 HDI 框架，最终形成了一个污染敏感的 HDI 分析框架。汪毅霖（2009）在原有的 HDI 的基础上嵌入政治文明等因素，发展出了涵盖政治文明的新 HDI。李晶和李晓颖（2012）针对 HDI 在分析区域内部发展差距时存在的缺陷，利用空间距离法将 HDI 扩展为区域 HDI，以期能有效观察发展过程中的区域不平衡与不协调的问题。汪毅霖（2012）认为生态文明的嵌入可以增强 HDI 的解释力，并对其原理、建构与应用做了详细说明。朱成全和李立男（2009）针对我国国情，将“四个文明”的概念引入 HDI 编制，拓展了指标结构，采用层次分析法确定权重，最后用线性加权法进行指数合成。Bilbao-Ubillos（2013b）在 HDI 的基础上，加入了不平等、贫困、可持续性、性别因素、个人安全因素等，构建了综合动态人类发展指数（composite dynamic human development index, CDHDI）。李晓西等（2014）基于 HDI 的基本思想，在社会经济可持续发展和生态资源环境可持续发展两大维度同等重要的基础上，构建了人类绿色发展指数，以 12 个元素指标为计算基础，测算了 123 个国家绿色发展指数值及其排序。Jiang 等（2023）基于联合国开发计划署的地球压力调整后的人类发展指数框架，测算了 2007~2015 年中国各省份的指数得分，分析中国的发展模式与全球发展规律的异同，从环境和资源角度反映中国区域间发展不均衡和不充分问题。

从上述梳理的情况来看，中国 HDI 的编制呈现出如下几个特点：①HDI 的研究落后于发展观的最新认识，尤其是在指标设计上对绿色发展和可持续发展的体现不充分；②HDI 编制的技术方法在不断完善，从早期的算术平均改为几何平均，解决了广为诟病的等权重设置，但是仍然没有揭示和解决各个发展维度之间的关系问题；③中国 HDI 的编制还停留在 HDI 本身，对于国际上 HDI 体系的最新进展反映不够；④中国 HDI 的编制实践缺乏稳定性和持续性，难以为衡量和监控中国人类发展进程提供稳定支撑；⑤无论是联合国开发计划署还是其他学者，都缺乏对于中国省级以下行政区域 HDI 的系统测算，已有的工作未能突破目前我国人口寿命、教育数据的短板，采用合理的数据处理方法来进一步测算地市级 HDI 和省级 HDI 的拓展指数；⑥尽管经过多次改进，但是目前的 HDI 计算方法论仍然无法解决不同维度间发展不协调的问题。

针对上述问题，本书参考国内外 HDI 研究的前沿进展，结合中国国情和统计数据基础，构建了以 HDI 为核心、以多维度专项指数和监测指标为补充的中国综合人类发展指数体系，综合运用多种省级、地级统计数据，在省级和地级层面估算 HDI、人类发展协调性指数，在省级层面估算不平等调整后人类发展指数和性别发展指数。

二、省级和地级 HDI 的测算方法

如前文所述，HDI 是通过计算预期寿命指数、教育指数、GNI 指数的几何平均值来合成的。受限于数据可得性，现有研究在估算预期寿命、平均或预期受教育年限等指标时往往不够精确。本书尝试克服现有研究缺陷，对于现有估算提出若干改进思路。

（一）估算预期寿命

1. 基本概念

人口出生时平均预期寿命，是指在死亡率不变的情况下，一个新生儿平均能生活的年数。预期寿命可以按照不同的年龄统计，而人口出生时平均预期寿命是最常使用的指标。因此预期寿命通常均指人口出生时平均预期寿命，一些地方统计中也称期望寿命。预期寿命是衡量一个国家或地区人口健康水平的最重要指标之一①。

① 参见 OECD（Organization for Economic Co-operation and Development，经济合作与发展组织）的定义，https://data.oecd.org/healthstat/life-expectancy-at-birth.htm。

2. 数据来源

我国的人口统计、死因统计等分散在卫生、公安、统计等多个部门，部门间信息共享还有欠缺①，各类人口数据公开获取也存在一定的障碍，因此利用不同资料和方法计算得到的各地预期寿命结果也存在差异。总的来说，针对全国各地区人口预期寿命估算的系统性研究仍然缺乏（周脉耕等，2016）。

1）全国预期寿命

国家统计局公布了 1981 年、1990 年、1996 年、2000 年、2005 年、2010 年、2015 年、2020 年（主要是全国人口普查年份、1%人口抽样调查年份或邻近年份）的全国人口平均预期寿命②。此外，2017 年以后，卫生健康部门发布的《卫生健康事业发展统计公报》开始公布每年预期寿命数据。世界银行则公布了 1960~2021 年中国人口出生时平均预期寿命③。对比来看，世界银行口径和国内官方口径总体差异不大，2000~2009 年世界银行的测算值略高，2010~2019 年世界银行的测算值略低。

2）省级预期寿命

国家统计局仅公布了 1990 年、2000 年、2010 年、2020 年全国人口普查的分省预期寿命。从“十三五”开始，大部分省份会在五年规划中公布部分年份的省级人口预期寿命④。近些年，还有一些省份的卫生健康部门会通过官方渠道公布本省的人口预期寿命⑤。此外，还有一些学者通过不同数据来源估算了省级预期寿命。但是由于计算方法、数据来源和口径上的差异，上述测算结果往往存在一些差异。以北京市为例，胡广宇等（2012）基于北京市卫生部门 2003~2010 年预期寿命数据，利用一阶自回归模型预测 2015 年北京市预期寿命为 81.73 岁（90%的置信区间为[81.13, 82.33]岁），与《2015 年度北京市卫生与人群健康报告》中 2015 年北京市户籍居民预期寿命为 81.95 岁基本接近。而周脉耕等（2016）利用全球疾病负担研究中的中国分省资料，计算得到的北京市 2015 年预期寿命则为 83.5 岁，该结果甚至高于北京市“十三五”规划设置的到 2020 年预期寿命达 82.4 岁的目标值。

---

① 《统计信息中心召开寿命表编制方法研讨会》，http://www.nhc.gov.cn/mohwsbwstjxxzx/s7967/201502/3e921dbd0ff74a42b2938367cc307fd8.shtml。

② 国家统计局网站，https://data.stats.gov.cn/easyquery.htm?cn=C01。

③ 参见 https://data.worldbank.org/indicator/SP.DYN.LE00.IN?locations=CN。

④ 大部分省份在“十三五”和“十四五”规划中将人口预期寿命作为主要规划指标，并公布了 2015 年、2020 年的实际值。一些省份在“十四五”规划中只公布了 2018 年或 2019 年的实际值。

⑤ 北京、天津等地卫生部门每年发布的居民健康报告会公布人口预期寿命。值得注意的是，一些官方文件中数据也不一致，我们以最新版本文件、更高层级的政府文献中的数据为准。

3）地级预期寿命

目前统计部门没有统一公布预期寿命的渠道，部分地市的“十三五”和“十四五”规划公布了该地的预期寿命，也有一些学者根据各类数据有些零星的测算，但是总体上缺乏系统测算，不利于横向与纵向的全面对比。

本书基于第六次全国人口普查详细数据，运用简略寿命表法计算了 2010 年全国所有地级行政区的预期寿命。简略寿命表是用普查数据推算人口预期寿命的重要方法，被广泛应用于 HDI 的编制中。例如，联合国开发计划署根据联合国经济和社会事务部的 5 岁间隔寿命表估算各国的预期寿命；1997 年的《中国人类发展报告》用 1990 年预期寿命计算 1990 年和 1995 年的 HDI，预期寿命数据使用了路磊等（1994）的简略寿命表；2002 年的《中国人类发展报告》用 1995 年的预期寿命计算 1999 年 HDI，预期寿命数据使用了亓昕等（1999）编制的各省简略寿命表。

使用简略寿命表法时，除了分年龄段的平均人口和实际死亡人口，还需要终寿区间成数（a_0）、0 岁婴儿死亡率、1~5 岁幼儿死亡概率等重要参数。根据黄荣清和曾宪新（2013）的估算，修正后的 2010 年全国婴儿死亡率为 17.27‰。根据世界卫生组织总结的经验，婴儿死亡率小于 20‰时，终寿区间成数（a_0）=0.09，婴儿死亡率为 20‰~40‰时，a_0=0.15（蒋庆琅，1984）。我们采用 a_0=0.09 或 0.15 来估算；经验算，二者计算结果在百分位相同。

值得注意的是，尽管相比于 2000 年全国人口普查，2010 年全国人口普查数据总体质量明显提高（崔红艳等，2013），但是低龄人口的死亡漏报非常严重（王金营和戈艳霞，2013）。而婴儿死亡的漏报会对预期寿命有比较大的影响，且这一影响在不同死亡水平的地区也不同（宋健和张洋，2015）。因此，在估算预期寿命时，需要对低龄人口的死亡率和分年龄段的漏报率进行修正。根据崔红艳等（2013）对第六次全国人口普查死亡人口漏报率的估计，全国死亡人口漏报率为 18.4%。另外，黄荣清和曾宪新（2013）还对各省份的婴儿死亡率和幼儿死亡概率做了修正。交叉验证表明，该方法应用于 2010 年地市预期寿命估算的可靠性较高。

3. 数据集构造

本书综合了国家统计局、各省五年规划、其他官方渠道公布的多种类型数据，从上述各种较权威的资料来源中人工搜集了全国各省级和地级行政区已知年份的预期寿命。如果资料来源有冲突，则综合根据普查数据、地方总体规划纲要、其他最新年份资料来筛选。具体如下。

（1）在省级层面，我们综合运用国家统计局公布的普查年份（2000 年、2010 年、2020 年）省级预期寿命和各省份官方渠道公布的预期寿命对缺失值进行线性内插和外推处理。[①]

（2）在地级层面，如果某地市官方公布了 2010 年或邻近年份的预期寿命，且与简略生命表计算结果有差异，则采用官方结果替代。在 2010 年，本数据集的 331 个地市（三沙市和儋州市因数据不全被剔除）中，322 个地市的预期寿命是作者根据第六次全国人口普查简略生命表计算，3 个地市根据官方数据修正，还有 6 个地市数据因计算结果误差较大被删除。

（3）截至 2023 年 7 月，本书共收集 327 个地级"十四五"规划，占本数据库 331 个地级行政区划的 98.8%，这些规划文本中列出了地级 2020 年预期寿命的实际值及部分 2015 年预期寿命的实际值。对于未列出的缺失值，采用地市卫生健康事业发展专项规划中的预期寿命实际值尽可能补齐[②]。2015 年以前，地级预期寿命缺失值较多；2015 年之后，越来越多的地市有官方预期寿命数据，其中 2015~2020 年共有 809 个观测值。

（4）对于地级市观察期内的缺失值，若有 2 个以上观测值，则根据已有观测值将其之间年份的缺失值按年度线性插值补齐。在进行外推时，则按照该地市所在省份预期寿命的年度变化速率推算该地市 2011~2020 年的值。

需要说明的是，我们采取的算法综合了多种官方数据来源，且与官方口径相比平均误差很小，从而可信度更高。运用相同技术和规则进行数据整理，也保证了地区间的估算结果更有可比性。而且，本书的主要目的是在同一个尺度下横向比较各地之间发展差异和历史比较发展趋势。由于普查年份的数据比抽样数据更准确，即使是官方公布的数据也可能与实际情况存在误差，因此随着第七次全国人口普查详细数据不断更新，读者还可以利用普查数据信息对现有年份的预期寿命进行进一步修正。

（二）估算平均受教育年限

1. 基本概念

平均受教育年限是指某一年龄段人口人均接受学历教育的年数，是反映国民素质和人力资源开发水平的综合指标。在实践中，该指标有四个常用口径，分别是：6 岁以上、15 岁以上、25 岁以上、劳动年龄（即 16 岁至 59 岁）人口平均受教育年限。我国的官方统计公报通常采用 15 岁以上和劳动年龄人口平均受教育年限这两个口径，而联合国开发计划署计算 HDI 时采用 25 岁以上口径。

---

① 由于数据可得性的限制，本书中的计算未包括港澳台地区。

② 由于五年规划比专项规划效力更高，因此优先使用五年规划的数值。2020 年地市预期寿命数值：270 个来自五年规划，44 个来自卫生健康事业发展专项规划；2015 年地市预期寿命数值：113 个来自五年规划，127 个来自卫生健康事业发展专项规划。

一个地区的人口平均受教育年限可以用该地各种受教育程度的人口占总人口的比重来估算[①]。在我国的统计体系中，平均受教育年限是将各种受教育程度折算成受教育年限计算平均数得出的[②]。这种方法比较简便，2013 年的《中国人类发展报告》中也使用了同样的算法。估算公式如下：

$$\mathrm{MYS}_n = \sum_k P_{nk} \cdot k \tag{3.1}$$

其中，MYS_n 为 n 岁以上人口平均受教育年限；P_{nk} 为受教育年限 k 年的人口占 n 岁以上人口的比重。在本书中，我们采用国家统计局的折算标准：小学=6 年，初中=9 年，高中=12 年，大专及以上=16 年。

2. *数据来源*

已有国际文献往往低估了中国人口平均受教育年限。关于国家间人口受教育程度的研究，被引用最多的是 Barro 和 Lee（2001，2013）、Cohen 和 Soto（2007）等的研究。联合国开发计划署近年来计算各国和地区 HDI 时，主要引用了 Barro 和 Lee（2013）计算的平均受教育年限。然而 Barro 和 Lee 的数据库在估算中国数据时采用了联合国统计司公布的中国 1980 年、1990 年、2000 年数据，并用早年人口队列数据推算之后的情况。该数据库最新版（v2.2）也仅更新到 2010 年[③]。如果基于该数据进行线性外推估算 2010 年以后的中国人口受教育年限，会明显低估近年来中国在教育上的进步。而 Cohen 和 Soto（2007）估算中国的受教育年限的误差则更大[④]。因此，本书综合运用第六次、第七次全国人口普查数据及 2005 年和 2015 年 1%人口抽样调查数据推算各省级和地级人口平均受教育年限。

普查年份和 1%人口抽样调查年份的平均受教育年限可以根据普查数据中分年龄段的小学、初中、高中和大专及以上等各类受教育程度人口分布估算得到。2020 年的省级和地级 25 岁以上人口平均受教育年限可以根据各省第七次人口普查详细数据计算得到；2010 年的省级和地级 15 岁以上人口平均受教育年限可以直接从国家统计局发布的《人口普查分县资料》得到，并通过转换系数换算成 25 岁以上人口平均受教育年限。2000 年、2005 年、2015 年的省级 6 岁以上人口平

---

① 在理想情况下，平均受教育年限可通过每一岁年龄组人口实际接受学历教育的年数进行更精准的推算。然而在实践中，各类人口普查和调查中通常没有如此详细的统计指标。例如，我国人口普查和《中国教育监测与评价统计指标体系》中，对于受教育程度，只设有七个标准答案：未上过学、小学、初中、高中、大学专科、大学本科、研究生。

②《第七次全国人口普查公报（第六号）》，https://www.stats.gov.cn/sj/tjgb/rkpcgb/qgrkpcgb/202302/ t20230206_1902006.html。

③ Barro 和 Lee 的数据参见：http://www.barrolee.com/。

④ 该研究的数据集曾由丹尼尔·科恩（Daniel Cohen）教授发布在巴黎经济学院的网站上，2023 年科恩教授去世后，原访问链接下线。感兴趣的读者可以自行联系该研究的另一位作者。

均受教育年限可以根据《中国人口和就业统计年鉴》公布的数据计算，并通过转换系数换算成 25 岁以上人口平均受教育年限。此外，2015 年有 20 个省份可以根据各省 1%人口抽样调查资料直接计算 25 岁以上人口平均受教育年限。上述年份之外的数据则采用内插和外推补齐，其中地级市 25 岁以上人口平均受教育年限在外推时按照所在省份的增速外推。

（三）估算预期受教育年限

1. 基本概念

预期受教育年限指特定年龄入学率不变的情况下学龄儿童可期望的一生能够获得的接受正规教育的年限数。该指标可以通过累加学龄以上每岁年龄的净入学率得到。由于缺乏公开的本地升学率数据，也缺少每一岁人口的详细入学率数据，一个地区的人口预期受教育年限通常用各级教育的净入学率或毛入学率来近似估算。参考邱国华和沈百福（2005），预期受教育年限估算公式如下：

$$\mathrm{EYS} = \sum_i \lambda_i \cdot a_i \tag{3.2}$$

其中，EYS 为预期受教育年限；λ_i 为各阶段教育入学率；a_i 是各阶段教育的年限数。在本书中，我们按四个阶段来计算，分别为：小学阶段（a_1=6）、初中阶段（a_2=3）、高中阶段（a_3=3）和高等教育阶段（a_4=4）。

由于九年义务教育已基本普及，全国小学和初中毛入学率已经超过 100%。为了便于计算，在计算预期受教育年限时，小学和初中毛入学率均按 100%计算[①]。因此，只要估算出各市的高中和高等教育毛入学率即可得到预期受教育年限。计算公式如下：

$$\mathrm{EYS} = 9 + \lambda_3 \times 3 + \lambda_4 \times 4 \tag{3.3}$$

其中，若 λ 大于 100%则按照 100%计算。

2. 数据来源

教育部每年公布全国层面的各级教育入学率数据，但是省级和地级层面则没有统一数据来源。高中和高等教育毛入学率数据主要通过如下来源获取：①大部分省级、地市级“十二五”“十三五”“十四五”规划和教育事业发展规划中可以找到规划期高中和高等教育毛入学率的初始值与目标值（2005 年、2010 年、2015 年、2020 年）。②根据人口普查、1%人口抽样调查数据、1‰人口调查数据和《中

① 这种近似估算的误差是可以接受的。假设某地小学净入学率 99%，初中净入学率 95%，相比于均按 100%计算，预期受教育年限会高估 0.21 年，只相当于全国预期受教育年限的 1.6%。

国教育统计年鉴》中各省在校生数据可以近似推断部分年份的毛入学率。

（四）人均 GNI 的估算

为了便于进行国际比较，联合国开发计划署在计算 HDI 时采用了基于购买力平价调整的不变价人均 GNI 指标。因此本书也按照其最新算法，通过转换因子将省级和地级人均 GDP 换算为购买力平价调整的人均 GNI（2017 年不变价）。转换因子是国家统计局公布的中国人均 GDP（现价）和世界银行公布的中国人均 GNI（不变价）的比例关系。

省级人均 GDP 数据来自国家统计局①。地级人均 GDP 数据主要来自司尔亚司数据信息有限公司（CEIC）数据库②。由于部分地市 2020 年人均 GDP 数据缺失，我们用其 2020 年 GDP 除以第七次人口普查的常住人口数来计算人均 GDP。还有少量缺失观测值用相邻年份数据插值补齐。

（五）指数合成

根据联合国开发计划署的最新算法，各分项指数的阈值如表 3.3 所示。

表 3.3　本书计算 HDI 的阈值

维度	指标	最小值	最大值
健康	预期寿命（岁）	20	85
教育	预期受教育年限（年）	0	18
	平均受教育年限（年）	0	15
生活水平	人均 GNI（2017 年不变价，购买力平价）	100	75 000

由于采用了不同的数据来源、阈值选择与合成方法，不同研究计算的 HDI 数值往往有出入。不过，如表 3.4 所示，本书所使用的方法计算的省级 HDI 的相对排序与联合国开发计划署的以往报告和其他研究的结果高度相关，证明了算法的可靠性。与此同时，省级 HDI 与人均 GDP 的排序和可持续发展指数③的排序也高度相关，说明 HDI 对于各地之间的发展差异具有极强的解释力。

① 2021 年 8 月从国家统计局“国家数据”网站获取：https://data.stats.gov.cn/。需要说明的是，国家统计局会对历史 GDP 数据进行修订，修订带来的 HDI 估算的误差总体上可以忽略。由于 2017 年不变价 GNI 的换算因子与联合国开发计划署以往采用的 2011 年不变价 GNI 不同，本书中 GNI 指数计算的结果与以往其他报告中相同年份的结果会有差异。

② 参见：https://www.ceicdata.com/zh-hans，2021 年 8 月获取。

③《中国可持续发展目标的地方评价和展望研究报告》，https://thusdg.tsinghua.edu.cn/info/1158/ 3437.htm。

表 3.4 不同课题组计算的省级 HDI 与近似指标排序比较

指标来源	1	2	3	4	5	6	7
1.本书	1						
2.任栋等（2020）	0.98	1					
3.龚璞和杨永恒（2016）	0.98	0.97	1				
4.2013 年《中国人类发展报告》	0.99	0.97	0.99	1			
5.胡鞍钢等（2013）	0.94	0.94	0.96	0.95	1		
6.人均 GDP 排序	0.95	0.94	0.95	0.96	0.92	1	
7.可持续发展指数排序	0.91	0.93	0.92	0.92	0.91	0.86	1

注：表中结果是 Spearman 相关系数，各指标年份均是 2010 年，*N*=30，不含西藏

三、各地区 HDI 拓展指数的测算方法

（一）测算各地区性别发展指数

早在 1995 年，Anand 和 Sen（1995）就提出了能反映性别平等的人类发展指标的设想。此后联合国开发计划署在人类发展报告中先后发布了性别发展指数和性别不平等指数等。但是过去对于这类指数的测算大多在国别层面，很少有对于国家以下地区的测算。本书在《中国人类发展报告特别版》的基础上，采用更新的数据，进一步对中国省级性别发展指数进行测算。

如前文所述，性别发展指数是女性 HDI 与男性 HDI 之比。在计算分性别的指标时，受限于数据可得性，预期寿命采用 2010 年值，教育指数采用 2015 年值，就业有关指标采用 2015 年值，薪资有关指标采用 2010 年值。具体算法如下。

（1）分性别平均受教育年限根据 2015 年 1%人口抽样调查的各省份分性别、受教育程度人口计算。

（2）分性别预期受教育年限的计算与地级 HDI 计算的方法基本一致。小学和初中阶段净入学率用 100%替代。前述官方渠道一般不公布分性别入学率，只能依靠普查和 1%抽查调查数据计算分性别入学率。本书中，高中和大学阶段分性别毛入学率用 2015 年分性别在校生数和适龄人口计算，数据来源同上节。

（3）根据联合国开发计划署的算法，一个地区的分性别人均 GNI 通过男女薪资比例、经济活动人口中的男女份额和一个地区的人均 GNI 来估算。按照如下公式分别计算男女收入份额的调整系数。

$$S_f = \frac{W_f / W_m \cdot \mathrm{EA}_f}{W_f / W_m \cdot \mathrm{EA}_f + \mathrm{EA}_m} \tag{3.4}$$

$$S_m = 1 - S_f \tag{3.5}$$

$$\mathrm{GNIpc}_m = \mathrm{GNIpc} \cdot S_m / P_m \tag{3.6}$$

$$\mathrm{GNIpc}_f = \mathrm{GNIpc} \cdot S_f / P_f \tag{3.7}$$

其中，W_f / W_m 为女性与男性的薪资比例；EA_f 和 EA_m 分别为女性和男性经济活动人口；P_f 和 P_m 分别为女性和男性人口比重。GNIpc_f 和 GNIpc_m 分别为女性和男性人均收入的估计值。

性别收入比缺乏在省级层面有代表性的数据。国家统计局和全国妇联组织的第三期中国妇女社会地位调查数据显示，2010 年全国城镇在业女性的年均收入占男性收入的 67.3%①。宁光杰（2011）运用中国健康与营养调查（China health and nutrition survey, CHNS）2006 年数据发现，在控制个人特征和单位特征后，男性劳动者的小时收入比女性劳动者高 23.8%，考虑就业选择偏差后的工资性别差距达 25.2%。於嘉（2019）运用中国家庭追踪调查（Chinese family panel studies, CFPS）2016 年的数据发现，女性和男性受雇收入的均值差距接近 1/3。马磊（2018）根据国务院发展研究中心"中国民生调查"发现，2017 年男性劳动收入是女性的 1.4 倍。从以上不同年份、不同来源的数据看，2010~2017 年男女性别收入差距维持在 1/3 左右。其中，国家统计局开展的中国妇女社会地位调查数据更具权威性。因此，本书采用 67.3%这一全国平均比值来代替各省份的性别收入比。

2015 年的分性别经济活动人口数使用《中国人口和就业统计年鉴（2016）》中分性别城镇就业人员数与分性别城镇登记失业人员数之和来估算。人均 GNI 的算法同上一节。

综上所述，本书提出了一种可行的省级性别发展指数估算方法，可以在一定程度上刻画各省份在人类发展上的性别差距，是学术界的首次尝试。当然，受限于数据可得性，该算法仍然有一些误差。感兴趣的读者可以根据第四期中国妇女社会地位调查（2020 年）和第七次全国人口普查详细数据，对有关指数做出进一步的修正。

（二）测算各地区不平等调整后人类发展指数

不平等调整后人类发展指数是《2010 年人类发展报告》中首次提出的新指标。该指标考虑了 HDI 每个维度在人群中的分布情况。联合国开发计划署在计算国别指数时，用简略寿命表中不同年龄区间预期寿命的分布来衡量预期寿命的不平等，利用各国家庭调查数据来估算个人在教育和收入维度上的分布，进而计算三个调

① 参见全国妇联和国家统计局发布的《第三期中国妇女社会地位调查全国主要数据报告》第 14 页。另据《中国人口与劳动问题报告 No.17》测算，我国城镇就业人口中女性平均工资与男性的比值（男性=100）从 1990 年的 77.5 下降到 2010 年 65.8。

整后的分项指数并合成不平等调整后人类发展指数。

具体计算时，各维度的不平等程度是通过计算阿特金森不平等调整系数（A_x）来衡量的。由于缺乏在省级层面具有代表性的居民教育和收入的微观调查数据，本书采取与联合国开发计划署不同的策略来计算阿特金森不平等调整系数。不同于原算法考察人群间（不同年龄队列人口或者不同收入组别人口）在 HDI 上的差异，本书的算法重点在于考察省级以下区域间发展不均衡对于全省人类发展的负面影响，是从空间均衡的角度来丰富 HDI 的测度。

综上所述，本算法的基本思想就是用一个省份内的各地级行政区在健康、教育和收入三个维度上的不平等程度来计算省内区域不平等调整后人类发展指数。具体算法如下。

首先计算不平等调整系数（A_x）：

$$A_x = 1 - \frac{\sqrt[n]{X_1 \cdots X_n}}{\bar{X}} \tag{3.8}$$

其次计算调整后的分项指数：

$$I_x^* = (1 - A_x) \cdot I_x \tag{3.9}$$

I_x 是构成 HDI 的单项指数得分。不平等调整后人类发展指数则由三个调整后的分项指数合成：

$$\text{IHDI} = \left(I_{\text{Health}}^* \cdot I_{\text{Education}}^* \cdot I_{\text{Income}}^*\right)^{\frac{1}{3}} = \left[(1 - A_{\text{Health}}) \cdot (1 - A_{\text{Education}}) \cdot (1 - A_{\text{Income}})\right]^{\frac{1}{3}} \cdot \text{HDI} \tag{3.10}$$

同时，我们可以据此计算各省份因为所辖地级行政区之间的不平等而造成的人类发展的损失。

$$\text{Loss} = 1 - \left[(1 - A_{\text{Health}}) \cdot (1 - A_{\text{Education}}) \cdot (1 - A_{\text{Income}})\right]^{\frac{1}{3}} \tag{3.11}$$

其中，X_i 为各地级行政区的预期寿命、平均受教育年限和人均 GNI；I_x 为构成 HDI 的单项指数得分；i 为一个省份内的地级行政区。

由于第六次全国人口普查资料在区县（包括直辖市的市辖区）层面有较多缺失数据，估算北京、天津、上海、重庆四个直辖市的市辖区县以及海南省的县级辖区[①]的预期寿命存在较大误差。因此，本书中只计算了 26 个省级行政区的不平等调整后人类发展指数。

① 截至 2020 年，海南省辖 4 个地级市（海口、三亚各 4 个市辖区），10 个市辖区、5 个县级市、4 个县、6 个民族自治县，合计 25 个县级行政区划单位。

（三）测算各地区人类发展协调性指数

为了反映各地区在健康、教育和收入三个维度上人类发展的协调性，本书运用主成分分析法构造人类发展协调性指数。如前所述，早期 HDI 的测算方法采用了三个分项指数等权重算数平均，但是这种假设未能充分考虑三个分项指标之间可能存在的高度相关性，主观预设了三个分项指标对人类发展水平的贡献或影响恒定不变，可能掩盖人类发展中存在的不协调现象。后来联合国开发计划署虽然将三个分项指数的合成从算数平均改为几何平均，但是单从 HDI 本身无法判断三个维度之间发展的协调性。针对上述问题，杨永恒等（2005）提出的基于主成分分析法的 HDI 替代技术，可以通过形成动态权重结构来刻画人类发展差距模式和动态演进，以及三个维度在整体人类发展中的角色。具体算法如下。

对于 p 个指标，可以用向量表示为

$$\boldsymbol{X}=\left(X_1,X_2,\cdots,X_p\right) \tag{3.12}$$

其中，

$$X_i=\left(x_{1i},x_{2i},\cdots,x_{ni}\right)^{\mathrm{T}} \tag{3.13}$$

x_{ni} 代表第 n 个样本在第 i 个（$i=1,2,\cdots,p$）指标上的观测值。第 i 个主成分可以表示为

$$P_i=a_{1i}X_1+a_{2i}X_2+\cdots+a_{pi}X_p \tag{3.14}$$

并满足如下条件：

（1） $a_{1i}^2+a_{2i}^2+\cdots+a_{pi}^2=1$。

（2） P_i 与 P_j 不相关 $(i\neq j,i,j=1,2,\cdots,p)$ 。

（3） $\mathrm{Var}\left(P_i\right)>\mathrm{Var}\left(P_{I+1}\right)\quad\forall i=1,2,\cdots,p-1$ 。

第 i 个主成分 P_i 是 $X_1,X_2,\cdots,X_p$ 的一切线性组合中方差第 i 大的，而对应的系数向量 $(a_{1i},a_{2i},\cdots,a_{pi})$ 则恰好是 X 的协方差矩阵的第 i 个最大的特征值所对应的特征向量。

由于 HDI 的分项指数本身就是通过简单的 0-1 标准化技术消除了量纲和数量级的差异，因此可以直接对分项指数进行基于协方差矩阵的主成分分析。该方法既可以获得数据标准化本身带来的好处，又可以保留各个指标在离散程度上的特性，避免低估或夸大指标差异性对各地区人类发展差异的贡献。

杨永恒等（2005）的测算表明，基于协方差的主成分分析所获得的第一个主成分的方差贡献足够大，因此可以用第一个主成分来代表特定地区的人类发展水平（具体主成分得分在选择不同受试样本时可能不同）。第一主成分中每个指标（预期寿命指数、教育指数、GNI 指数）所对应的主成分系数向量（称为权重结构），

可以用来反映受试样本群（如全国各省份或各地市）在各个维度上发展差距的模式，以及各个维度对于总体人类发展贡献的动态变化。

因此，人类发展协调性指数就可以表示为

$$\text{CHDI} = a_1X_1 + a_2X_2 + a_3X_3 \tag{3.15}$$

其中，X_1、X_2、X_3 是对各分项指数进行均值调整后的变量，代表了某地区在健康、教育和经济三个方面相对于受试样本群整体平均水平的领先（或落后）程度，大于 0 表示该地区人类发展水平在平均水平之上，小于 0 则表示在平均水平之下。

主成分系数需满足 $a_1^2 + a_2^2 + a_3^2 = 1$，因此系数的平均水平为 $\sqrt{1/3}$=0.5774。如果各分项指数对应系数大致相同，接近 0.5774，则意味着人类发展的三个维度对于总体发展水平的贡献大致相同，受试样本群内各地区在三个维度上的发展差距是均衡协调的。在极端情况下，如果某个方向指数（比如 GNI 指数）的系数为 1，则意味着受试样本群内各地区的发展差距完全体现为该分项指数所对应的发展差距（比如经济发展差距）。

第三节　中国综合人类发展指数的测算结果

一、省级测算结果

（一）省级 HDI 主要结果

根据上一节所描述的计算方法，本书测算了 2000~2020 年的中国省级 HDI。按照联合国开发计划署对于人类发展水平组别的划分标准，2000~2020 年中国各省份人类发展水平组别的空间分布和历史演变如表 3.5 所示。

表 3.5　各省份人类发展水平组别的历史演变

组别	2000 年	2005 年	2010 年	2015 年	2020 年
极高		北京	北京、上海	北京、上海、天津	上海、北京、天津、江苏、浙江、福建、广东
高	上海、北京	上海、天津、浙江、江苏、广东	天津、江苏、浙江、广东、辽宁、山东、福建、内蒙古、吉林、湖北、山西、陕西、黑龙江、重庆、海南、河北、湖南	江苏、浙江、辽宁、广东、山东、福建、湖北、吉林、重庆、内蒙古、陕西、湖南、海南、黑龙江、河北、河南、山西、安徽、江西、新疆、四川、宁夏、广西	湖北、辽宁、山东、重庆、陕西、吉林、内蒙古、海南、湖南、山西、黑龙江、河南、安徽、江西、四川、宁夏、河北、新疆、广西、云南、青海、贵州、甘肃

续表

组别	2000 年	2005 年	2010 年	2015 年	2020 年
中等	天津、浙江、辽宁、广东、江苏、福建、山东、黑龙江、吉林、河北、海南、山西、内蒙古、湖北、重庆、湖南、新疆、河南、陕西、宁夏、四川、广西、安徽、江西	辽宁、山东、福建、黑龙江、内蒙古、山西、河北、吉林、湖北、海南、重庆、湖南、陕西、河南、新疆、宁夏、江西、四川、广西、安徽、青海、甘肃、云南	河南、宁夏、新疆、江西、安徽、四川、广西、青海、甘肃、云南、贵州、西藏	青海、贵州、甘肃、云南、西藏	西藏
低	青海、甘肃、云南、贵州、西藏	贵州、西藏			

注：HDI≥0.800 为极高人类发展水平，0.700~0.799 为高人类发展水平，0.550~0.699 为中等人类发展水平，<0.550 为低人类发展水平

从省级层面 HDI 的变迁看，2000 年以来，中国的人类发展水平取得了巨大的进步。从 2000 年到 2020 年，低人类发展水平的省份数量逐渐减少，高人类发展水平乃至极高人类发展水平的省份逐渐增多。在 2000 年，我国 31 个省区市中，尚无达到极高人类发展水平的省份，只有北京和上海属于高人类发展水平，24 个省份属于中等人类发展水平，青海、甘肃、云南、贵州、西藏 5 个省区属于低人类发展水平。2005 年，北京成为首个跃升至极高人类发展水平的省份，上海、天津、浙江、江苏和广东达到了高人类发展水平，仅剩贵州、西藏还处于低人类发展水平。2006 年，贵州从低人类发展水平迈入中等人类发展水平行列；2007 年，西藏也完成了这一跨越。至此，全国已经没有省份属于低人类发展水平。到 2010 年，北京和上海处于极高人类发展水平，17 个省份达到了高人类发展水平，12 个省份处于中等人类发展水平。从 2010 年至 2015 年，天津从高人类发展水平跃升至极高人类发展水平，7 个省份从中等人类发展水平上升至高人类发展水平。2015 年到 2020 年，青海、贵州、甘肃、云南从中等人类发展水平上升至高人类发展水平，仅剩下西藏仍属于中等人类发展水平，江苏、浙江、福建和广东跃升至极高人类发展水平。

与世界主要国家和地区的人类发展水平对比，除了西藏落后于发展中国家水平，绝大部分省份都超过了世界平均水平，部分省市已达到了发达国家水平。图 3.1 显示了达到极高人类发展水平的省份与世界水平的对比。2020 年国内人类发展水平最高的省份上海和北京的 HDI 已经接近 OECD 国家平均水平，处于捷克（30 位）和立陶宛（34 位）之间，但与全球最高的挪威有 0.07 左右的差距。天津和江苏的 HDI 处于智利（43 位）和乌拉圭（55 位）之间，浙江、广东和福建的 HDI 处于乌拉圭（55 位）与塞尔维亚（62 位）之间。

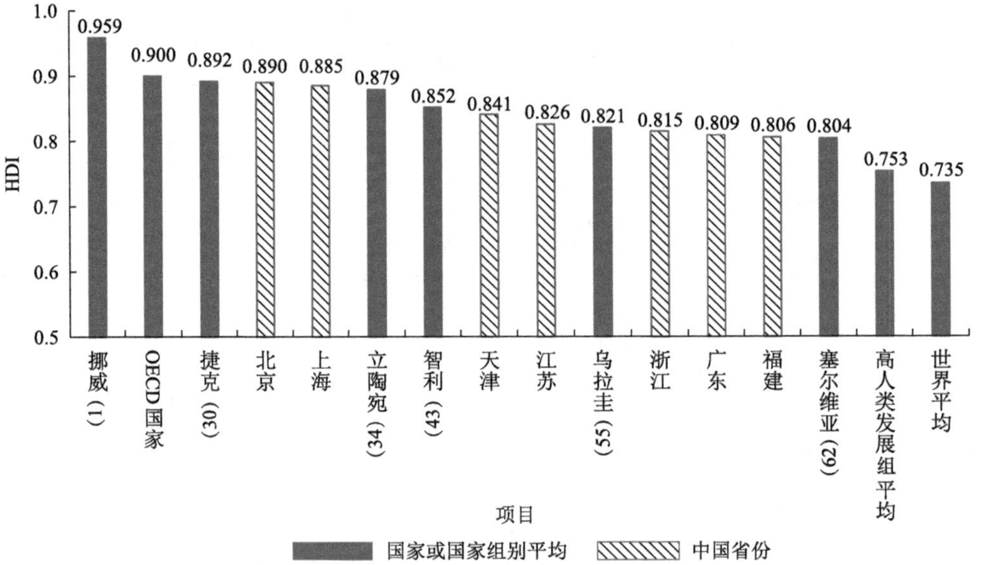

图 3.1　2020 年中国部分省份人类发展水平（HDI≥0.800）与世界对比

资料来源：中国省级 HDI 来自作者计算，世界主要国家和国家组别 HDI 来自联合国开发计划署

图 3.2 是 HDI 在 0.770 到 0.800 之间的省份与国际水平的对比。湖北、山东、辽宁、重庆、陕西、内蒙古和吉林的 HDI 处于泰国（64 位）与古巴（73 位）之间，海南、湖南、山西排在古巴（73 位）与摩尔多瓦（81 位）之间，且均高于全球高人类发展组平均水平。

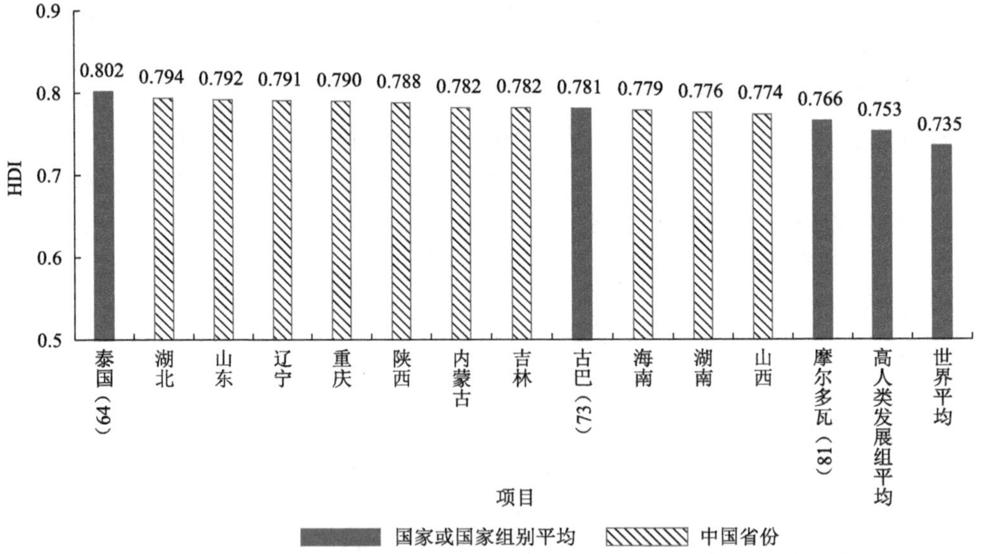

图 3.2　2020 年中国部分省份人类发展水平（0.770<HDI<0.800）与世界对比

资料来源：中国省级 HDI 来自作者计算，世界主要国家和国家组别 HDI 来自联合国开发计划署

图 3.3 是 HDI 小于 0.770 的省份与国际水平的对比。安徽、黑龙江、江西的 HDI 与摩尔多瓦（81 位）相当，河南、新疆、宁夏、四川、河北排在摩尔多瓦（81 位）和巴西（86 位）之间。广西略低于全球高人类发展组平均水平。云南、青海、贵州、甘肃略低于世界平均水平，我国西藏地区与玻利维亚（119 位）水平相当。

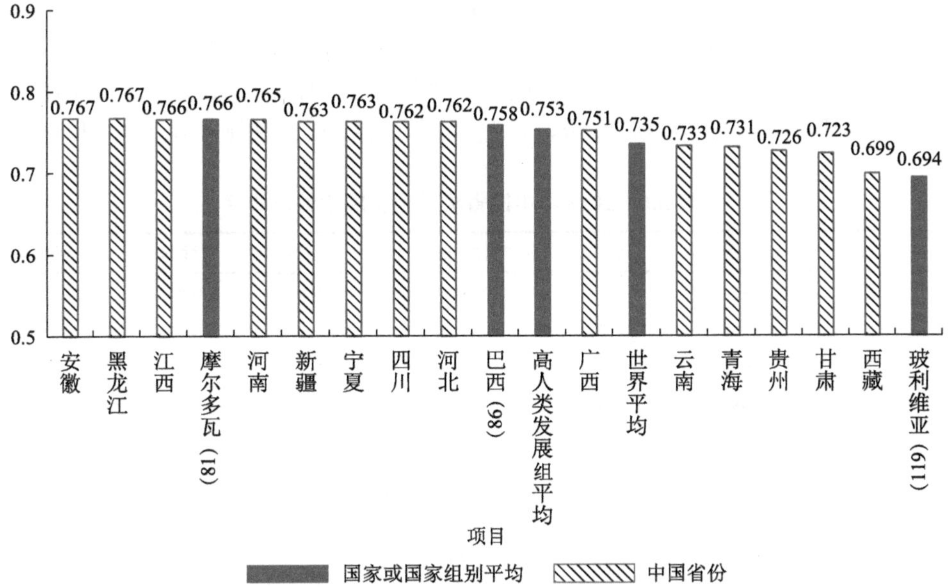

图 3.3　2020 年中国部分省份人类发展水平（HDI<0.770）与世界对比

资料来源：中国省级 HDI 来自作者计算，世界主要国家和国家组别 HDI 来自联合国开发计划署

总的来看，与国际水平相比，尽管中国大部分省份的 HDI 与最发达国家还有差距，但是已经远高于世界平均水平和全球高人类发展组别的平均水平。同时，中国的人类发展水平仍然呈现出较大的地区差距，发达省份与中等发达国家水平相当，个别省份还落后于世界平均水平。

（二）省级性别发展指数主要结果

受限于数据可得性，本书仅编制了 2015 年的性别发展指数。性别发展指数数值越接近 1，则说明女性和男性在人类发展上越平等。通过对 2015 年的性别发展指数进行单指标 K 均值聚类，以 0.920 和 0.940 为界限可将我国 31 个省区市的性别发展指数分为高水平、中水平、低水平三类。其中，北京、广东、上海、海南、天津、广西和新疆等 7 个省份属于高水平地区，河南、福建、山东、宁夏、内蒙古、浙江、云南、黑龙江、吉林、四川、山西、河北、重庆、辽宁、江苏等 15 个省份属于中水平地区，江西、青海、陕西、湖南、贵州、西藏、湖北、安徽和甘肃等 9 个省份属于低水平地区。

2015 年省级性别发展指数的计算结果及排序如表 3.6 所示。结果显示，东部地区平均性别发展指数最高（0.944），中部地区最低（0.920）。这意味着，相比于其他地区，东部地区的人类发展更能同时惠及男性和女性。从各省份情况来看，北京（第 1 位）、广东（第 2 位）、上海（第 3 位）是人类发展上性别平等程度最高的地区，西藏（第 28 位）、湖北（第 29 位）、安徽（第 30 位）、甘肃（第 31 位）等地在人类发展上的性别平等程度则较低。值得注意的是，尽管有的省份女性 HDI 本身较低，但是性别间发展更为平等。例如，河南、新疆和广西的女性 HDI 分别排在第 17、18 和 20 位，但是性别发展指数分别排在第 8、7 和 6 位。

表 3.6　2015 年中国省级性别发展指数及排序

地区	性别发展指数	排名(1)	男性 HDI	排名(2)	女性 HDI	排名(3)
北京	0.964	1	0.874	1	0.843	1
广东	0.958	2	0.786	7	0.753	5
上海	0.958	3	0.862	2	0.825	2
海南	0.955	4	0.753	17	0.719	10
天津	0.952	5	0.818	4	0.779	3
福建	0.938	9	0.785	8	0.736	7
山东	0.935	10	0.780	9	0.729	8
浙江	0.930	13	0.804	5	0.747	6
河北	0.925	19	0.748	20	0.691	21
江苏	0.922	22	0.819	3	0.755	4
东部平均	0.944		0.803		0.758	
河南	0.940	8	0.743	22	0.698	17
山西	0.926	18	0.744	21	0.689	23
江西	0.920	23	0.749	18	0.689	22
湖南	0.916	26	0.764	15	0.700	16
湖北	0.909	29	0.778	11	0.707	15
安徽	0.908	30	0.753	16	0.684	26
中部平均	0.920		0.755		0.695	
黑龙江	0.928	15	0.748	19	0.694	19
吉林	0.927	16	0.766	14	0.710	14
辽宁	0.923	21	0.790	6	0.729	9
东北平均	0.926		0.768		0.711	
广西	0.944	6	0.734	26	0.693	20
新疆	0.944	7	0.737	25	0.695	18
宁夏	0.932	11	0.737	24	0.688	24
内蒙古	0.932	12	0.769	13	0.717	12

续表

地区	性别发展指数	排名(1)	男性 HDI	排名(2)	女性 HDI	排名(3)
云南	0.929	14	0.690	30	0.641	29
四川	0.927	17	0.740	23	0.685	25
重庆	0.923	20	0.779	10	0.719	11
青海	0.917	24	0.701	29	0.643	28
陕西	0.917	25	0.774	12	0.710	13
贵州	0.915	27	0.704	28	0.644	27
西藏	0.909	28	0.649	31	0.590	31
甘肃	0.903	31	0.708	27	0.639	30
西部平均	0.924		0.727		0.672	
全国	0.932		0.765		0.713	

注：本书性别发展指数算法与联合国开发计划署有区别，因此不可比。四大板块平均值为简单平均，下同

根据性别发展指数的算法可知，性别发展指数是三个分性别分项指数的乘积开三次方，每个分项指数均为女性指数与男性指数之比（分项指数性别比）。通过对比三个人类发展维度的分性别指数得分之比，可以分析健康、教育和收入方面的性别差异对于性别发展指数的贡献。表3.7是对各地区性别发展指数构成的分解。

表3.7 2015年各地区性别发展指数在三个维度上的分解

地区	性别发展指数排名	预期寿命指数比值	教育指数比值	GNI 指数比值
北京	1	0.982	1.033	0.883
广东	2	1.007	0.994	0.880
上海	3	0.987	1.017	0.876
海南	4	1.032	0.987	0.855
天津	5	0.968	1.036	0.860
福建	9	1.007	0.976	0.839
山东	10	1.000	0.998	0.820
浙江	13	0.994	0.990	0.818
河北	19	0.996	0.983	0.807
江苏	22	0.986	0.968	0.821
东部平均		0.995	0.999	0.847
河南	8	1.014	1.012	0.810
山西	18	0.989	1.015	0.790
江西	23	1.002	0.968	0.802

续表

地区	性别发展指数排名	预期寿命指数比值	教育指数比值	GNI 指数比值
湖南	26	1.004	0.969	0.791
湖北	29	0.994	0.935	0.807
安徽	30	1.003	0.955	0.781
中部平均		1.001	0.975	0.797
黑龙江	15	1.005	0.992	0.801
吉林	16	0.988	1.004	0.803
辽宁	21	0.995	0.987	0.800
东北平均		0.996	0.994	0.801
广西	6	1.042	0.986	0.819
新疆	7	0.992	1.003	0.845
宁夏	11	0.989	0.989	0.829
内蒙古	12	1.004	0.977	0.825
云南	14	1.007	0.988	0.804
四川	17	1.006	0.988	0.801
重庆	20	1.008	0.981	0.795
青海	24	0.979	0.957	0.823
陕西	25	0.980	0.979	0.805
贵州	27	1.013	0.964	0.785
西藏	28	0.974	0.959	0.806
甘肃	31	0.971	0.983	0.770
西部平均		0.997	0.980	0.809
全国		1.000	0.987	0.821

注：分项指数的比值为女性指数得分比男性指数得分。预期寿命指数基于 2010 年数据计算，教育指数基于 2015 年数据计算，GNI 指数基于 2010 年和 2015 年数据计算

首先，女性和男性在健康上的发展成就基本相当。在考虑男女性寿命的固有差异后①，全国女性和男性预期寿命指数比值为 1（2010 年）。分地区看，中部地区在预期寿命指数上几乎没有性别差异（指数性别比=1.001），东部地区预期寿命指数差距最大（指数性别比=0.995）。有 14 个省份的女性在健康上的发展成就高于男性。其中，广西（指数性别比=1.042）和海南（指数性别比=1.032）的女性相比于男性在健康发展上的优势最明显。16 个省份的女性在健康上的发展成就低于男性，其中，天津女性与男性预期寿命指数性别比最低，甘肃、西藏、青海、

① 按照联合国开发计划署算法，男性预期寿命的阈值为 17.5 岁和 82.5 岁，女性预期寿命的阈值为 22.5 岁和 87.5 岁。

陕西、北京分别位列倒数第 2 至 6 位。值得注意的是，这只能反映出省份内的相对发展差异，不同省份的发展阶段差异很大。例如，尽管指数性别比较低，但是天津和北京男女性预期寿命均达到了较高水平，而甘肃、西藏、青海的男性与女性预期寿命相对较低。总体而言，各省份之间健康发展上的性别差异虽然存在模式区别，但是绝对差距并不大。

其次，女性和男性在教育上的发展成就仍有一定的差距。从全国平均看，教育指数性别比为 0.987，女性在教育上的发展落后于男性。分地区看，中部地区性别差异最大（指数性别比=0.975），东部地区则几乎没有差异（指数性别比=0.999）。有 7 个省份的女性在教育发展上领先于男性。其中，天津（指数性别比=1.036）、北京（指数性别比=1.033）、上海（指数性别比=1.017）分列前三位。在其余 24 个省份，男性在教育发展上的优势更大。其中，在湖北（指数性别比=0.935）、安徽（指数性别比=0.955）、青海（指数性别比=0.957）、西藏（指数性别比=0.959），女性相比于男性在教育上的发展劣势最大。

再次，女性和男性在 GNI 指数上的差距是造成人类发展性别差距的最主要原因。不论从全国层面还是分地区看，GNI 指数的性别差异都拖累了性别发展指数。全国 GNI 指数性别比仅为 0.821，明显低于预期寿命指数和教育指数的性别比。东部地区 GNI 指数性别比最高，也仅为 0.847，中部地区 GNI 指数性别比最低。此外，省份间的模式差异也很明显。GNI 指数性别比最高的北京（0.883）和最低的甘肃（0.770）之间相差 0.113，这一差距高于预期寿命指数和教育指数性别比的省际极差。

造成女性在经济上落后于男性的原因，一方面是劳动报酬的差距，体现为全国女性平均劳动收入比男性少大约 1/3（见前文所述）。另一方面，则是女性在就业机会上相比于男性的劣势。在本书的算法中，受限于数据可得性，全国各省份性别薪资比均采用相同的比例，但是省份之间分性别城镇就业规模与分性别人口规模的差异仍然反映了女性相比于男性在劳动参与机会上的劣势，以及省份之间各不相同的性别差距。更重要的是，收入上的落后还可能导致健康和教育上的消费能力的差距，进一步拉大男女性之间在总的人类发展上的差距。

最后，各省份性别发展指数与经济发展水平有一定的关联度，但是经济发展并不能解释全部的性别发展差异。图 3.4 是 2015 年各省份性别发展指数与 GNI 指数的散点图，性别发展指数与 GNI 指数总体呈正相关（$R^2 = 0.3182, p < 0.01$），但性别发展指数的省际差异只有 30%可以被经济发展解释。造成女性和男性在人类发展上不平等的现状，背后有深刻的经济、政治、社会和历史的原因。

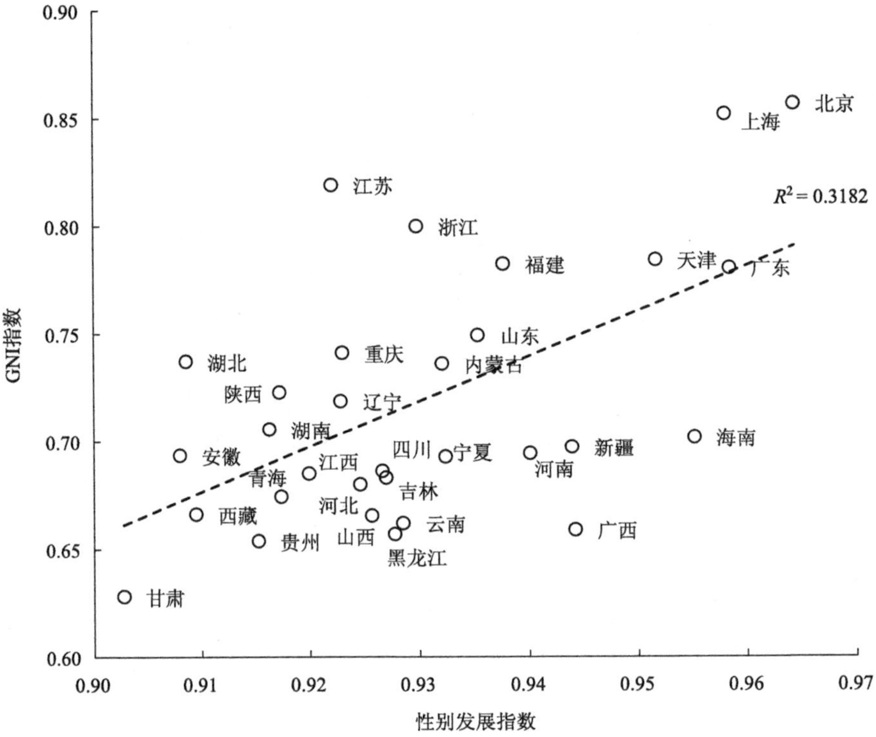

图 3.4　2015 年省级性别发展指数与 GNI 指数散点图

（三）省级不平等调整后人类发展指数主要结果

如上一节所述，本书参考联合国开发计划署的算法，设计了基于省份内各地级行政区发展不平等程度的算法，编制了 2010~2020 年 26 个省份的不平等调整后人类发展指数，计算了由各省份内部不平等造成的 HDI 整体损失①。结果显示，即使经过省份内部发展的不平等程度调整后，东部沿海地区仍然领先于中西部地区。

2010 年 14 个省份（不含 4 个直辖市与海南省）达到了高人类发展水平（HDI ≥0.700），但是调整后，仅有浙江、江苏、福建、辽宁、吉林、山东等 6 个省份仍然属于高人类发展水平，均分布在东部和东北地区。图 3.5 是 2010~2020 年 26 个省份的不平等调整后人类发展指数在各组别的分布情况。2010~2020 年，中等人类发展水平（0.550~0.699）地区从 20 个减少到 2 个，高人类发展水平地区从 6 个增加至 21 个。2020 年江苏、浙江、福建已经达到极高人类发展水平（≥0.800），全国仅剩甘肃和西藏仍处于中等人类发展水平。

① 由于部分数据可得性限制，4 个直辖市和海南省下辖地区未纳入计算。

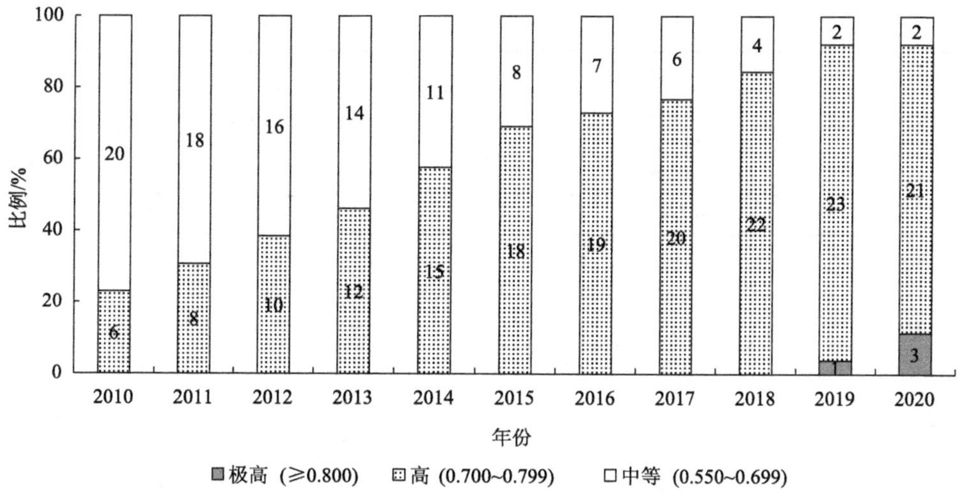

图 3.5　省级不平等调整后人类发展指数的组别分布（2010~2020 年）

从分省份情况看，2010 年以来，各省份内部都更加均衡，大部分省份 HDI 的整体损失都在缩小。整体损失是指由发展不平衡导致的 HDI 得分减少的比例，不平等调整后人类发展指数与 HDI 相差越多，整体损失值越高，意味着省份内地级行政区之间的发展越不平衡。表 3.8 展示了 2010 年和 2020 年全国 26 个省份的不平等调整后人类发展指数和整体损失的变动情况。2020 年福建（0.6%）是地市间发展不平衡程度最低的省份，有 14 个省份 HDI 的整体损失小于等于 2%，新疆（5.4%）、甘肃（5.4%）和广东（4.1%）则是地市间发展不平衡程度最高的省份。

表 3.8　26 个省份不平等调整后人类发展指数与 HDI 整体损失变动情况

地区	2010 年				2020 年			
	HDI	不平等调整后人类发展指数	整体损失/%	整体损失排序	HDI	不平等调整后人类发展指数	整体损失/%	整体损失排序
江苏	0.762	0.736	3.3	14	0.826	0.813	1.6	18
浙江	0.758	0.748	1.3	25	0.815	0.804	1.4	23
广东	0.749	0.697	6.9	5	0.809	0.776	4.1	3
山东	0.731	0.708	3.1	16	0.792	0.769	2.9	6
福建	0.731	0.720	1.4	24	0.806	0.801	0.6	26
河北	0.703	0.688	2.1	21	0.762	0.750	1.6	17

续表

地区	2010 年				2020 年			
	HDI	不平等调整后人类发展指数	整体损失/%	整体损失排序	HDI	不平等调整后人类发展指数	整体损失/%	整体损失排序
东部平均	0.739	0.716	3.04		0.802	0.785	2.04	
湖北	0.713	0.688	3.6	12	0.794	0.773	2.6	10
山西	0.711	0.696	2.1	22	0.774	0.765	1.2	25
湖南	0.700	0.672	4.0	9	0.776	0.754	2.9	7
河南	0.697	0.681	2.3	19	0.765	0.754	1.5	20
江西	0.684	0.659	3.7	11	0.766	0.755	1.4	21
安徽	0.682	0.650	4.7	7	0.767	0.750	2.2	11
中部平均	0.698	0.674	3.42		0.774	0.759	1.97	
辽宁	0.738	0.720	2.5	18	0.791	0.769	2.7	9
吉林	0.718	0.712	0.9	26	0.782	0.766	2.0	13
黑龙江	0.707	0.667	5.7	6	0.767	0.756	1.4	22
东北平均	0.721	0.700	3.01		0.777	0.761	2.03	
内蒙古	0.720	0.665	7.7	3	0.782	0.755	3.4	4
陕西	0.710	0.679	4.4	8	0.788	0.772	2.1	12
宁夏	0.695	0.646	7.0	4	0.763	0.748	1.9	14
新疆	0.690	0.623	9.8	2	0.763	0.721	5.4	1
四川	0.680	0.662	2.7	17	0.762	0.751	1.5	19
广西	0.675	0.662	1.9	23	0.751	0.737	1.8	16
青海	0.652	0.630	3.3	15	0.731	0.710	2.9	5
甘肃	0.646	0.572	11.4	1	0.723	0.684	5.4	2
云南	0.633	0.612	3.4	13	0.733	0.719	1.8	15
贵州	0.620	0.605	2.3	20	0.726	0.717	1.3	24
西藏	0.593	0.570	3.9	10	0.699	0.679	2.8	8
西部平均	0.665	0.630	5.25		0.747	0.727	2.77	

相比于其他板块，西部地区省份内部发展不平衡程度较高。2010 年，西部地区的平均整体损失最大（5.25%），东北地区最小（3.01%）。到 2020 年，西部地区的省份内部发展不平衡程度仍然高于其他三个地区，但是平均整体损失已经下降至 2.77%。其他三个地区的平均整体损失则相差不多，说明东部、中部和东北地区各省份内部地市间发展的不平衡程度比较接近。

图 3.6 是 2010~2020 年四大板块平均的 HDI 整体损失变化趋势。总的来说，四大板块的整体损失都在逐年下降，说明平均而言各省份内部的地市间发展越来

越平衡，反映出区域重大战略和区域协调发展战略取得了成效。相比于其他地区，西部地区的平均整体损失下降最快，说明西部各省份内部，地市间的发展差距进一步收敛，体现出西部大开发战略发挥出了重要作用。

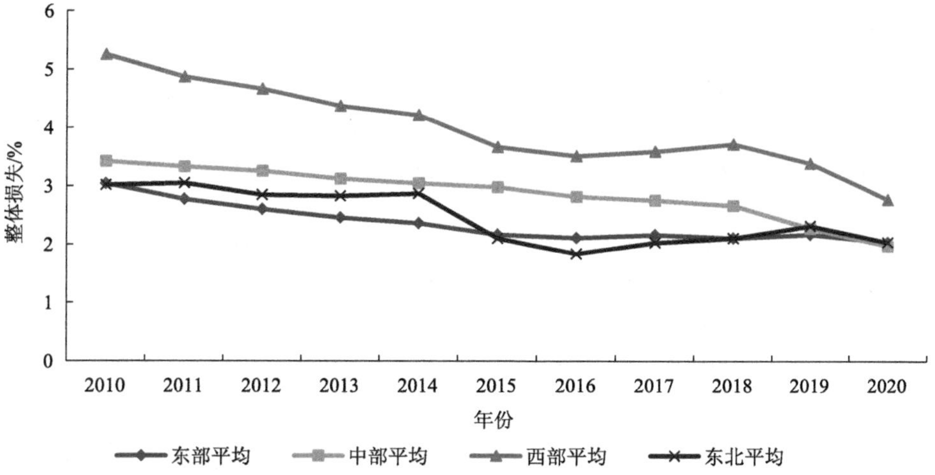

图 3.6　各地区 HDI 的整体损失变化趋势（2010~2020 年）

（四）省级人类发展协调性指数主要结果

本书运用基于协方差的主成分分析法构造人类发展协调性指数。该方法可以通过分析人类发展的三个分项指数之间的动态权重结构，透视人类发展的各个方面（预期寿命、知识教育和体面的生活等）在整体发展进程中的相对变化。

人类发展协调性指数对 HDI 有较好的替代性，同时也能反映各省份发展的相对情况。表 3.9 是 2010 年和 2020 年省级人类发展协调性指数与 HDI 的对比。人类发展协调性指数与 HDI 排名的 Spearman 秩相关系数在 2010 年和 2020 年分别为 0.9997 和 0.9946，说明两种排名具有极高的相关性。因此，作为衡量人类发展水平排名的标准，人类发展协调性指数与 HDI 有很强的替代作用。同时，人类发展协调性指数的结果可以进一步反映出各省份相对于平均水平的领先或落后情况。在 2020 年，北京（0.191）和西藏（–0.130）分别是人类发展水平最高和最低的地区，而且北京相对于平均发展水平的领先程度，明显高于西藏相对于平均发展水平的落后程度。吉林（–0.004）和辽宁（–0.002）的人类发展水平大致相当于中国平均的人类发展水平。

表 3.9　主要年份省级人类发展协调性指数与 HDI 对比

地区	2010 年				2020 年			
	HDI	排名	人类发展协调性指数	排名	HDI	排名	人类发展协调性指数	排名
北京	0.837	1	0.222	1	0.890	1	0.191	1
天津	0.793	3	0.145	3	0.841	3	0.104	3
河北	0.703	18	−0.012	17	0.762	25	−0.035	25
山西	0.711	13	0.001	13	0.774	17	−0.016	17
内蒙古	0.720	10	0.021	10	0.782	12	0.004	12
辽宁	0.738	7	0.047	7	0.791	14	−0.002	13
吉林	0.718	11	0.010	11	0.782	13	−0.004	14
黑龙江	0.707	15	−0.008	16	0.767	19	−0.030	22
上海	0.828	2	0.209	2	0.885	2	0.183	2
江苏	0.762	4	0.097	4	0.826	4	0.086	4
浙江	0.758	5	0.091	5	0.815	5	0.065	5
安徽	0.682	24	−0.046	24	0.767	18	−0.021	18
福建	0.731	9	0.043	8	0.806	7	0.052	6
江西	0.684	23	−0.044	23	0.766	20	−0.026	19
山东	0.731	8	0.039	9	0.792	9	0.021	9
河南	0.697	20	−0.021	20	0.765	21	−0.027	20
湖北	0.713	12	0.007	12	0.794	8	0.024	8
湖南	0.700	19	−0.017	19	0.776	16	−0.008	16
广东	0.749	6	0.073	6	0.809	6	0.051	7
广西	0.675	26	−0.061	26	0.751	26	−0.054	26
海南	0.703	17	−0.013	18	0.779	15	−0.006	15
重庆	0.707	16	−0.003	15	0.790	10	0.020	10
四川	0.680	25	−0.050	25	0.762	24	−0.030	21
贵州	0.620	30	−0.154	30	0.726	29	−0.091	29
云南	0.633	29	−0.128	29	0.733	27	−0.080	27
西藏	0.593	31	−0.186	31	0.699	31	−0.130	31
陕西	0.710	14	0.000	14	0.788	11	0.011	11
甘肃	0.646	28	−0.110	28	0.723	30	−0.102	30
青海	0.652	27	−0.095	27	0.731	28	−0.083	28
宁夏	0.695	21	−0.024	21	0.763	23	−0.032	23
新疆	0.690	22	−0.031	22	0.763	22	−0.033	24
Spearman 秩相关系数	0.9997				0.9946			

人类发展协调性指数还可以通过动态权重结构反映各地区在不同领域发展的协调性。表 3.10 是 2000~2020 年省级人类发展协调性指数权重结构的变化情况。省级人类发展协调性指数是以省份为观测样本，基于各省份在不同人类发展维度上得分分布的信息，计算得到不同年份人类发展协调性指数对应的系数向量或权重结构。从 2000 年到 2020 年，第一主成分的方差贡献率都大于 80%，即能够解释原始数据变差的 80%以上，这说明运用主成分分析可以很好地识别各地区在不同维度上的发展差距。

表 3.10　2000~2020 年省级人类发展协调性指数权重结构一览表

年份	均值调整后的分项指数所对应的系数			方差贡献率
	预期寿命指数	教育指数	GNI 指数	
2000	0.4393	0.4781	0.7606	0.88
2001	0.4333	0.4904	0.7561	0.88
2002	0.4236	0.5016	0.7543	0.87
2003	0.4100	0.5140	0.7535	0.87
2004	0.4026	0.5385	0.7402	0.88
2005	0.3928	0.5613	0.7285	0.88
2006	0.3947	0.5596	0.7287	0.89
2007	0.4000	0.5604	0.7252	0.89
2008	0.4091	0.5674	0.7146	0.89
2009	0.4146	0.5630	0.7150	0.89
2010	0.4259	0.5650	0.7067	0.90
2011	0.4468	0.5819	0.6795	0.90
2012	0.4626	0.5922	0.6598	0.90
2013	0.4769	0.5976	0.6446	0.89
2014	0.4891	0.5964	0.6365	0.88
2015	0.4976	0.5844	0.6409	0.86
2016	0.4793	0.5763	0.6619	0.85
2017	0.4640	0.5710	0.6773	0.85
2018	0.4673	0.5628	0.6818	0.84
2019	0.4715	0.5507	0.6887	0.84
2020	0.4767	0.5420	0.6921	0.83

注：每年按照 31 个省级行政区的 HDI 分项指数计算

各省份人类发展的差距主要表现为收入差距。从分项指数的具体权重来看，2020 年各省份 HDI 差异主要体现为收入差距，其次是教育水平差距，最后是预期寿命差距，对应的参数分别是 0.6921、0.5420、0.4767，即收入差距、教育差距和预期寿命差距对于整体发展差距的解释率分别为 47.9%、29.4%、22.7%[①]。相比而言，2000 年时，各省份 GNI 指数、教育指数、预期寿命指数对应的参数分别是 0.7606、0.4781、0.4393，收入差距、教育差距和预期寿命差距对于整体发展差距的解释率分别为 57.9%、22.9%、19.3%。

2000 年以来，各省份在预期寿命、教育水平、收入水平方面的发展总体更加协调，但是近年来不协调程度有扩大趋势。如图 3.7 所示，从 2000 年到 2015 年，三个分项指数的系数差异趋于缩小，说明中国在预期寿命、教育水平、收入水平方面的发展更加协调。2015 年之后，三个方面的不协调程度有加大趋势。具体而言：经济发展对于人类发展影响的权重先逐渐下降，后缓慢上升，且在大多数年份中仍然是造成各地区间发展不均衡的最重要因素。教育指数的系数呈现先增长后下降趋势，特别是从 2004~2014 年，教育水平有显著的提升，区域间教育水平的差距在缩小。随着高中教育基本全覆盖和大学教育的普及化（毛入学率大于 50%），教育指数的系数出现下降趋势。预期寿命指数的系数总体保持稳中有升，这是因为我国 2000 年后健康水平已经普遍达到较高的水平，后续增长速度逐渐放缓。

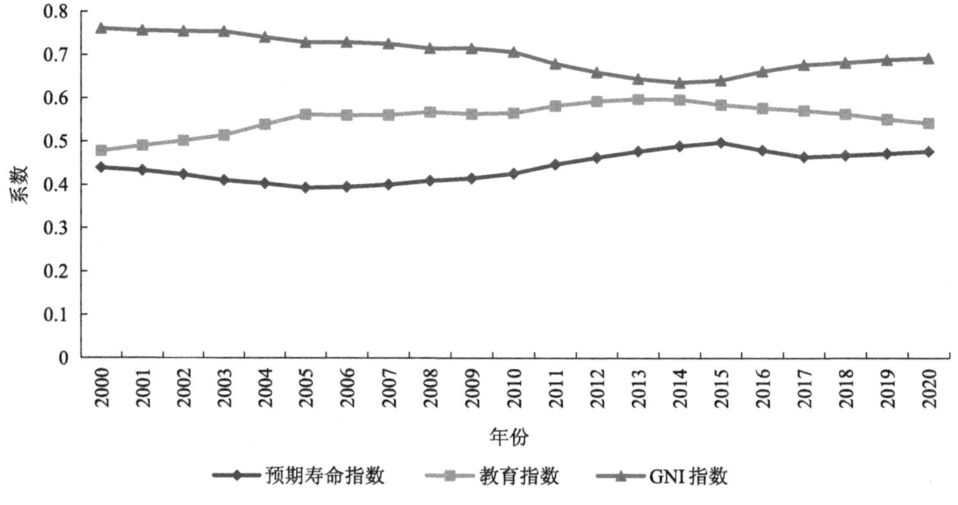

图 3.7　省级人类发展协调性指数对应系数变化趋势（2000~2020 年）

二、地级测算结果

（一）地级 HDI 主要结果

按照前述算法，本书编制了 2010~2020 年 331 个地级行政区（简称地市）的

① 根据主成分分析的原理可知，贡献率为对应系数的平方。

HDI①。结果显示，2010 年以来，越来越多的地市进入到高人类发展水平甚至极高人类发展水平行列。

按照联合国开发计划署划分的人类发展四个组别对 331 个地市进行归类，各组别地市的分布演进如图 3.8 所示。2010~2020 年，极高人类发展水平的地市从 8 个增加至 62 个，高人类发展水平的地市从 156 个增加至 248 个，中等人类发展水平的地市从 163 个减少至 21 个，2015 年起已经没有地市处于低人类发展水平。

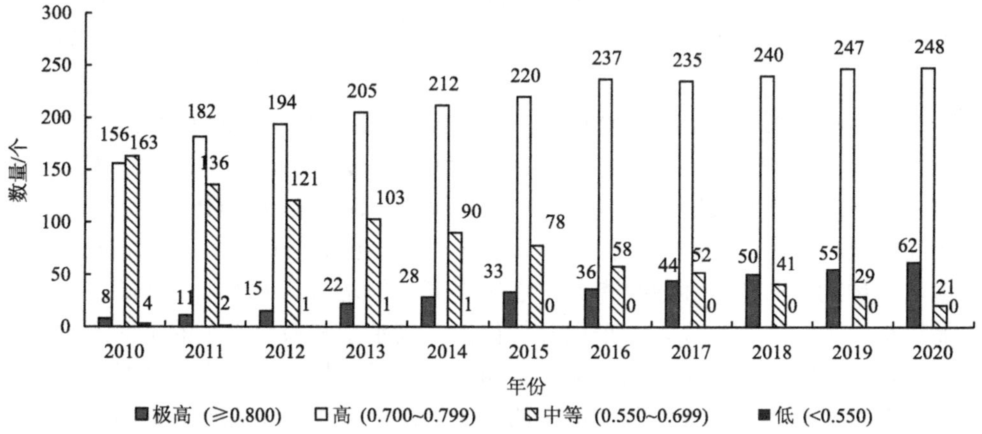

图 3.8　人类发展四个组别地区数量变化趋势（331 个地市）

从空间分布情况看，2010 年全国仅有很少的地市处于极高人类发展水平，主要是北上广深一线城市和部分人口较少的资源型城市，青藏地区还有 3 个地市处于低人类发展水平，大部分地市都处在中等人类发展水平和高人类发展水平。

人类发展的进步呈现出从东部向中西部扩散的态势。从 2010 年到 2020 年，低人类发展水平的地市消失，越来越多的地市人类发展水平达到新的高度，最早是东部地市，随后是中西部的领先地市，先后进入到了高人类发展水平。在 2020 年，中等人类发展水平的地市主要分布在西北和西南地区，长三角核心区大部分城市、东部沿海大城市和部分中西部省会城市都已经达到极高人类发展水平。

极高人类发展水平和高人类发展水平已经惠及到相当庞大的人口群体。按照第七次全国人口普查初步数据计算，达到极高人类发展水平的直辖市和地市覆盖了 4.42 亿人口，达到高人类发展水平的地市覆盖了 9.12 亿人口，仅有 21 个地市

① 地级行政区以 2020 年底区划为样本，2010~2020 年撤销的地级市如莱芜、巢湖未测算。另外，三沙、儋州因为数据不全未测算。部分省直辖的独立行政区因数据可得性差也暂未计算，如河南（济源）、湖北（仙桃、潜江、天门、神农架）、海南（五指山、琼海、文昌、万宁、东方、定安、屯昌、澄迈、临高、白沙、昌江、乐东、陵水、保亭、琼中）、新疆（石河子、阿拉尔、图木舒克、五家渠、北屯、铁门关、双河、可克达拉、昆玉、胡杨河）、陕西（杨凌示范区）、辽宁（沈抚新区）、吉林（长白山管委会、梅河口）。

处于中等人类发展水平，涉及 4043 万人口[①]。

脱贫地区人类发展取得巨大进步，但是与其他地区相比仍有差距。按照现行贫困标准计算，改革开放以来，中国 7.7 亿农村贫困人口实现了脱贫，为全球减贫事业做出了巨大的贡献。到 2020 年底，中国如期完成了脱贫攻坚任务，832 个国家级贫困县（区、旗、县级市、自治县）全部脱贫摘帽。832 个贫困县隶属于 169 个地市。我们按照所辖贫困县数量与全部县区的比重，将所有地市分为三类：将曾下辖贫困县超过全部县级辖区一半的地市称为“深度脱贫地市”，共 81 个；贫困县少于一半的地市称为“中度脱贫地市”，共 88 个；未曾下辖贫困县的地市共 162 个。

图 3.9~图 3.12 是 2010~2020 年脱贫地市与无贫困县地市的 HDI 及三个分项指数的比较。可以发现，尽管脱贫地市的 HDI 持续提升，但仍然落后于无贫困县地市，不过差距有所收窄。从 2010 年到 2020 年，脱贫地市的 GNI 指数与其他地市之间的差距有了明显缩小。提高收入水平也是全面脱贫的核心侧重。此外，脱贫地市的预期寿命指数和教育指数在逐年提高，但是与其他地市之间的差距并未明显缩小，可能是因为收入水平提升转化为健康水平和教育水平的全面改善尚需时间。这也意味着，在实现农村地区全面脱贫之后，如何进一步提升脱贫地区的健康和教育水平，对于保障脱贫地区的可持续发展，避免出现返贫非常关键。

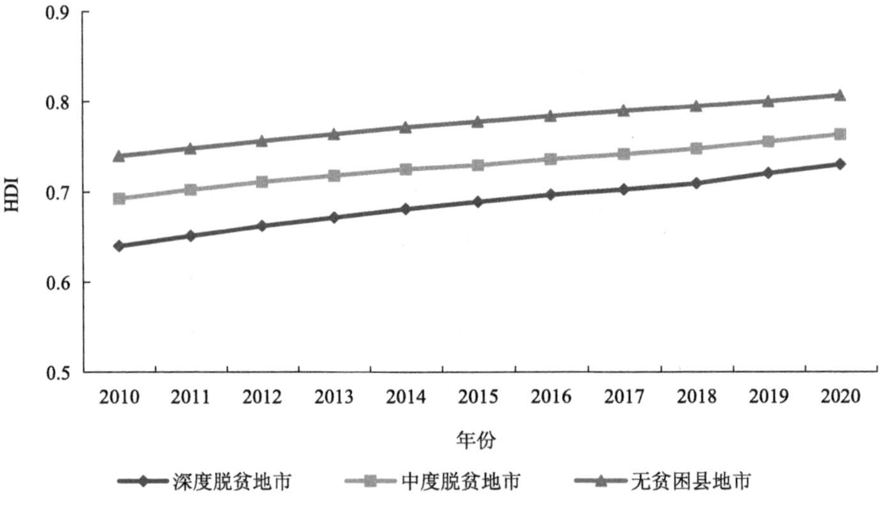

图 3.9　脱贫地市与无贫困县地市 HDI 对比（2010~2020 年）

按照地市人口加权平均，下同

① 另有 1527 万人分布在各省份直辖县级区划中，受数据可得性限制，本书暂未计算。

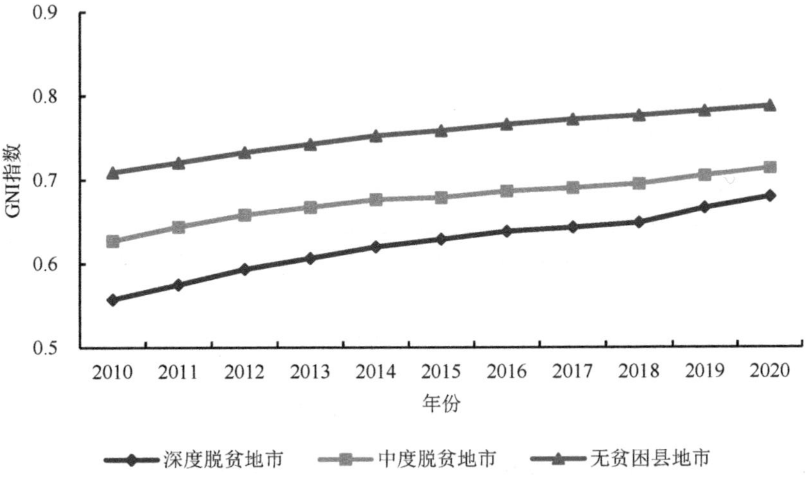

图 3.10　脱贫地市与无贫困县地市 GNI 指数对比（2010~2020 年）

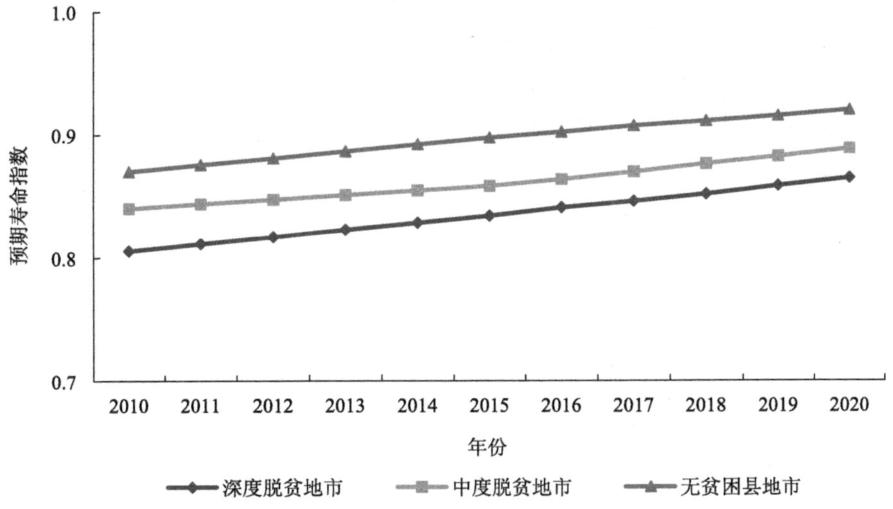

图 3.11　脱贫地市与无贫困县地市预期寿命指数对比（2010~2020 年）

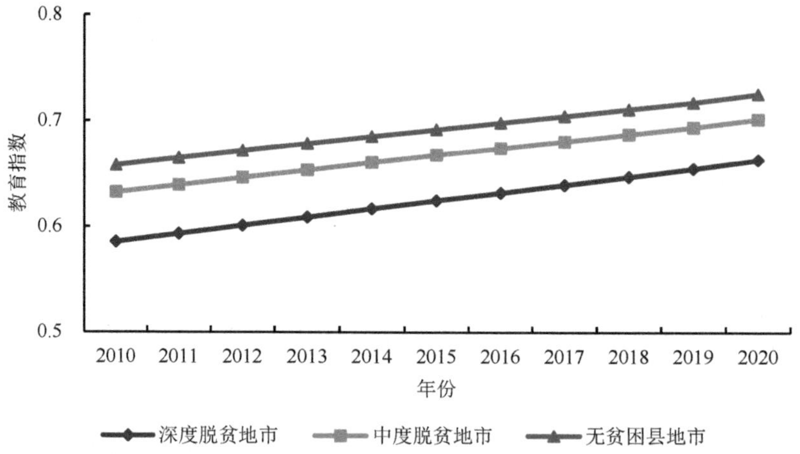

图 3.12　脱贫地市与无贫困县地市教育指数对比（2010~2020 年）

少数民族地市与非少数民族地市在人类发展上仍然存在差距。为方便起见，本书将 5 个自治区的下辖地市、其他省份中的民族自治地市（盟、自治州）和下辖民族自治县（旗、自治县）的地市称为少数民族地市，共 78 个。图 3.13~图 3.16 是 2010~2020 年少数民族地市与非少数民族地市的 HDI 及三个分项指数的比较。如图所示，少数民族地市虽然在总体人类发展、预期寿命、教育水平和收入水平方面逐年提升，但是与非少数民族地市的差距依然存在，且没有明显缩小。值得注意的是，少数民族地市往往与脱贫地区有较大的交集，这些地市的地理区位、历史因素造成了发展落后，是未来中国人类发展应该重点关注的地区。

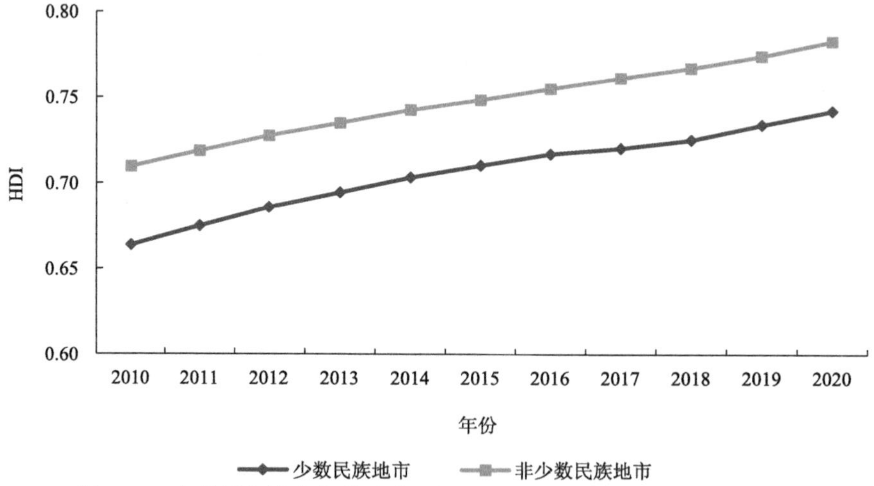

图 3.13　少数民族地市与非少数民族地市 HDI 对比（2010~2020 年）

按照地市人口加权平均，下同

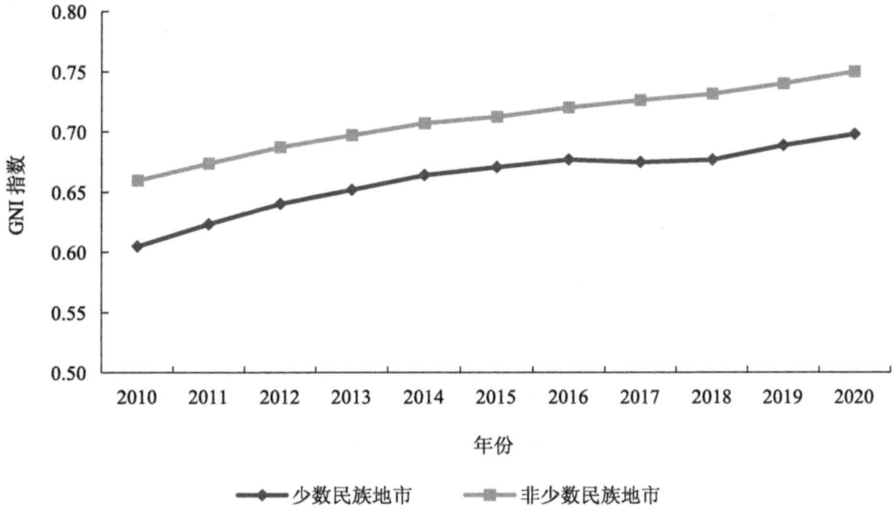

图 3.14　少数民族地市与非少数民族地市 GNI 指数对比（2010~2020 年）

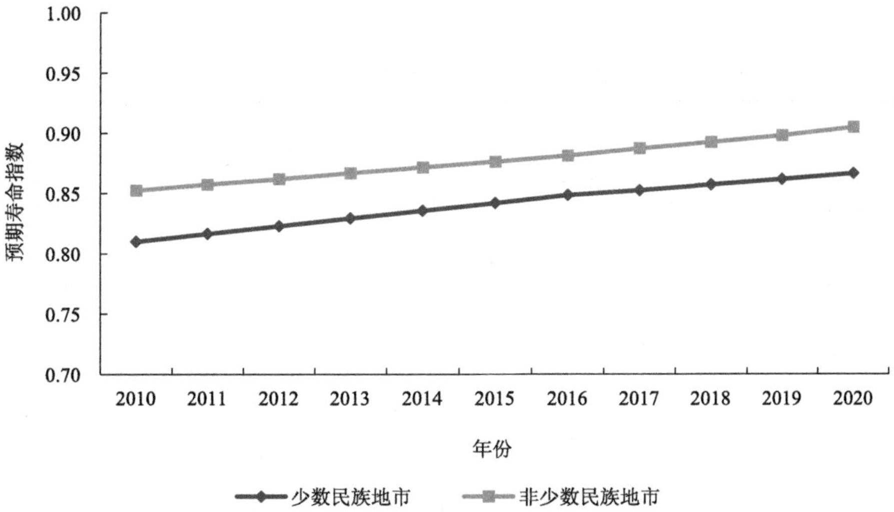

图 3.15　少数民族地市与非少数民族地市预期寿命指数对比（2010~2020 年）

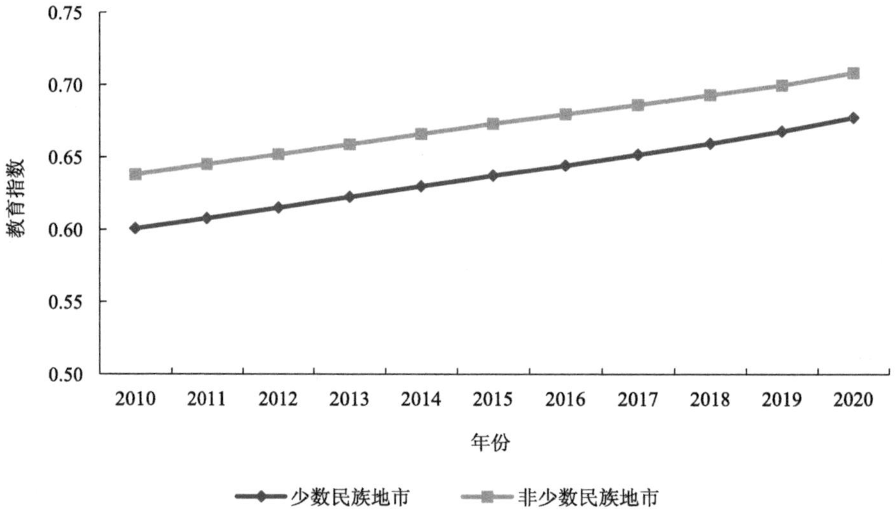

图 3.16　少数民族地市与非少数民族地市教育指数对比（2010~2020 年）

（二）地级人类发展协调性指数主要结果（2010~2020 年）

以全国 331 个地市作为受试样本群，可以计算地级层面人类发展各分项指数的动态权重结构，如表 3.11 所示。

表 3.11　历年地级层面人类发展协调性指数权重结构一览表

年份	均值调整后的分项指数所对应的系数			方差贡献率
	预期寿命指数	教育指数	GNI 指数	
2010	0.3292	0.3711	0.8683	0.84
2011	0.3417	0.3819	0.8587	0.84
2012	0.3488	0.3903	0.8520	0.83
2013	0.3599	0.3969	0.8444	0.83
2014	0.3721	0.3979	0.8386	0.81
2015	0.3936	0.4003	0.8276	0.79
2016	0.3905	0.3950	0.8316	0.78
2017	0.3949	0.3888	0.8324	0.79
2018	0.3754	0.3818	0.8445	0.78
2019	0.3730	0.3758	0.8483	0.75
2020	0.3849	0.3913	0.8359	0.73

各地市人类发展的差距主要表现为收入差距。从分项指数的具体权重来看，2020 年各地市 GNI 指数、教育指数、预期寿命指数对应的参数分别是 0.8359、0.3913、0.3849，即收入差距、教育水平差距、预期寿命差距对于人类发展整体差距的解释率分别为 70%、15%、15%。这意味着地市间人类发展差距首先表现为收入差距，与在省级层面观察到的结果类似，但是地市间收入差距对整体差距的解释率要比省份间收入差距更大。

地市层面的人类发展各维度不协调的问题要比省级层面更为突出。GNI 指数的权重虽然在下降，但是仍然处于相当高的水平，而且地市间人均收入差距对于人类发展总体差距的影响要远大于省份之间人均收入差距的影响。如图 3.17 所示，地市层面三个维度的权重相比于 0.5774 的均衡水平有更大的偏离。

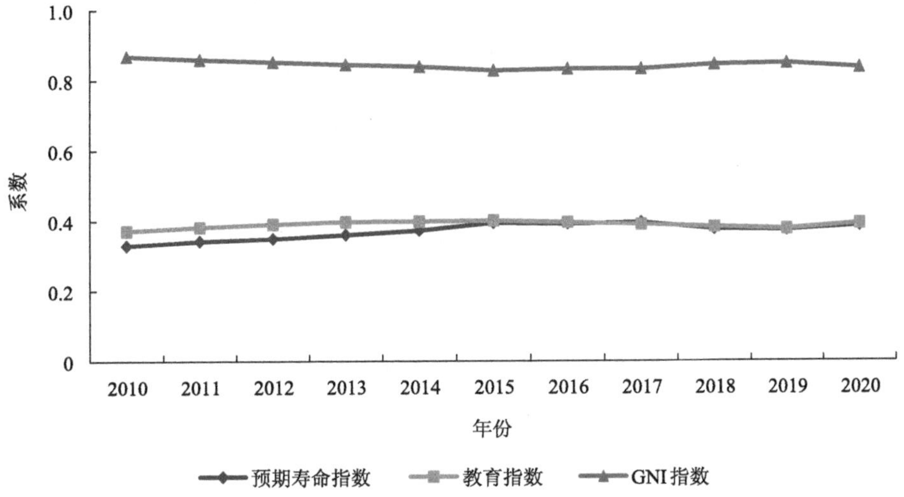

图 3.17　地级人类发展协调性指数对应系数变化趋势（2010~2020 年）

健康水平在人类发展中的地位越来越重要。预期寿命指数的权重从 2010 年的 0.33 上升至 2020 年的 0.38，意味着健康的生活质量在人类发展中扮演越来越重要的角色。

表 3.12 进一步验证了上述结论。从 2010 年到 2020 年，地市级预期寿命指数均值持续上升，且方差占比也在提高。教育指数均值增长，方差占比波动增长。GNI 指数的方差占比则波动下降，但是仍然远高于前两个维度。

表 3.12 地市级 HDI 分项指数均值及方差一览表

年份	预期寿命指数			教育指数			GNI 指数		
	均值	方差	占比/%	均值	方差	占比/%	均值	方差	占比/%
2010	0.837	0.002	16.4	0.624	0.002	17.0	0.644	0.009	66.6
2011	0.841	0.002	17.0	0.631	0.002	17.6	0.660	0.008	65.4
2012	0.846	0.002	17.6	0.638	0.002	18.2	0.675	0.008	64.2
2013	0.850	0.002	18.6	0.645	0.002	18.6	0.685	0.007	62.8
2014	0.855	0.002	19.9	0.652	0.002	18.8	0.694	0.007	61.3
2015	0.859	0.002	21.8	0.659	0.002	19.0	0.698	0.006	59.1
2016	0.865	0.002	21.3	0.666	0.002	19.4	0.704	0.006	59.3
2017	0.870	0.002	21.2	0.673	0.002	19.2	0.708	0.006	59.6
2018	0.875	0.002	20.7	0.680	0.002	18.8	0.712	0.006	60.5
2019	0.880	0.002	21.5	0.687	0.002	19.0	0.721	0.006	59.5
2020	0.885	0.002	22.5	0.694	0.002	20.2	0.728	0.005	57.3

第四章　中国各区域人类发展比较

我国区域间发展不平衡不协调的问题长期存在。党的十九大以来，国家重大区域发展战略日益清晰，区域重大战略和区域协调发展战略深入实施，形成了由西部大开发、东北振兴、中部崛起、东部率先发展（四大板块），以及京津冀协同发展、长江经济带发展、粤港澳大湾区建设、长三角一体化发展、黄河流域生态保护和高质量发展（五大战略）构成的区域发展战略格局。与此同时，尽管从全国来看，不同城市群发展成熟度存在差异，但是随着以人为本的新型城镇化建设的深入推进，中心城市和城市群正在成为承载发展要素的主要空间形式。本章将运用 HDI 这一工具，从人类发展的角度比较中国各区域间的发展差距和历史演进。

第一节　四大板块 HDI 比较

本章以 331 个地市和 4 个直辖市（以下仍统称地市[①]）作为基本分析单元，在更细的颗粒度基础上考察东部、中部、东北、西部四大板块 2010~2020 年的人类发展水平的演进。这 335 个地市覆盖了全国 98.8%的人口；其中，东部地区样本 86 个，中部地区 82 个，西部地区 131 个，东北地区 36 个。

一、四大板块人类发展总体情况

如图 4.1 所示，2010~2020 年，四大板块的平均 HDI 均有大幅提升。值得注意的是，相比于其他地区，东北地区 HDI 的增速从 2013 年开始放缓。在 2013 年以前，东北地区和东部地区的平均 HDI 水平几乎相同，但是 2013 年后东部地区开始超过东北地区，且差距逐渐扩大。中部地区和西部地区与东北地区的差距则在逐渐缩小。这反映出在此期间东北地区发展存在突出困境。

下面进一步从构成人类发展主要维度的视角进行四大板块的比较分析。如图 4.2 所示，2010~2020 年，四大板块的预期寿命均显著提升。其中，东部地区和西部地区的预期寿命均值提高了 3.2 岁，中部地区提高了 3 岁。可能的原因在于，西部地区历史上预期寿命较低，因此提升速度较快；而东部地区人均医疗卫生资源相对丰富，支撑了居民健康水平的快速提升。

---

① 4 个直辖市为省级行政区，为便于研究，本书将 331 个地级市和 4 个直辖市统称为地市。

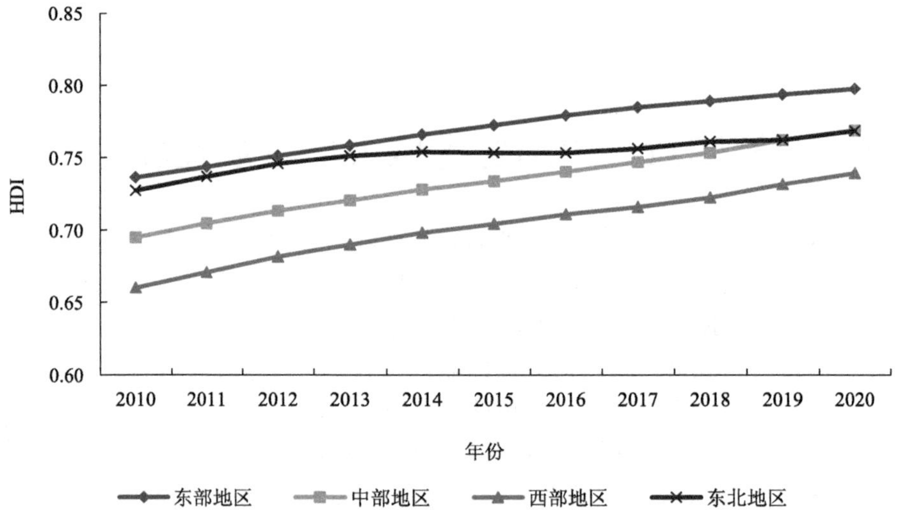

图 4.1　四大板块间 HDI 平均水平演进（2010~2020 年）

按简单平均计算，下同

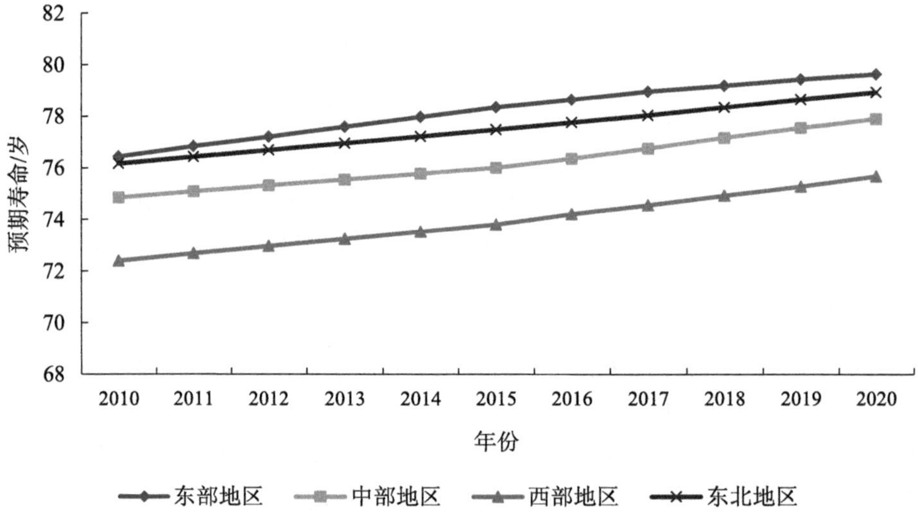

图 4.2　四大板块间预期寿命平均水平演进（2010~2020 年）

如图 4.3 所示，2010~2020 年，四大板块的人口预期受教育年限均显著提升，地区间的相对差距保持稳定。东北地区预期受教育年限领先于其他地区，这主要得益于该地区较高的城镇化率和良好的教育基础设施。青少年人口的减少也进一步提升了升学机会。西部地区预期受教育年限较短，但是与中部地区的差距在逐渐缩小。

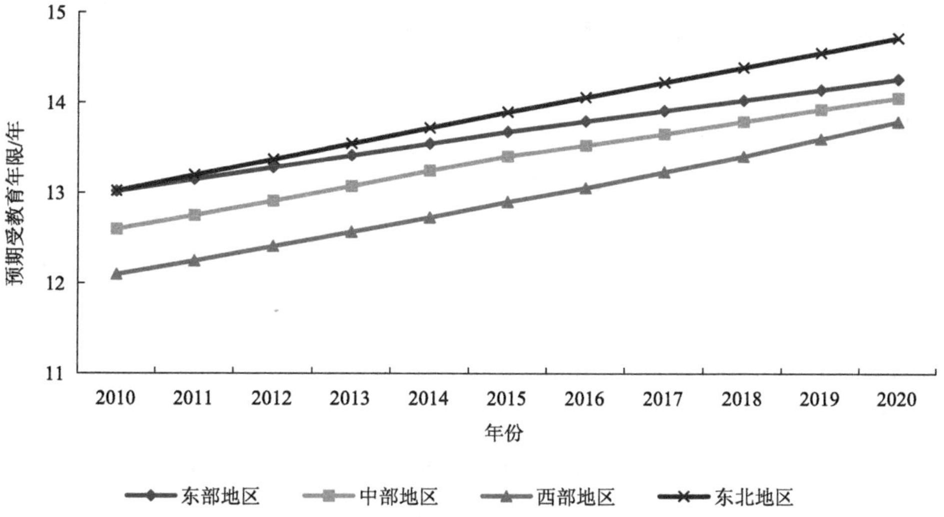

图 4.3　四大板块间预期受教育年限平均水平演进（2010~2020 年）

如图 4.4 所示，2010~2020 年，四大板块的人口平均受教育年限均有小幅上升，东北地区仍然处于最高水平，东部地区、中部地区与东北地区之间的差距不大，而西部地区与其他三个地区之间仍有较大差距。

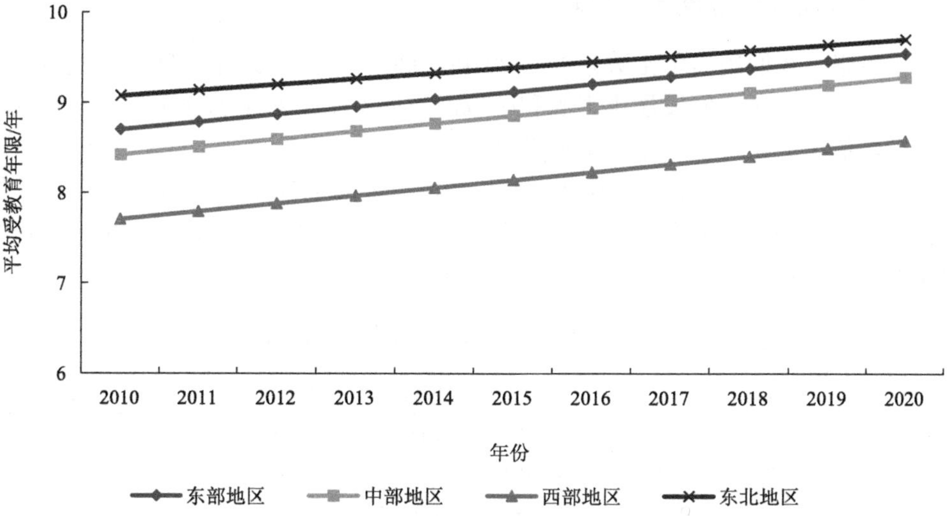

图 4.4　四大板块间平均受教育年限平均水平演进（2010~2020 年）

如图 4.5 所示，2010~2020 年，东部、中部和西部地区人均 GNI 均显著提升，而东北地区则出现了先升后降的趋势。2013 年以后，东北地区人均 GNI 与东部地区的差距逐渐拉大，中部、西部地区与东北地区的差距逐渐缩小，并在 2016 年开始出现反超。由此可见，经济发展的下滑是拖累东北地区人类发展的主要因素。

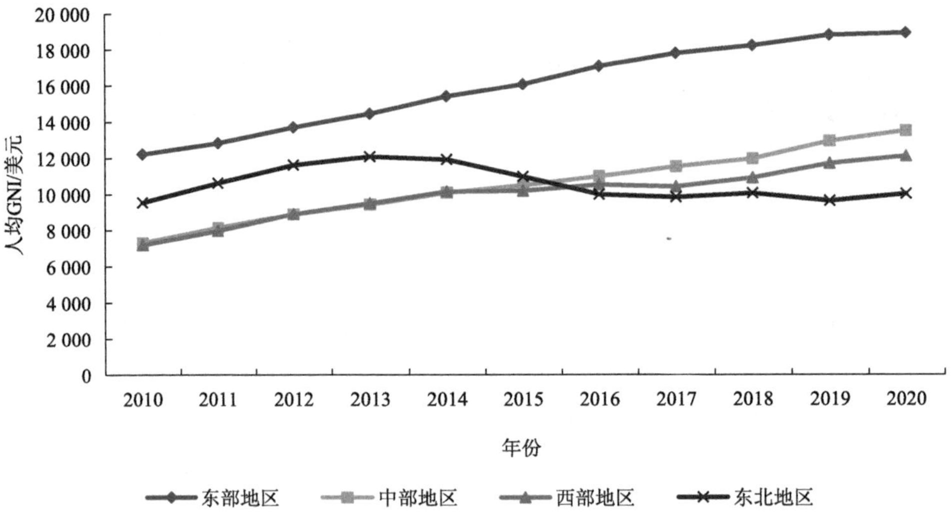

图 4.5　四大板块间不变价人均 GNI 平均水平演进（2010~2020 年）

人均 GNI 为 2017 年不变价美元，购买力平价法

二、四大板块人类发展差距分解

接下来，我们用泰尔指数来揭示 2010~2020 年 335 个地市之间人类发展的不平衡程度，以及区域间发展不平衡和区域内发展不平衡对于总体不平衡的贡献。泰尔指数值越高，意味着不平衡程度越高。

如表 4.1 所示，2010~2020 年，335 个地市之间 HDI 的不平衡程度呈现下降趋势，四大板块区域间和区域内不平衡程度也逐年下降。其中，西部地区地市间的发展不平衡程度下降最快，但是仍然高于其他板块。

表 4.1　四大板块 HDI 的泰尔指数及其分解（2010~2020 年）

项目	样本数	2010 年	2012 年	2014 年	2016 年	2018 年	2020 年
东部地区	86	0.001 6	0.001 4	0.001 4	0.001 3	0.001 3	0.001 3
中部地区	82	0.001 3	0.001 1	0.001 0	0.001 0	0.000 9	0.000 7
西部地区	131	0.004 4	0.003 8	0.003 4	0.002 8	0.002 5	0.001 9
东北地区	36	0.000 9	0.000 8	0.000 8	0.000 7	0.000 7	0.000 6
总体	335	0.003 6	0.003 0	0.002 7	0.002 4	0.002 2	0.001 8
区域内		0.002 5	0.002 2	0.002 0	0.001 7	0.001 6	0.001 3
区域间		0.001 1	0.000 9	0.000 8	0.000 7	0.000 6	0.000 5

注：由于篇幅所限，仅展示部分年份数据，下同

335 个地市之间 HDI 的不平衡程度可以进一步分解为四大板块区域间和区域内的发展不平衡程度。如图 4.6 所示，全国各地的人类发展差异主要来自各区域内部的发展差异。2010~2020 年，区域间发展不平衡对于地市间总体不平衡程度的贡献从 30%下降到 26%，区域内不平衡的贡献从 70%上升到 74%。

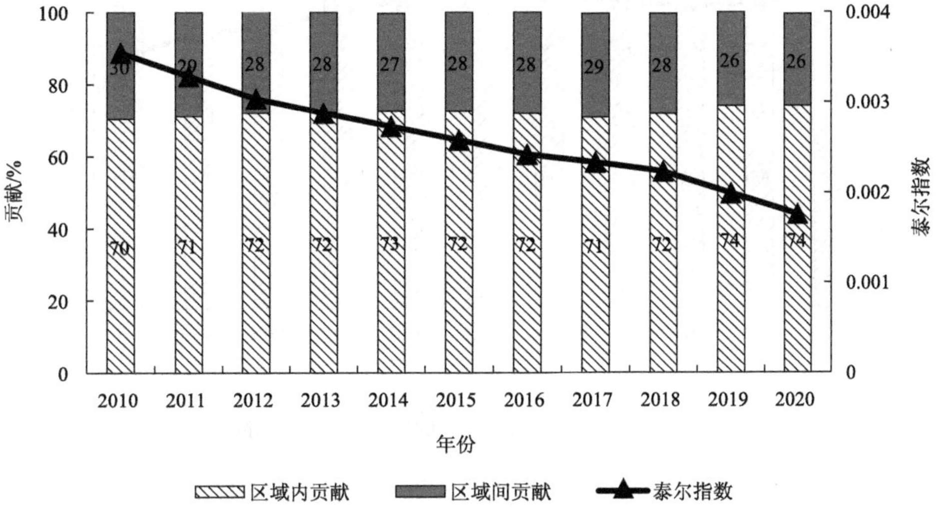

图 4.6 各地市 HDI 的泰尔指数及其在四大板块间的分解

下面进一步从构成 HDI 的分项指数来分析四大板块区域间和区域内的发展不平衡程度。如表 4.2 所示，2010~2020 年，全国各地预期寿命指数的不平衡程度总体下降，板块间的不平衡程度也在下降。各板块内部，西部地区预期寿命的不平衡程度下降较多，其他地区则保持稳定。

表 4.2 四大板块预期寿命指数的泰尔指数及其分解（2010~2020 年）

项目	样本数	2010 年	2012 年	2014 年	2016 年	2018 年	2020 年
东部地区	86	0.0005	0.0005	0.0006	0.0006	0.0006	0.0006
中部地区	82	0.0003	0.0002	0.0002	0.0003	0.0003	0.0003
西部地区	131	0.0022	0.0021	0.0021	0.0021	0.0018	0.0016
东北地区	36	0.0003	0.0003	0.0004	0.0004	0.0003	0.0003
总体	335	0.0016	0.0015	0.0016	0.0016	0.0014	0.0013
区域内		0.0011	0.0010	0.0011	0.0010	0.0009	0.0009
区域间		0.0005	0.0005	0.0006	0.0005	0.0005	0.0004

如图 4.7 所示，各地区内部的差异是各地预期寿命指数不平衡的主要原因。2010~2020 年，预期寿命的区域间、区域内不平衡对于总体不平衡的贡献度维持

在稳定水平。

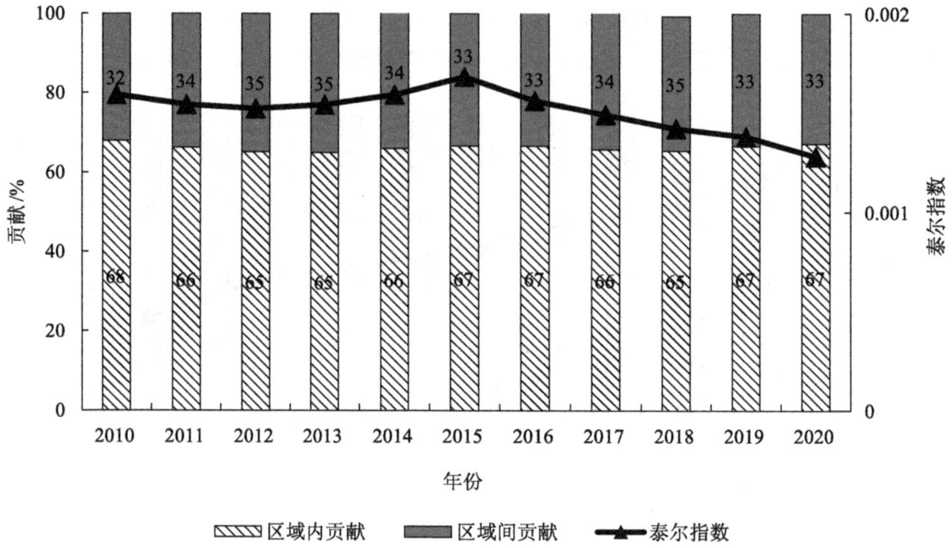

图 4.7　各地市预期寿命指数的泰尔指数及其在四大板块间的分解

如表 4.3 所示，2010~2020 年，四大板块之间教育指数的不平衡程度呈现下降的趋势。如图 4.8 所示，各地区内部的差异是各地教育指数不平衡的主要原因。2010~2020 年，教育指数的区域间不平衡对于总体不平衡的贡献从 32%下降到 28%，区域内不平衡的贡献从 68%上升至 72%。

表 4.3　四大板块教育指数的泰尔指数及其分解（2010~2020 年）

项目	样本数	2010 年	2012 年	2014 年	2016 年	2018 年	2020 年
东部地区	86	0.0011	0.0010	0.0010	0.0010	0.0009	0.0009
中部地区	82	0.0009	0.0008	0.0007	0.0007	0.0007	0.0007
西部地区	131	0.0042	0.0038	0.0036	0.0033	0.0028	0.0024
东北地区	36	0.0003	0.0003	0.0003	0.0003	0.0003	0.0003
总体	335	0.0031	0.0028	0.0026	0.0024	0.0022	0.0019
区域内		0.0021	0.0019	0.0018	0.0017	0.0015	0.0014
区域间		0.0010	0.0009	0.0008	0.0008	0.0007	0.0005

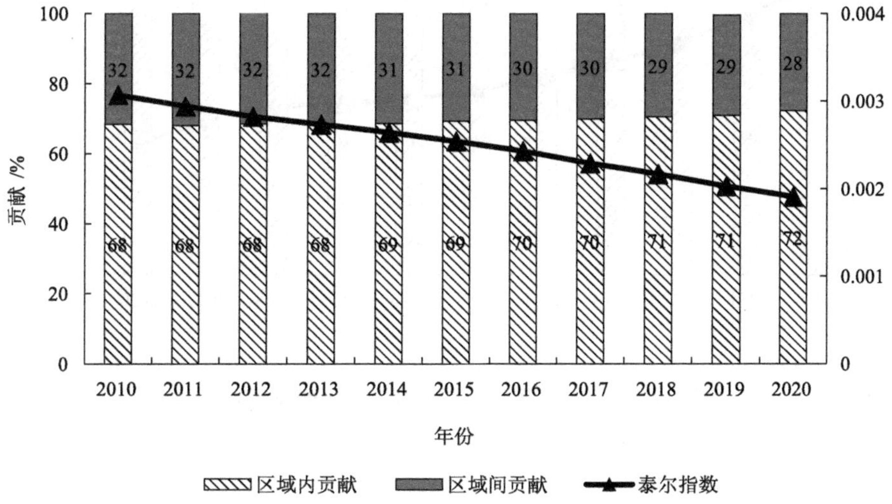

图 4.8　各地市教育指数的泰尔指数及其在四大板块间的分解

如表 4.4 所示，2010~2020 年，全国各地和四大板块间 GNI 指数的不平衡程度呈下降趋势，各区域内部的发展不平衡状况也均有所改善。如图 4.9 所示，各地区内部的差异是各地 GNI 指数不平衡的主要原因。2010~2020 年，GNI 指数的区域间不平衡对于总体不平衡的贡献先下降后上升，区域内不平衡对于总体不平衡的贡献则先上升后下降。

表 4.4　四大板块 GNI 指数的泰尔指数及其分解（2010~2020 年）

项目	样本数	2010 年	2012 年	2014 年	2016 年	2018 年	2020 年
东部地区	86	0.0057	0.0047	0.0043	0.0040	0.0042	0.0042
中部地区	82	0.0057	0.0050	0.0044	0.0040	0.0036	0.0026
西部地区	131	0.0134	0.0108	0.0090	0.0072	0.0067	0.0046
东北地区	36	0.0050	0.0043	0.0045	0.0036	0.0033	0.0030
总体	335	0.0105	0.0083	0.0071	0.0063	0.0061	0.0047
区域内		0.0085	0.0070	0.0061	0.0052	0.0049	0.0039
区域间		0.0020	0.0013	0.0010	0.0011	0.0012	0.0009

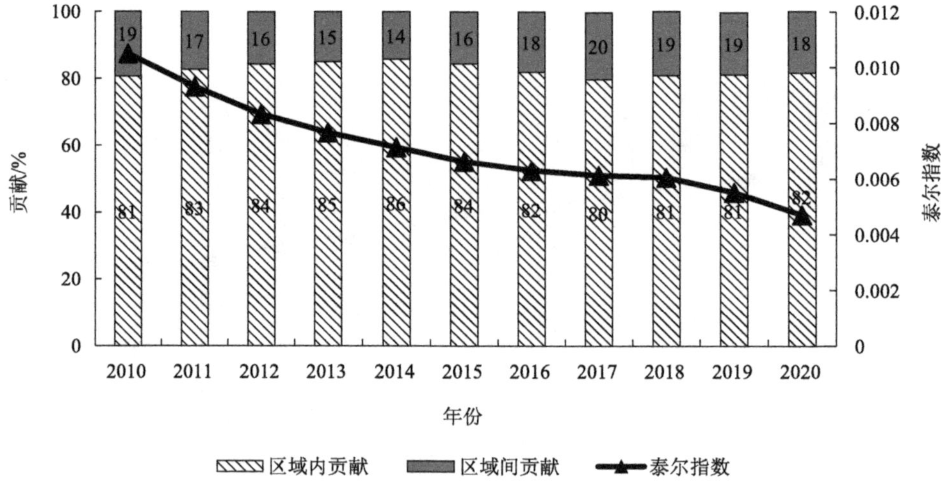

图 4.9 各地市 GNI 指数的泰尔指数及其在四大板块间的分解

第二节 南北区域间 HDI 比较

一、南北区域发展差距概况

学者们很早就注意到了20世纪90年代后中国区域经济发展水平出现了从“北高南低”到“南高北低”的转变（吴殿廷，2001）。随着西部大开发、东北振兴、中部崛起、东部率先发展等重大区域发展战略的实施，我国东中西部之间的发展水平趋于收敛，而南北差距扩大成为区域发展面临的新问题（盛来运等，2018）。2018 年，南方省份地区生产总值约 56 万亿元，占全国总量的 62%左右，南北地区达到了 1980 年以来的最大差距。学者们从地区生产总值规模、比重、增速，以及价值链分工、劳动生产率、全要素生产率等方面衡量了南北发展的差距（盛来运等，2018；李善同等，2019；杨明洪和黄平，2020）。

事实上，不论是从总量上还是增速上出现的“南高北低”，都不是需要关心南北差距的核心理由。由于区域经济增长的收敛，曾经的高收入地区增速放缓是必然的。而且，人均指标是比总量指标更好地衡量区域差距的指标，更能反映发展的最终目的；HDI 能从更丰富的角度来审视真实的南北发展差距。但是尚未有研究针对南北方人类发展的差距进行分析。

此外，目前对于南北发展差距的分析大多基于省级层面的数据。考虑到一些省份（如陕西、河南）横跨南北，以省份为单元衡量南北发展差异精确度不高。事实上，以“秦岭—淮河”这一中国自然南北分界线划分南北区域对于研究人类发展差异更有意义。除了学者们已经普遍研究的经济发展差异，历史上南北方气候、地理等因素塑造的农业发展模式会给地域文化发展带来深远影响（Talhelm et al.，2014）；淮河北岸居民因为更多暴露在空气污染中，预期寿命比南岸居民缩短（Chen et al.，2013；Ebenstein et al.，2017）。

在 31 个省区市南北区域划分上，学者们一般将上海、江苏、浙江、安徽、福建、江西、湖北、湖南、广东、广西、海南、重庆、四川、云南、贵州、西藏等 16 个省区市划为南方地区，将北京、天津、河北、山西、辽宁、吉林、黑龙江、陕西、甘肃、青海、内蒙古、宁夏、新疆等 13 个省区市划为北方地区。有争议的是，一些学者将河南和山东划为南方地区（盛来运等，2018；李善同等，2019），另一些学者则把这两个省划为北方地区（吴殿廷，2001；杜宇和吴传清，2020）。

本书参考张剑等（2012）在县市层面对于南北地理分界的地理信息系统（geographic information system，GIS）模拟结果，以此从地级层面划分南北区域。根据张剑等（2012）的分析，中国南北分界带涉及四川、甘肃、陕西、湖北、河南、安徽、江苏等 7 个省的 130 个县（市）。在本书中，如果一个地级行政区大部分区划分布在分界线以南，则看作南方地区，反之则看作北方地区。本书涉及的 335 个地级行政区和直辖市中，160 个在北方地区，175 个在南方地区。其中，21 个地级市分布在南北分界带上。

首先，我们按照文献的一般做法，以省份为单位做简单平均来衡量南北方经济发展差距[①]。如图 4.10 所示，2009 年以前，南方与北方人均 GNI 差距不大，甚至在 2004~2008 年，北方人均 GNI 是高于南方的，与基于南北地区生产总值总量占全国比重或增速差异发现的“南高北低”现象不同。但是南方人均 GNI 追赶北方的速度逐年提高，2019 年南北差异达到峰值，南方省份的人均 GNI 已经达到北方的 1.21 倍。考虑到新疆和西藏的经济社会发展情况比较特殊，如果将这两个自治区分别从北方和南方中剔除，可以发现 2009 年以后一直存在人均 GNI 的“南高北低”现象，且南方相对于北方的优势更加明显。

下面，我们按照“秦岭—淮河”南北分界带划分，比较 160 个北方行政区和 175 个南方行政区的经济发展差异。如图 4.11 所示，在以地市为单元的南北分界划分下，不论是否剔除新疆和西藏，2016 年之前北方的人均 GNI 一直高于南方，但南方地区在 2016 年开始反超北方。换言之，地市层面的“南高北低”现象要比省级层面出现得更晚一些。由此可见，在更细的颗粒度下观察南北差距，得到的结论将有所区别。

① 此处参考吴殿廷（2001）、杜宇和吴传清（2020）的划分，即 15 个北方省份和 16 个南方省份。

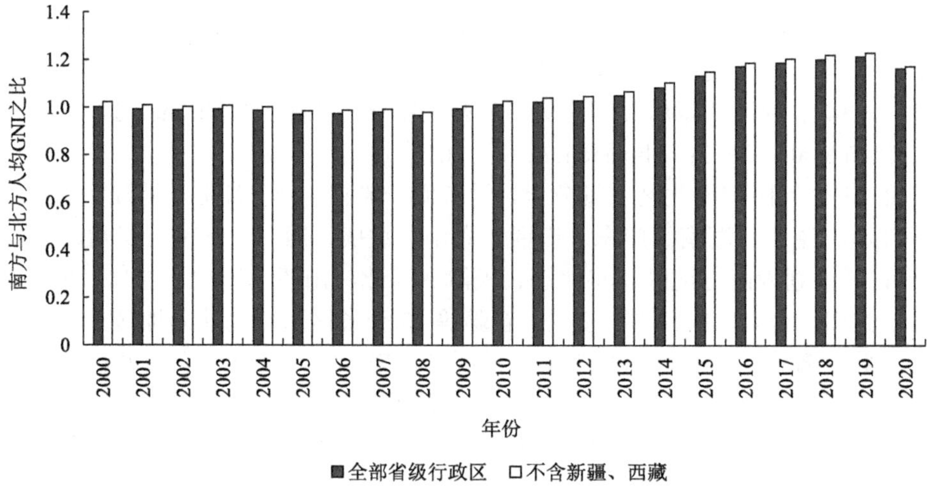

图 4.10　南方省份与北方省份人均 GNI 之比

人均 GNI 是 2017 年不变价美元，购买力平价法；按简单平均计算，下同

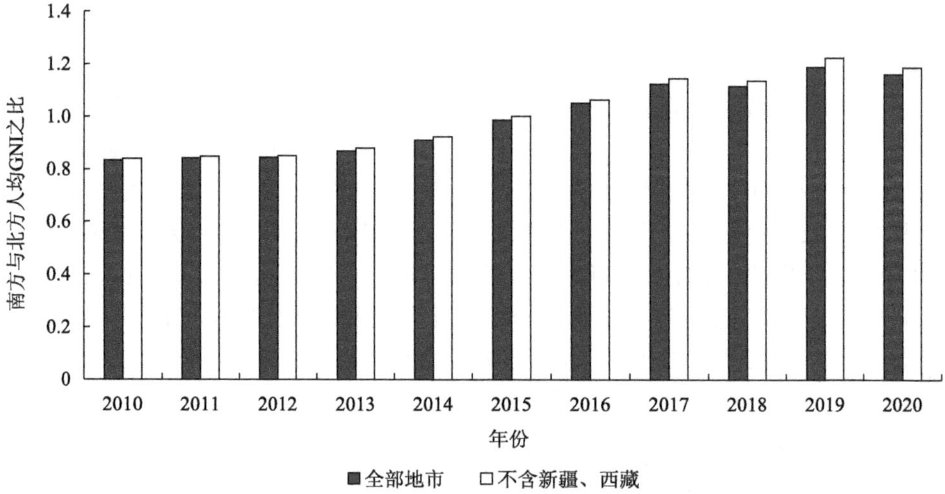

图 4.11　南方地市与北方地市人均 GNI 之比

同时，图 4.12 展示了用各地级行政区人口规模加权计算南北方的平均值，结论与简单平均算法类似。接下来我们均采用基于 335 个地市的样本来分析南北地区人类发展的差异。

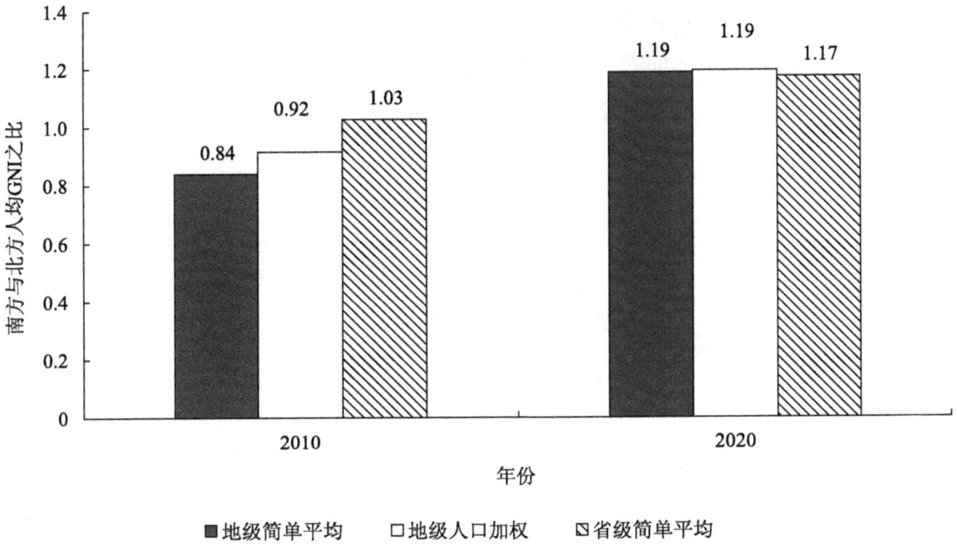

图 4.12　三种算法下人均 GNI 的南北差距比较

不含新疆和西藏

二、南北区域人类发展比较

如图 4.13 所示，2010~2020 年，北方地区和南方地区 HDI 都在逐年提高，但是南方地区的增长速度更快，并在 2017 年时追上北方地区，并一直保持领先。这一过程基本与南方地区人均 GNI 超越北方地区的时序一致，说明经济发展差距是造成南北地区人类发展排位逆转的最主要因素。

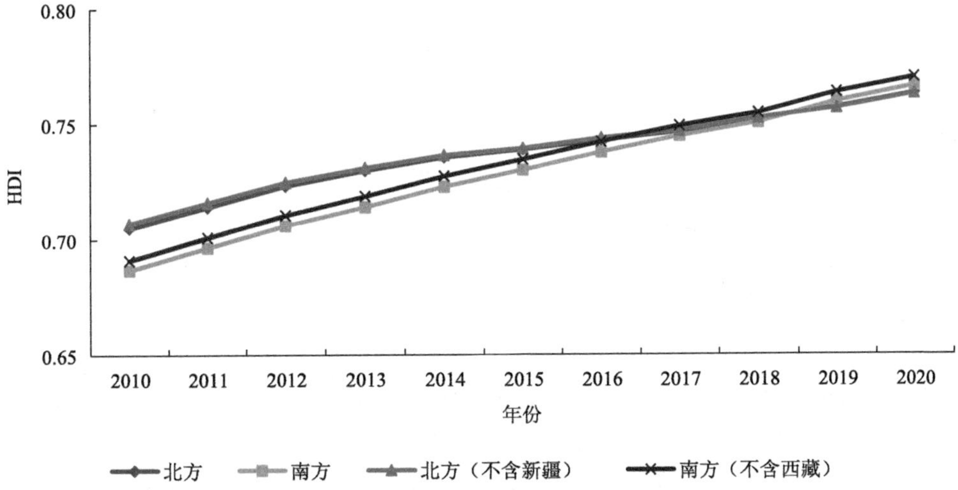

图 4.13　HDI 的南北差距（2010~2020 年）

按简单平均计算，下同

下面继续考察人类发展的其他方面。如图 4.14 所示，如果剔除新疆和西藏，2010 年，南方和北方地区的预期寿命水平非常接近；2010 年以后，南方地区相对于北方地区的领先优势逐渐扩大。到 2020 年，南北区域预期寿命的平均差距达到 0.69 岁。

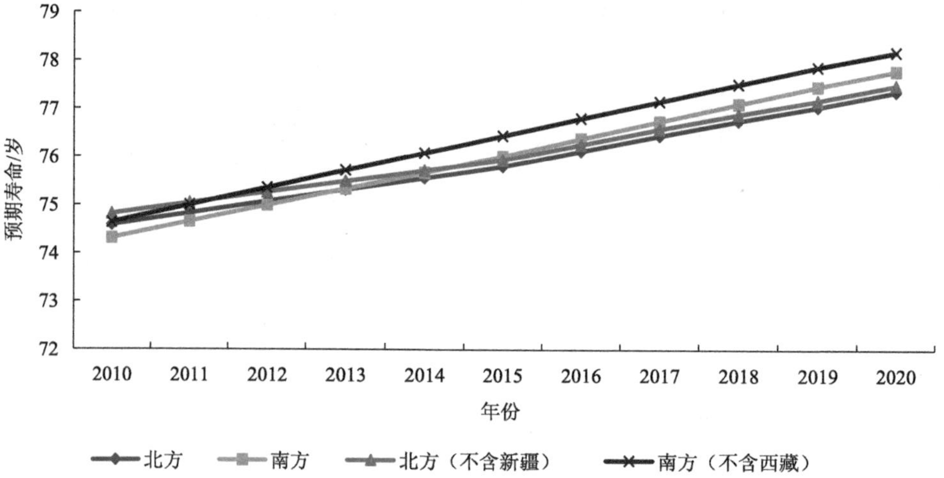

图 4.14　预期寿命的南北差距（2010~2020 年）

如图 4.15 所示，2010~2020 年，北方和南方地区的预期受教育年限均逐年增长，且北方地区的预期受教育年限一直高于南方地区。不过由于南方地区增速快于北方地区，北方地区的领先优势逐渐收窄。如图 4.16 所示，2010~2020 年，北方和南方地区的平均受教育年限持续增长，北方地区相对南方地区的领先优势比较稳定。总的来说，得益于过去长期的先发优势，北方地区在教育上一直处于较高水平。

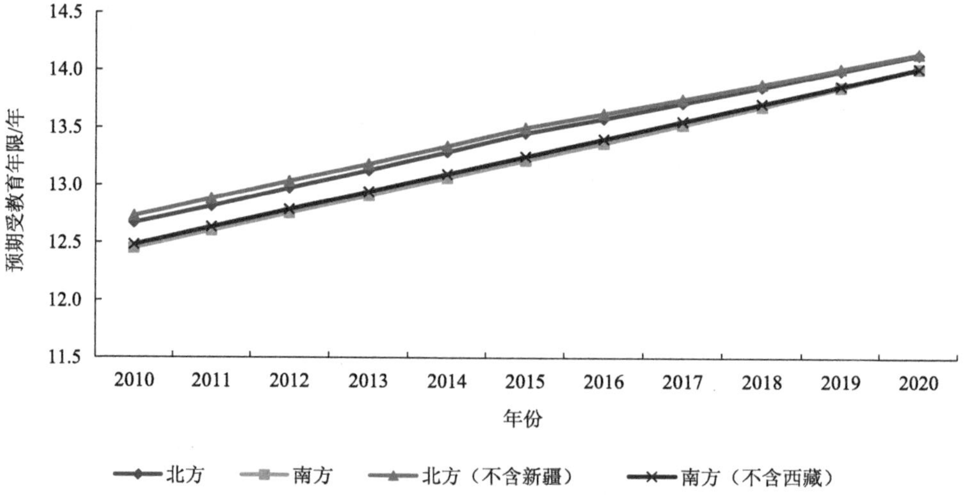

图 4.15　预期受教育年限的南北差距（2010~2020 年）

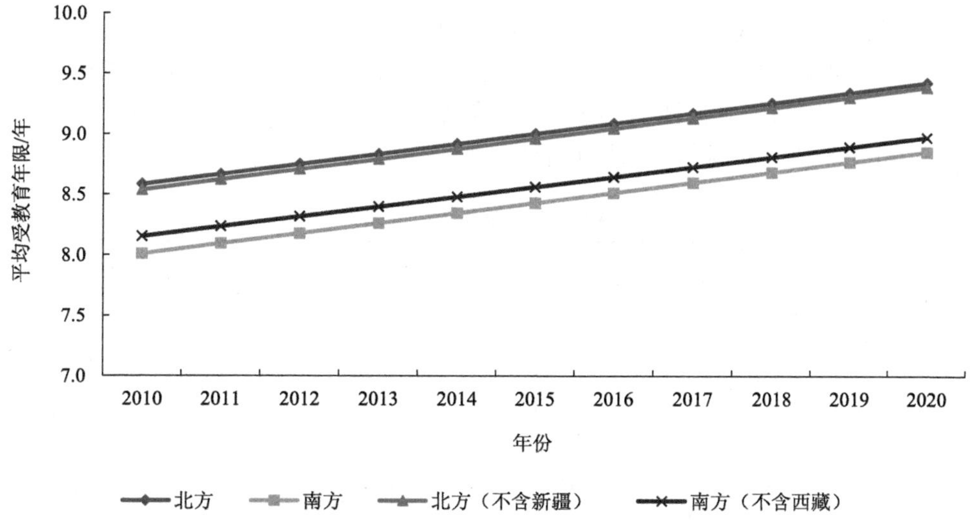

图 4.16　平均受教育年限的南北差距（2010~2020 年）

在经济地理上，除了四大经济区域和南北区域划分外，“胡焕庸线”也是一条揭示中国区域发展差异的重要分界线。长期以来，“胡焕庸线”两侧的人口规模保持了较强的稳定性（吴瑞君和朱宝树，2016）。如果以 2020 年 335 个地市为例，在地图上标出“胡焕庸线”，将可以直观地看到，在“胡焕庸线”东南侧的地区人类发展水平大多高于西北侧的地区[①]。

第三节　主要城市群 HDI 比较

城市群是促进经济社会综合发展的重要空间形态，在我国快速城镇化的进程中，城市群的作用日益突出。2014 年发布的《国家新型城镇化规划（2014－2020 年）》明确提出，“以城市群为主体形态，推动大中小城市和小城镇协调发展”。2018 年发布的《中共中央 国务院关于建立更加有效的区域协调发展新机制的意见》进一步指出，“建立以中心城市引领城市群发展、城市群带动区域发展新模式，推动区域板块之间融合互动发展”。总的来说，目前对于各城市群发展水平的综合研究较少，仅有少数研究考察了主要城市群的经济发展水平差异（王青和金春，2018）。因此，研究各城市群的人类发展水平具有重要的理论和实践意义。

一、主要城市群人类发展概况

2015 年至 2019 年，国务院共批复了长江中游城市群、哈长城市群、成渝城

① 由于篇幅所限，本书未提供地区，感兴趣的读者可以根据附录数据自行绘制。

市群、长江三角洲城市群（简称长三角城市群）、中原城市群、北部湾城市群、关中平原城市群、呼包鄂榆城市群、兰西城市群、粤港澳大湾区等 10 个城市群，再加上 2015 年发布的《京津冀协同发展规划纲要》，共 11 个城市群。本书以这 11 个城市群作为研究对象[①]，具体范围见表 4.5。

表 4.5　本书涉及城市群范围

序号	城市群	依据规划（批复时间）	地级及以上行政区数量	地级及以上行政区名称
1	京津冀城市群	《京津冀协同发展规划纲要》（2015 年）	13	北京、天津、石家庄、唐山、秦皇岛、邯郸、邢台、保定、张家口、承德、沧州、廊坊、衡水
2	长三角城市群	《长江三角洲城市群发展规划》（2016 年） 《长江三角洲区域一体化发展规划纲要》（2019 年）	41	上海、南京、无锡、徐州、常州、苏州、南通、连云港、淮安、盐城、扬州、镇江、泰州、宿迁、杭州、宁波、温州、嘉兴、湖州、绍兴、金华、衢州、舟山、台州、丽水、合肥、芜湖、蚌埠、淮南、马鞍山、淮北、铜陵、安庆、黄山、滁州、阜阳、宿州、六安、亳州、池州、宣城
3	粤港澳大湾区	《粤港澳大湾区发展规划纲要》（2019 年）	9	广州、深圳、佛山、东莞、中山、珠海、江门、肇庆、惠州
4	长江中游城市群	《长江中游城市群发展规划》（2015 年）	28	武汉、黄石、鄂州、黄冈、孝感、咸宁、襄阳、宜昌、荆州、荆门、长沙、株洲、湘潭、岳阳、益阳、常德、衡阳、娄底、南昌、九江、景德镇、鹰潭、新余、宜春、萍乡、上饶、抚州、吉安
5	中原城市群	《中原城市群发展规划》（2016 年）	29	郑州、洛阳、开封、南阳、安阳、商丘、新乡、平顶山、许昌、焦作、周口、信阳、驻马店、鹤壁、濮阳、漯河、三门峡、长治、晋城、运城、邢台、邯郸、聊城、菏泽、宿州、淮北、蚌埠、阜阳、亳州
6	关中平原城市群	《关中平原城市群发展规划》（2018 年）	11	西安、宝鸡、咸阳、铜川、渭南、商洛、运城、临汾、天水、平凉、庆阳
7	成渝城市群	《成渝城市群发展规划》（2016 年）	16	成都、重庆、自贡、泸州、德阳、遂宁、内江、乐山、南充、眉山、宜宾、广安、资阳、绵阳、达州、雅安
8	哈长城市群	《哈长城市群发展规划》（2016 年）	11	哈尔滨、大庆、齐齐哈尔、绥化、牡丹江、长春、吉林、四平、辽源、松原、延边朝鲜族自治州

① 长三角城市群包含 41 个城市，其中 27 个城市是核心区。粤港澳大湾区包含香港和澳门，受限于数据可得性，本书暂时不纳入对香港和澳门的分析。北部湾城市群包含儋州，受限于数据可得性，本书暂时不纳入对儋州的分析。

续表

序号	城市群	依据规划（批复时间）	地级及以上行政区数量	地级及以上行政区名称
9	北部湾城市群	《北部湾城市群发展规划》（2017年）	10	南宁、北海、钦州、防城港、玉林、崇左、湛江、茂名、阳江、海口
10	兰西城市群	《兰州—西宁城市群发展规划》（2018年）	9	兰州、西宁、海东、白银、定西、临夏回族自治州、海北藏族自治州、海南藏族自治州、黄南藏族自治州
11	呼包鄂榆城市群	《呼包鄂榆城市群发展规划》（2018年）	4	呼和浩特、包头、鄂尔多斯、榆林

注：本书分析中仅包括地级及以上行政区

测算表明，城市群中心城市的人类发展水平均高于其他城市，各城市群内部和城市群间发展并不均衡。在2020年，有的城市群所有城市都属于高人类发展及以上水平，有的城市群既有极高人类发展水平的城市，也有中等人类发展水平的城市，还有的城市群所包括的城市则大部分属于中等人类发展水平。总体情况如下。

（1）京津冀城市群：13个地级及以上城市都属于高人类发展及以上水平，其中北京和天津属于极高人类发展水平。

（2）长三角城市群：41个地级及以上城市均属于高人类发展及以上水平。其中，上海市、南京市、无锡市、苏州市、杭州市、常州市、宁波市、南通市、绍兴市、扬州市、镇江市、舟山市、泰州市、嘉兴市、合肥市、湖州市、芜湖市等17个城市属于极高人类发展水平。

（3）粤港澳大湾区：除了香港和澳门外的9个城市中，除了江门、肇庆、惠州属于高人类发展水平，其他6个城市都属于极高人类发展水平。

（4）长江中游城市群：28个城市都属于高人类发展及以上水平，其中武汉、长沙、宜昌、南昌、湘潭、鄂州属于极高人类发展水平。

（5）中原城市群：29个城市都属于高人类发展及以上水平，其中郑州达到了极高人类发展水平。

（6）哈长城市群：11个地级及以上行政区中，长春、大庆属于极高人类发展水平，其他地区均属于高人类发展水平。

（7）呼包鄂榆城市群：榆林属于高人类发展水平，呼和浩特、包头和鄂尔多斯均属于极高人类发展水平。

（8）关中平原城市群：11个城市中，西安属于极高人类发展水平，天水、平凉属于中等人类发展水平，其他城市属于高人类发展水平。

（9）成渝城市群：16个城市中，成都属于极高人类发展水平，其他城市属于高人类发展水平。

（10）北部湾城市群：10 个城市属于高人类发展水平，海口接近于极高人类发展水平。

（11）兰西城市群：9 个地级及以上行政区中，兰州、白银、西宁、海南藏族自治州、海东、黄南藏族自治州属于高人类发展水平，其他 3 个地区属于中等人类发展水平。

二、城市群 HDI 分析：以长三角城市群为例

长三角地区覆盖沪、浙、苏、皖三省一市，含 41 个城市，2023 年常住人口 2.38 亿，约占全国的 16.9%；地区生产总值达到 30.5 万亿元，约占全国的 24.4%，是我国经济发展最活跃、开放程度最高、创新能力最强的区域之一。2010 年以来，随着《长江三角洲地区区域规划》《长江三角洲城市群发展规划》《长江三角洲区域一体化发展规划纲要》等陆续出台，长三角地区在国家现代化建设大局和全方位对外开放格局中的战略地位更加凸显，日益成为我国经济社会发展的重要引擎、推动全国高质量发展的新动力源。基于 HDI 的主要发现如下。

第一，长三角地区整体进入极高人类发展水平。2010 年至 2020 年，长三角地区的 HDI 从 0.742 上升至 0.817，整体跻身极高人类发展水平，迈上了人类发展的新台阶。从城市层面来看，处于极高人类发展水平的城市数量和覆盖人口大幅上升。2010 年，仅有上海、苏州、无锡、南京四市的 HDI 大于 0.8，处于极高人类发展水平，覆盖人口约 4800 万，占长三角地区总人口的 22.6%。2020 年，极高人类发展水平地区扩展到以沪宁合杭甬发展带为主体、覆盖部分沿海沿江发展带的 17 市，覆盖人口约 1.29 亿，占长三角地区总人口的 55%。此外，长三角地区原属中等人类发展水平的地市全部进入了高人类发展水平。2010 年，安徽省仍有 11 个地市的 HDI 小于 0.70，处于中等人类发展水平，主要分布在皖北、皖西和皖南地区。2020 年，以上 11 地市的 HDI 全部超过 0.7，跻身高人类发展水平。从空间分布上看，长三角地区人类发展水平总体呈现出以上海为龙头、沿 G60 科创走廊从东至西递次衰减的趋势。

第二，长三角地区内部人类发展差距持续缩小。从省级层面来看，2010 年，上海、江苏、浙江、安徽的 HDI 分别为 0.828、0.762、0.758 和 0.682，极差为 0.146；2020 年，四省市的 HDI 分别为 0.885、0.826、0.815 和 0.767，极差缩小为 0.118。2010 年，仅有上海处于极高人类发展水平；2020 年，江苏和浙江迈入了极高人类发展水平，安徽则迈入了高人类发展水平。从城市层面来看，2010 年上海的 HDI 最高，为 0.828，阜阳最低，为 0.612，差距为 0.216；2020 年，上海的 HDI 仍为最高，为 0.885，阜阳最低，为 0.717，差距缩小为 0.168。从省内来看，浙江、江苏和安徽的省内差距均有所缩小，其中安徽缩小的幅度最大。2010 年，安徽省

HDI 最高的为合肥（0.751），最低为阜阳（0.612），差距为 0.139；2020 年，最高的仍为合肥（0.822），最低为阜阳（0.717），差距缩小为 0.105。究其原因，可能得益于长三角中心区的快速发展及其产生的辐射带动效应，推动周边城市实现了跨越式发展。其中，皖北、皖西、皖南地区的城市进步最快，缩小了与发达城市之间的差距。

第三，经济增长是推动长三角地区人类发展的主要动力。长三角地区的 HDI 从 2010 年（0.742）至 2020 年（0.817）的增幅为 0.075。其中，GNI 指数从 0.714 上升至 0.812，增幅为 0.098；教育指数由 0.656 上升至 0.722，增幅为 0.066；预期寿命指数由 0.876 上升至 0.931，增幅为 0.055。经测算，GNI 指数增长对区域 HDI 增长的贡献率为 46%，而教育指数和预期寿命指数的贡献率分别为 24%和 30%。从省级层面看，除上海的三个分项指数增幅差不多外，江苏、浙江和安徽的 GNI 指数增幅均远高于另外两个分项指数。以安徽省为例，HDI 从 2010 年的 0.682 上升到了 2020 年的 0.767，上涨了 0.085。其中，预期寿命指数从 0.847 上涨至 0.892，增幅为 0.045；教育指数从 0.599 上涨至 0.678，增幅为 0.079；而 GNI 指数从 0.626 上涨至 0.747，增幅为 0.121，是驱动全省 HDI 提升的主要因素。预期寿命指数增幅相对较小，主要原因是长三角地区人均预期寿命已达到了较高水平。2020 年，上海、浙江、江苏、安徽的人均预期寿命分别为 82.55 岁、80.19 岁、79.32 岁、77.96 岁；作为对比，OECD 国家和世界高收入国家平均水平分别为 80.2 岁和 80.9 岁。

总体上看，长三角地区一体化发展进程不断加快，在促进人的全面发展、缩小区域发展差距方面取得了举世瞩目的成就，走在了全国城市群的前列。但同时也要看到，长三角地区人类发展仍然面临着一些挑战，与实现共同富裕的要求还存在一定的差距。主要表现在如下方面。

第一，部分地市人类发展水平仍然相对较低。虽然长三角地区整体跻身极高人类发展水平，但仍有约 60%的城市、45%的人口仍处于高人类发展水平（HDI<0.80），淮南、宿州、亳州、六安和阜阳等 5 市的 HDI 还小于 0.75。尤其是淮南，2010~2020 年 HDI 值从 0.704 上升至 0.747，增幅仅为 0.043，是所有地市中涨幅最小的城市之一。皖江城市带中，合肥的人类发展水平大幅领先于其他沿江城市。2020 年，合肥的 HDI 为 0.822，大幅高于安庆、池州、铜陵、宣城、滁州等地人类发展水平（0.75~0.80）。沿江发展带以南京为中心，形成上游地区与下游地区之间断层式的发展差距。长江下游地区的南京、扬州、泰州、上海的 HDI 介于 0.85~0.90，处于极高人类发展水平，明显高于上游地区的马鞍山、芜湖、铜陵、安庆等 HDI 介于 0.75~0.80 的城市。

第二，经济发展差距仍然是长三角地区人类发展差距的主要肇因。2010 年以来，长三角各市在人类发展的各方面均取得了重大进步，预期寿命指数一直在高位保持缓慢增长，教育指数和 GNI 指数则呈现低位快速增长态势。三项发展之间存在着较大的不协调，地区人类发展差距主要体现为经济发展差距，其次是教育水平差距，最后是预期寿命差距。2010 年，41 个长三角城市中，GNI 指数最低的是阜阳，为 0.492，最高的是苏州，为 0.843，相差为 0.351；教育指数最低的是 0.564，最高的是 0.748，相差为 0.184；预期寿命指数最低的是 0.813，最高的是 0.927，相差为 0.114。2020 年，GNI 指数最低的仍然是阜阳，为 0.656（人均 GNI 约为 7707 美元），最高的是无锡，为 0.895（人均 GNI 约为 37 531 美元），相差为 0.239；教育指数最低为 0.647，最高为 0.813，相差为 0.166；预期寿命指数最低为 0.857，最高为 0.983，相差为 0.126。根据测算，2010 年人均 GNI 差距对长三角地区人类发展差距的解释率为 84%，教育和预期寿命差距的解释率总计为 16%；2020 年人均 GNI 差距的解释率缩小到 71%，教育和预期寿命差距的解释率总计为 29%。这反映出，虽然区域内经济发展差距持续缩小，但经济发展差距仍然客观存在，并成为导致人类发展差距的主要原因。

第三，教育水平是长三角地区人类发展的主要短板。2020 年，长三角地区的预期寿命指数和 GNI 指数分别为 0.931 和 0.812，教育指数则仅有 0.722，比 0.817 的 HDI 值低约 0.1，是影响地区人类发展的突出短板，也是未来进一步提升人类发展水平的着力点。这一点与全国情况类似。根据联合国开发计划署的《2023/2024 年人类发展报告》，2022 年中国 HDI 为 0.788，其中教育指数仅为 0.693。从省级层面来看，上海的预期寿命指数、GNI 指数和教育指数分别为 0.962、0.886 和 0.813，江苏分别为 0.913、0.848 和 0.729，浙江分别为 0.926、0.819 和 0.715，安徽分别为 0.892、0.747 和 0.678，教育指数均显著落后于预期寿命指数和 GNI 指数。江苏、浙江、安徽三省虽总体上处于极高人类发展水平，但教育指数均低于 0.800，江苏和浙江的教育指数则略大于 0.700；处于高人类发展水平的安徽省，其教育指数还处于中等人类发展水平。

三、城市群间人类发展比较

（一）城市群平均 HDI 及分项指数比较

本部分对 11 个城市群之间的人类发展水平进行比较。如图 4.17 所示，2010~2020 年，大部分城市群的平均 HDI 显著提高，且各城市群之间的相对差距总体比较稳定。其中，粤港澳大湾区平均 HDI 最高，其次是长三角城市群和呼包鄂榆城市群，兰西城市群的平均 HDI 最低。2015 年之后，哈长城市群平均 HDI 增速放缓。

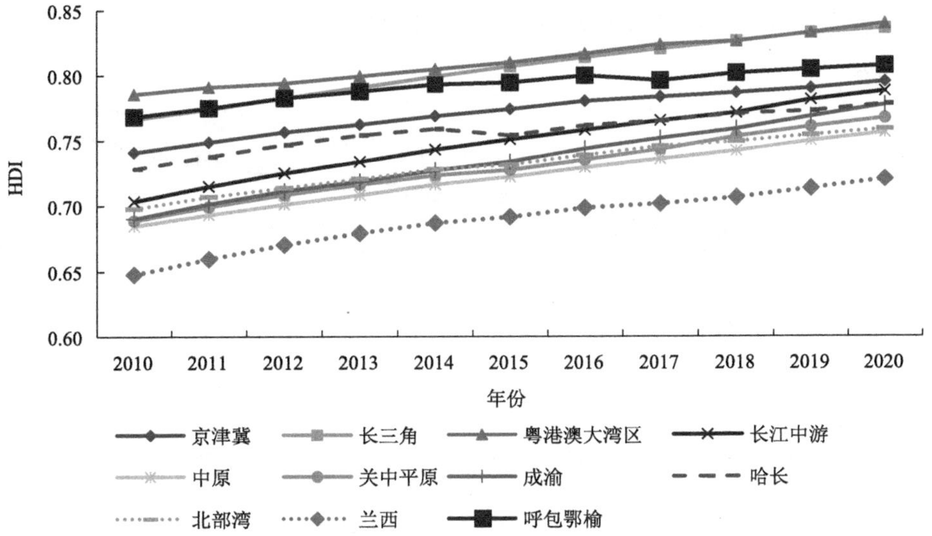

图 4.17 主要城市群 HDI 平均水平演进（2010~2020 年）

城市群内部按人口加权平均计算，下同

如图 4.18 所示，2010~2020 年，11 个城市群的预期寿命指数均有所提高，其中粤港澳大湾区、长三角城市群的预期寿命指数最高。从增长速度看，长江中游城市群、成渝城市群的提升速度较快。兰西城市群虽然相对于其他城市群预期寿命指数较低，但是与其他城市群的相对差距在逐年缩小。

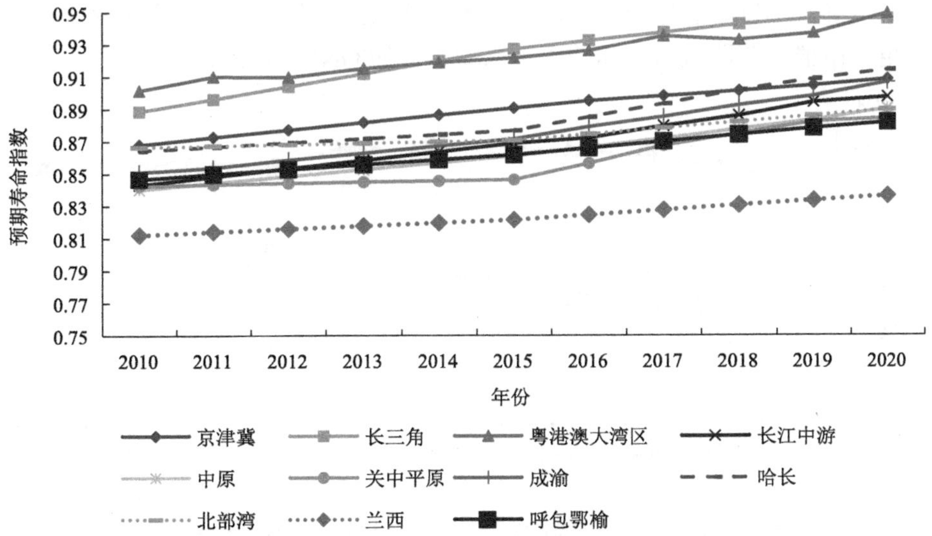

图 4.18 主要城市群预期寿命指数平均水平演进（2010~2020 年）

如图 4.19 所示，2010~2020 年，11 个城市群的教育指数均显著提高。其中，粤港澳大湾区、哈长城市群平均水平最高，兰西城市群、成渝城市群平均水平最低，且领先地区与落后地区的差距并没有明显缩小。

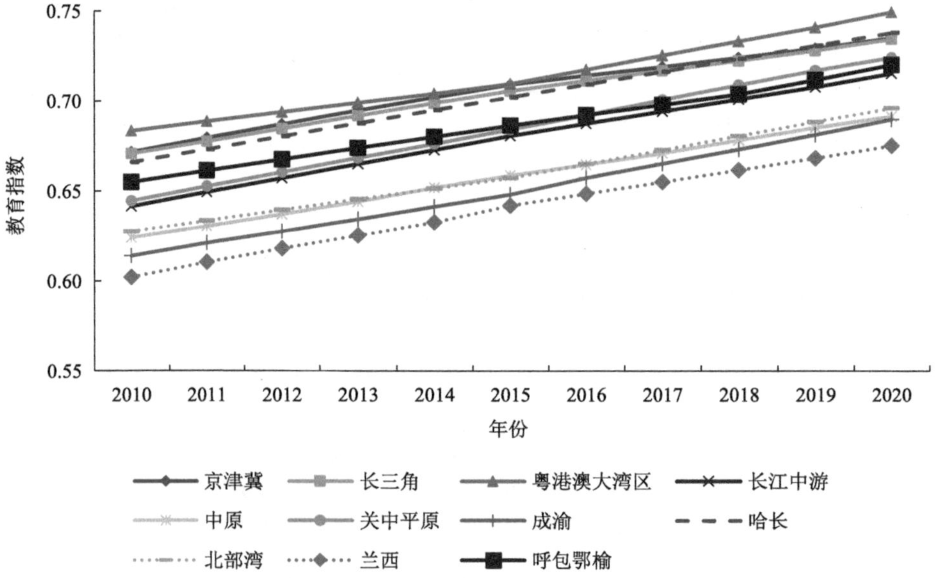

图 4.19　主要城市群教育指数平均水平演进（2010~2020 年）

如图 4.20 所示，2010~2020 年，大部分城市群的 GNI 指数有所提高，而哈长城市群则呈现出明显的先增后降的趋势。呼包鄂榆城市群的 GNI 指数大幅领先于其他城市群，不过增速逐渐放缓，并进入停滞状态。其次分别是粤港澳大湾区和长三角城市群，兰西城市群和关中平原城市群的 GNI 指数最低。

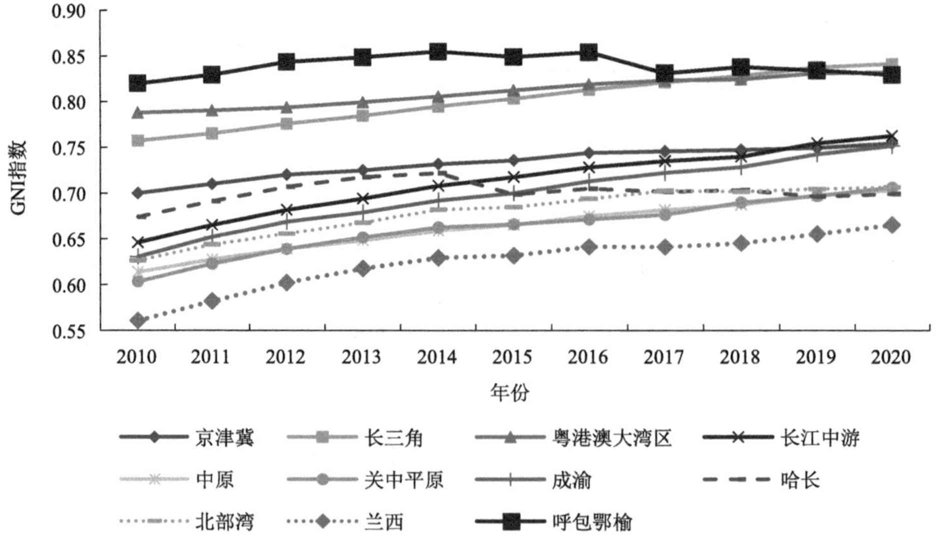

图 4.20　主要城市群 GNI 指数平均水平演进（2010~2020 年）

（二）城市群发展差距分解

本部分运用泰尔指数分解来揭示2010~2020年主要城市群之间和城市群内部发展差距对于整体发展差距的贡献度。根据上文所引述的规划，中原城市群中有3个城市同时属于2个城市群。其中，邯郸市、邢台市同时属于中原城市群和京津冀城市群，运城市同时属于中原城市群和关中平原城市群。为了便于计算城市群间和城市群内部城市发展差距的分解情况，需保证城市群分组的唯一性，因此对城市群分组情况稍作调整，将上述3个城市仅算作中原城市群分组，从其他城市群分组中剔除。另外，由于呼包鄂榆城市群仅包括4个地级市，样本较少，因此在下面进行城市群组间分析时不包括呼包鄂榆城市群。

大部分城市群内部的人类发展差距在缩小，城市群间的人类发展水平差距也在缩小，各城市之间总的人类发展差距主要来自各城市群内部的发展不平衡。各城市群HDI的泰尔指数及其分解如表4.6和图4.21所示。2010~2020年，城市群之间人类发展的不平衡对于160个城市之间人类发展不平衡的贡献从44%上升至47%；城市群内部人类发展不平衡对于总体不平衡的贡献从56%下降至53%。

表4.6　各城市群HDI的泰尔指数及其分解（2010~2020年）

城市群	样本数	2010年	2012年	2014年	2016年	2018年	2020年
京津冀	11	0.0020	0.0018	0.0018	0.0016	0.0017	0.0016
长三角	27	0.0015	0.0013	0.0013	0.0012	0.0012	0.0009
粤港澳大湾区	9	0.0015	0.0012	0.0011	0.0010	0.0010	0.0010
长江中游	28	0.0011	0.0011	0.0011	0.0011	0.0010	0.0007
中原	29	0.0012	0.0009	0.0007	0.0007	0.0007	0.0005
关中平原	10	0.0022	0.0017	0.0015	0.0015	0.0017	0.0015
成渝	16	0.0008	0.0006	0.0006	0.0005	0.0006	0.0005
哈长	11	0.0012	0.0010	0.0009	0.0007	0.0008	0.0007
北部湾	10	0.0010	0.0008	0.0008	0.0007	0.0006	0.0007
兰西	9	0.0040	0.0033	0.0028	0.0025	0.0023	0.0017
全部	160	0.0026	0.0022	0.0020	0.0019	0.0019	0.0016
城市群内		0.0015	0.0012	0.0011	0.0011	0.0010	0.0009
城市群间		0.0012	0.0010	0.0009	0.0009	0.0009	0.0008

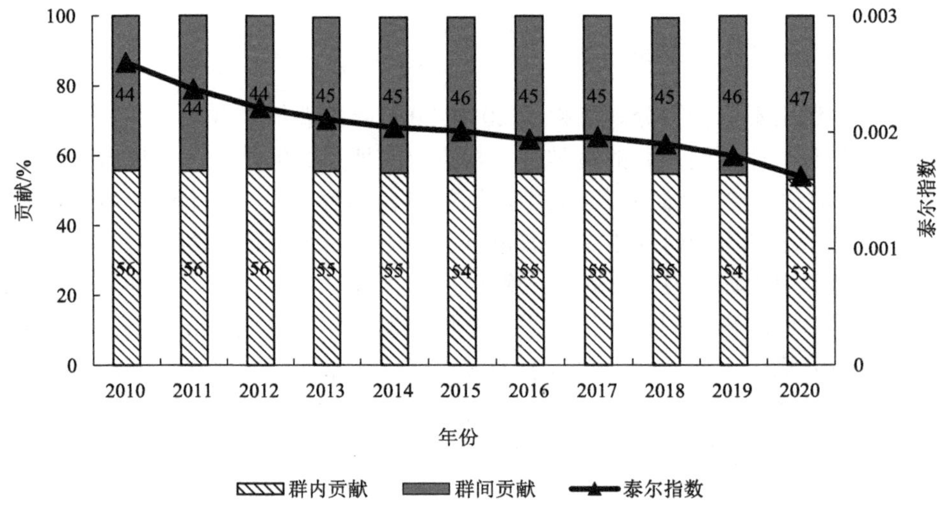

图 4.21　各城市群 HDI 的泰尔指数、群间和群内贡献占比

接下来，我们分别针对人类发展的主要方面考察各城市群内部和城市群之间在各领域的发展不平衡程度。

2010~2020 年，长三角、长江中游城市群内城市预期寿命的不平衡程度有所提高，而其他城市群内的发展差距则逐渐缩小，各城市之间健康水平的差距主要来自各城市群之间的不平衡。如表 4.7 和图 4.22 所示，2010~2020 年，城市群间预期寿命发展的不平衡对于总体预期寿命发展不平衡的贡献从 44%上升到 53%，城市群内部预期寿命发展不平衡对于总体不平衡的贡献从 56%下降至 47%。

表 4.7　各城市群预期寿命指数的泰尔指数及其分解（2010~2020 年）

城市群	样本数	2010 年	2012 年	2014 年	2016 年	2018 年	2020 年
京津冀	11	0.0005	0.0006	0.0007	0.0008	0.0006	0.0005
长三角	27	0.0003	0.0004	0.0006	0.0006	0.0006	0.0006
粤港澳大湾区	9	0.0010	0.0007	0.0006	0.0005	0.0004	0.0005
长江中游	28	0.0002	0.0002	0.0003	0.0005	0.0004	0.0004
中原	29	0.0003	0.0002	0.0002	0.0002	0.0001	0.0002
关中平原	10	0.0007	0.0005	0.0004	0.0004	0.0005	0.0006
成渝	16	0.0004	0.0003	0.0002	0.0002	0.0002	0.0002
哈长	11	0.0004	0.0003	0.0004	0.0004	0.0003	0.0002
北部湾	10	0.0005	0.0003	0.0002	0.0002	0.0001	0.0001
兰西	9	0.0007	0.0005	0.0005	0.0004	0.0003	0.0003
全部	160	0.0008	0.0007	0.0008	0.0009	0.0008	0.0008
城市群内		0.0004	0.0004	0.0004	0.0004	0.0004	0.0004
城市群间		0.0003	0.0004	0.0005	0.0005	0.0005	0.0004

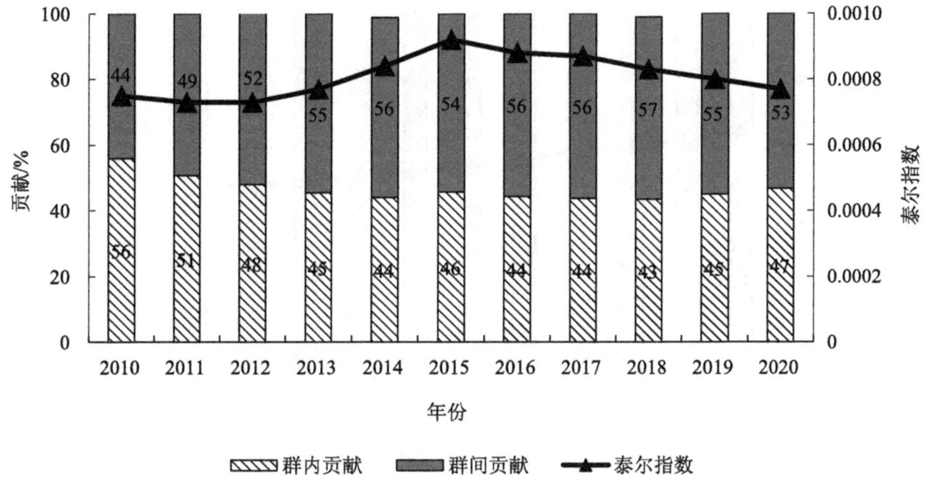

图 4.22 各城市群预期寿命指数的泰尔指数、群间和群内贡献占比

2010~2020 年，各城市群内部教育指数的不平衡程度基本呈现下降趋势或维持稳定，各城市之间教育发展水平的差距主要来自各城市群内部的不平衡。如表 4.8 和图 4.23 所示，2010~2020 年，城市群之间教育指数的不平衡对于总的教育指数不平衡的贡献从 35%下降到 33%，城市群内部教育指数的不平衡对于总体不平衡的贡献从 65%上升至 67%。

表 4.8 各城市群教育指数的泰尔指数及其分解（2010~2020 年）

城市群	样本数	2010 年	2012 年	2014 年	2016 年	2018 年	2020 年
京津冀	11	0.0024	0.0021	0.0018	0.0016	0.0015	0.0014
长三角	27	0.0016	0.0014	0.0012	0.0012	0.0012	0.0012
粤港澳大湾区	9	0.0006	0.0006	0.0007	0.0007	0.0007	0.0007
长江中游	28	0.0007	0.0007	0.0007	0.0007	0.0007	0.0007
中原	29	0.0008	0.0007	0.0007	0.0007	0.0007	0.0007
关中平原	10	0.0023	0.0020	0.0018	0.0017	0.0017	0.0016
成渝	16	0.0005	0.0005	0.0004	0.0004	0.0004	0.0005
哈长	11	0.0003	0.0003	0.0003	0.0003	0.0003	0.0003
北部湾	10	0.0017	0.0017	0.0017	0.0017	0.0017	0.0018
兰西	9	0.0043	0.0041	0.0040	0.0036	0.0033	0.0030
全部	160	0.0020	0.0018	0.0017	0.0016	0.0016	0.0015
城市群内		0.0013	0.0012	0.0011	0.0011	0.0010	0.0010
城市群间		0.0007	0.0007	0.0006	0.0006	0.0005	0.0005

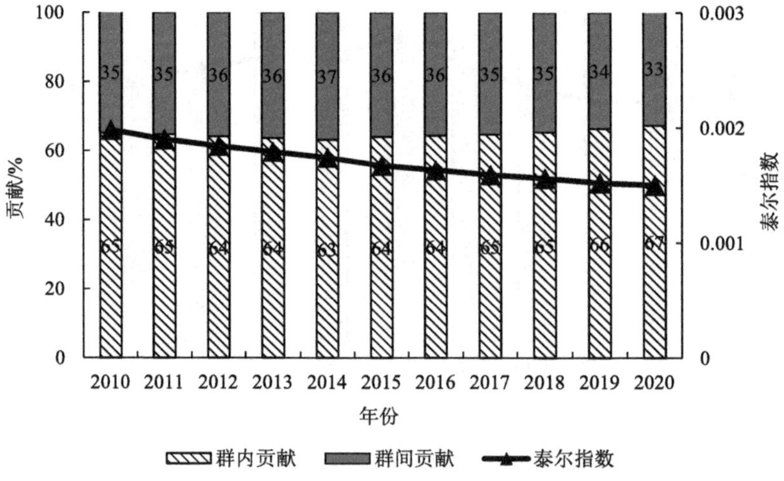

图 4.23　各城市群教育指数的泰尔指数、群间和群内贡献占比

2010~2020 年，各城市群内部城市间 GNI 指数的不平衡程度均有所下降，所有城市的总体不平衡程度和城市群之间的不平衡程度呈下降趋势，各城市间经济发展上的差距既来自各城市群内部的发展不平衡，也来自各城市群之间的发展不平衡。如表 4.9 和图 4.24 所示，2010~2020 年，城市群间 GNI 指数的不平衡对于总的不平衡的贡献从 43%上升至 50%，各城市群内部不平衡的贡献从 57%下降至 50%。

表 4.9　各城市群 GNI 指数的泰尔指数及其分解（2010~2020 年）

城市群	样本数	2010 年	2012 年	2014 年	2016 年	2018 年	2020 年
京津冀	11	0.0049	0.0043	0.0043	0.0037	0.0045	0.0044
长三角	27	0.0044	0.0034	0.0031	0.0029	0.0026	0.0016
粤港澳大湾区	9	0.0039	0.0031	0.0028	0.0026	0.0024	0.0023
长江中游	28	0.0052	0.0045	0.0039	0.0036	0.0033	0.0023
中原	29	0.0048	0.0039	0.0032	0.0029	0.0027	0.0019
关中平原	10	0.0055	0.0042	0.0039	0.0040	0.0046	0.0036
成渝	16	0.0027	0.0021	0.0019	0.0017	0.0018	0.0013
哈长	11	0.0068	0.0059	0.0053	0.0039	0.0040	0.0036
北部湾	10	0.0026	0.0020	0.0021	0.0018	0.0017	0.0015
兰西	9	0.0136	0.0114	0.0091	0.0084	0.0079	0.0054
全部	160	0.0087	0.0068	0.0060	0.0056	0.0056	0.0048
城市群内		0.0050	0.0041	0.0037	0.0033	0.0032	0.0024
城市群间		0.0037	0.0027	0.0023	0.0023	0.0024	0.0024

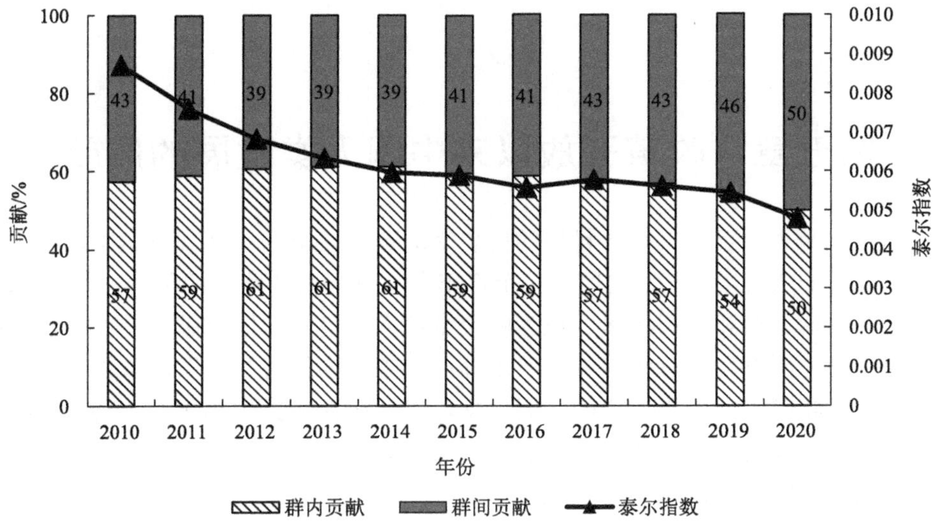

图 4.24　各城市群 GNI 指数的泰尔指数、群间和群内贡献占比

第五章　改革开放以来中国人类发展的成就

站在“两个一百年”奋斗目标的历史交汇点上，全面、客观总结中国在人类发展上取得的成就，是谋划实现第二个百年奋斗目标奋斗路径的基础。与此同时，新时代的中国道路和中国经验，也为解决全球人类发展问题贡献了重要经验和财富，提供了中国方案。总体来看，改革开放以来我国经济社会发展取得了全面进步，体现了我国以人民为中心的发展理念，以及在保障民生福祉、推动可持续发展方面的突出成就。本章从经济发展、社会发展、可持续发展三个方面总结了改革开放以来中国人类发展的主要成就。

第一节　经济发展的成就

一、经济发展再上新台阶，增长动力进一步优化

1978年至2023年，我国GDP从0.37亿元增长到126万亿元，人均GDP从358元增长到8.9万元（图5.1）。经济总量占全球经济比重超过17%，世界排名从第15位到稳居世界第二。根据世界银行数据，2013~2021年我国对世界经济增长的平均贡献率为38.6%，超过七国集团贡献率的总和，成为带动世界经济增长的火车头[①]。作为14亿多人口的大国，2019年人均GNI首次突破1万美元大关，2023年达到1.26万美元，为未来跻身高收入国家行列奠定了更加坚实的基础。

新冠疫情前的2016~2019年，消费对GDP增长贡献率在60%以上，已经成为拉动经济增长的最重要动力；2023年，消费对GDP增长的贡献率高达82.5%，更凸显了内需特别是消费对于稳定经济运行的压舱石作用。“十三五”以来，受中美贸易摩擦和新冠疫情影响，我国进出口增速出现波动，但依然保持全球货物贸易第一大国的地位。2023年，中国货物贸易占世界货物贸易总量的14.2%，比排名第二的美国高约1个百分点。

---

① 《中国经济稳健增长，为世界经济发展作出积极贡献》，https://www.ndrc.gov.cn/xwdt/ztzl/NEW_srxxgcjjpjjsx/yjcg/zw/tttg1/202402/t20240205_1363967.html。

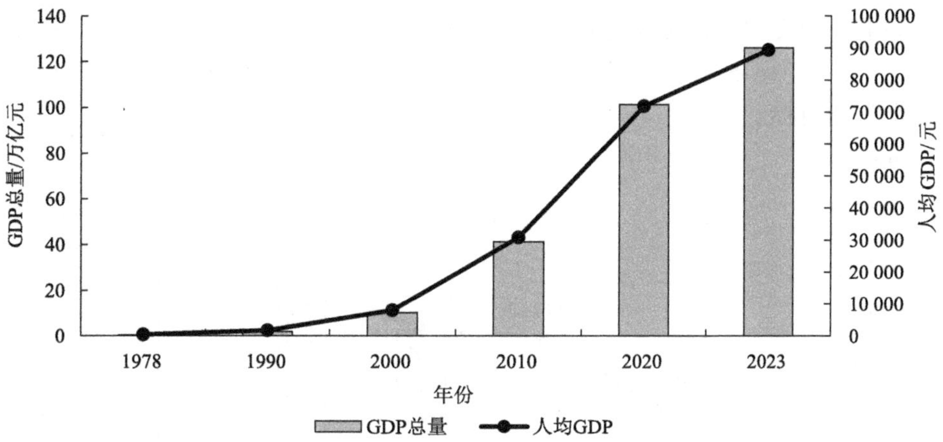

图 5.1　中国 GDP 总量和人均 GDP（1978~2023 年）

资料来源：国家统计局

二、产业结构持续优化，内生动力不断增强

改革开放以来，中国产业结构持续优化升级。第一产业占比从1978年的27.7%降低到2023年的7.1%，第二、第三产业占比则分别从1978年的47.7%、24.6%上升至2023年的38.3%、54.6%（图5.2）；中国从传统农业大国成为工业大国、服务业大国，中国经济从依赖单一产业为主转向依靠三次产业共同带动[①]。

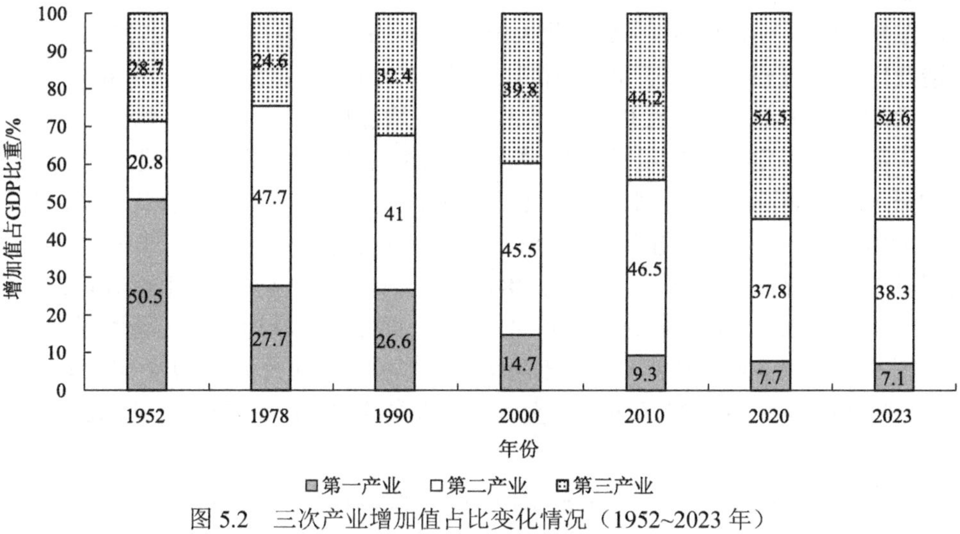

图 5.2　三次产业增加值占比变化情况（1952~2023 年）

资料来源：国家统计局

① 《中国的全面小康》，https://www.gov.cn/zhengce/2021-09/28/content_5639778.htm。

农业的粮食安全保障能力稳步提升。“十三五”期间，粮食总产量总体稳定在1.3万亿斤（1斤=500克）以上（图5.3），基本实现了“谷物基本自给、口粮绝对安全”的目标。

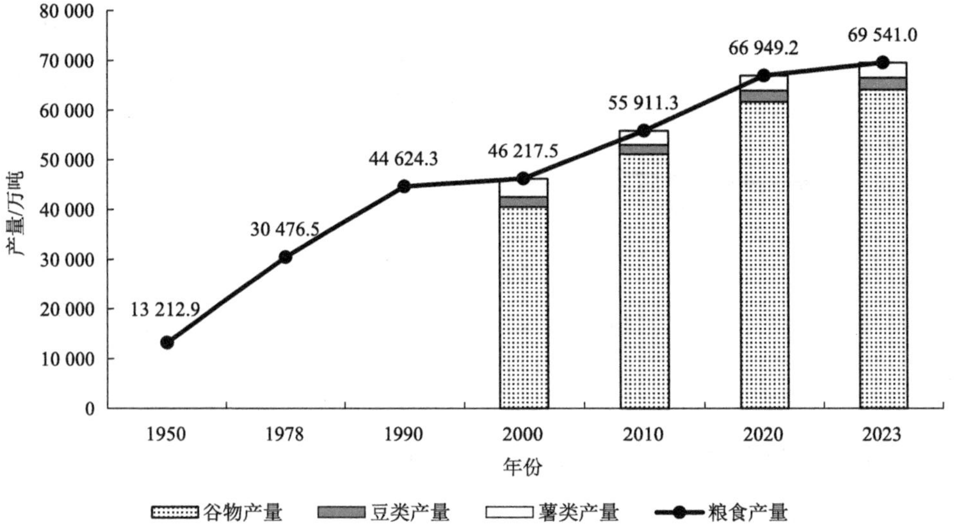

图5.3　中国粮食产量及其构成（1950~2023年）

资料来源：国家统计局

制造业不断向中高端迈进。我国220多种工业产品产量居世界第一，自2010年起连续11年位居世界第一制造业大国[①]。国家统计局数据显示，2023年高技术制造业增加值占规模以上工业增加值比重达15.7%，较2012年增加了6.3个百分点；党的十八大以来，规模以上高技术制造业增加值年均增长10.3%[②]。

服务业“稳定器”作用进一步增强。2015年服务业（第三产业）增加值占GDP比重首次超过50%，到2023年已达54.6%。2013~2023年，服务业增加值年均实际增长6.9%，增速高出同期GDP年均增速0.8个百分点。服务业对当年GDP的贡献率不断提高，1978年时仅为28.4%，低于第二产业33.4个百分点；2023年进一步提升到60.2%，超过第二产业26.3个百分点，成为经济社会发展的主引擎（图5.4）。服务业吸纳就业人数不断增加，服务业就业人员从1978年的4890万人增长到2023年的35 639万人，占全国就业人员的比重从12.2%增长到48.1%[③]。

① 《中国的全面小康》，https://www.gov.cn/zhengce/2021-09/28/content_5639778.htm。

② 《工业经济实力大幅跃升 制造强国建设步伐坚定——新中国75年经济社会发展成就系列报告之三》，https://www.stats.gov.cn/sj/sjjd/202409/t20240910_1956335.html。

③ 《服务业地位作用更加彰显 发展质效持续提升——新中国75年经济社会发展成就系列报告之四》，https://www.stats.gov.cn/sj/sjjd/202409/t20240911_1956378.html。

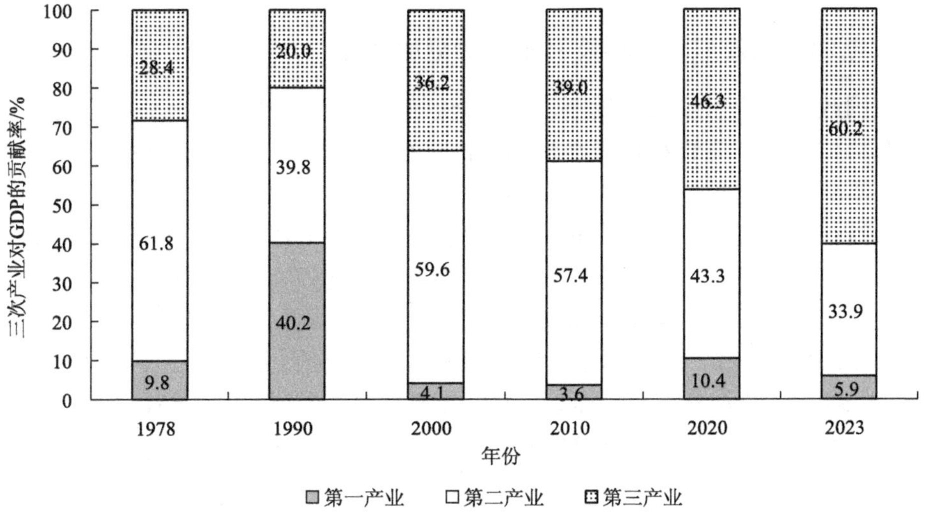

图 5.4　三次产业对 GDP 贡献率（1978~2023 年）

资料来源：国家统计局

数字经济发展迅速，成为驱动我国经济增长的新动能。2015~2023 年，数字经济占 GDP 的比重从 27%上升到 42.8%（图 5.5）。近年来，数字经济规模同比名义增长始终高于 GDP 名义增长，数字经济对 GDP 增长的贡献率稳步增长，2023 年达到 66.45%，高于三次产业对 GDP 增长的贡献率。

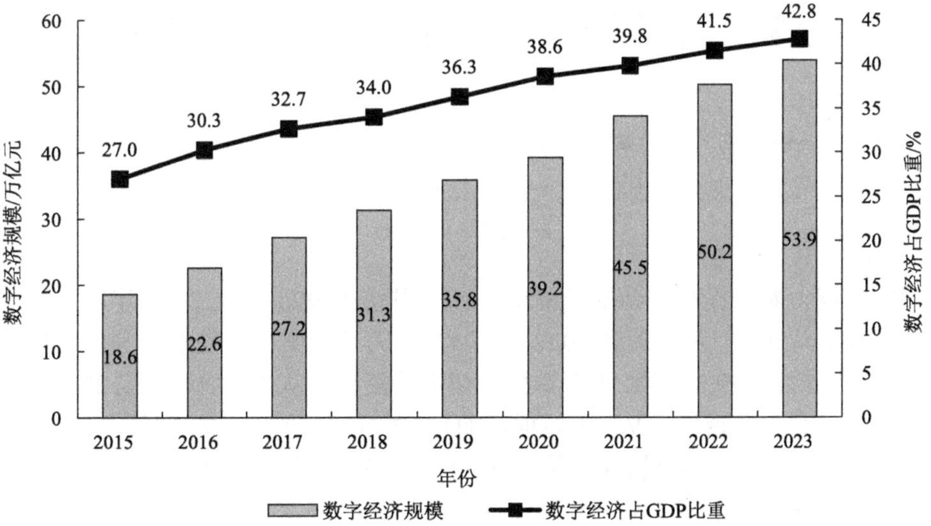

图 5.5　2015~2023 年数字经济规模和比重

资料来源：中国信息通信研究院

三、创新驱动成效显著，科技引领作用更加凸显

我国政府高度重视科技创新，将实施创新驱动发展战略作为基本国策，并通过改革科技体制、完善科技激励机制、优化科技支持政策、加大科研投入力度等举措，不断提高科技创新能力。

科技投入力度持续增强。如图 5.6 所示，我国全社会研究与开发（research and development，R&D）经费投入持续增长，R&D 投入占 GDP 的比重与发达国家的差距不断缩小。2022 年，我国 R&D 经费支出 3.09 万亿元，稳居世界第二；R&D 投入占 GDP 比重为 2.55%，较 2012 年提高了 0.64 个百分点，超过欧盟国家平均水平。基础研究投入占比不断提高，2022 年基础研究经费达到 1951 亿元，是 2012 年的 3.9 倍，基础研究经费占 R&D 经费的比重为 6.32%[①]。

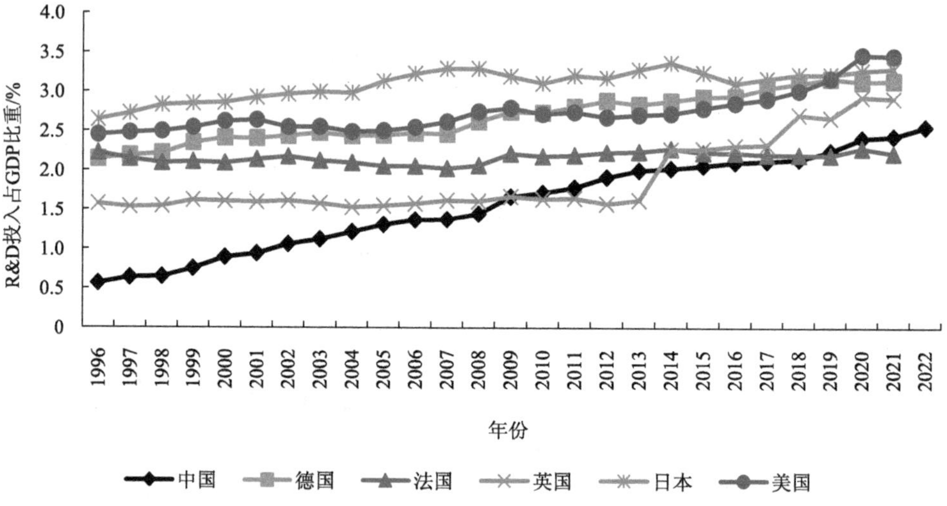

图 5.6　主要国家全社会 R&D 投入占 GDP 比重比较

资料来源：世界银行

创新能力显著提高，助推经济动力更加强劲。1995 年至 2022 年，中国专利申请授权量从 4.5 万项增加到 2022 年的 432.3 万项，其中：发明专利申请授权量从 3393 项增加到 79.8 万项，实用新型专利申请授权量从 3 万项增加到 280.4 万项，外观设计专利申请授权量从 1.1 万项增加到 72 万项，如图 5.7 所示。发明专利授权量中，国内发明专利获授权量从 1995 年的 1530 项增加到 2022 年的 69.5 万项，占比从 45.1%提升至 87.1%，如图 5.8 所示。

① 《国家创新调查显示：我国稳居世界第二大研发投入国》，https://www.gov.cn/xinwen/2023-02/22/content_5742661.htm。

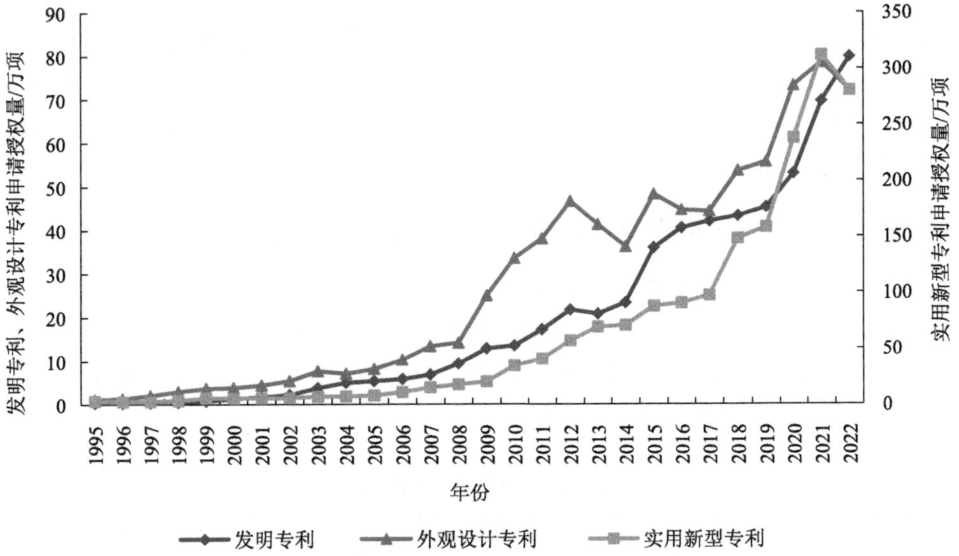

图 5.7　三类专利申请授权量变化情况（1995~2022 年）

资料来源：国家统计局

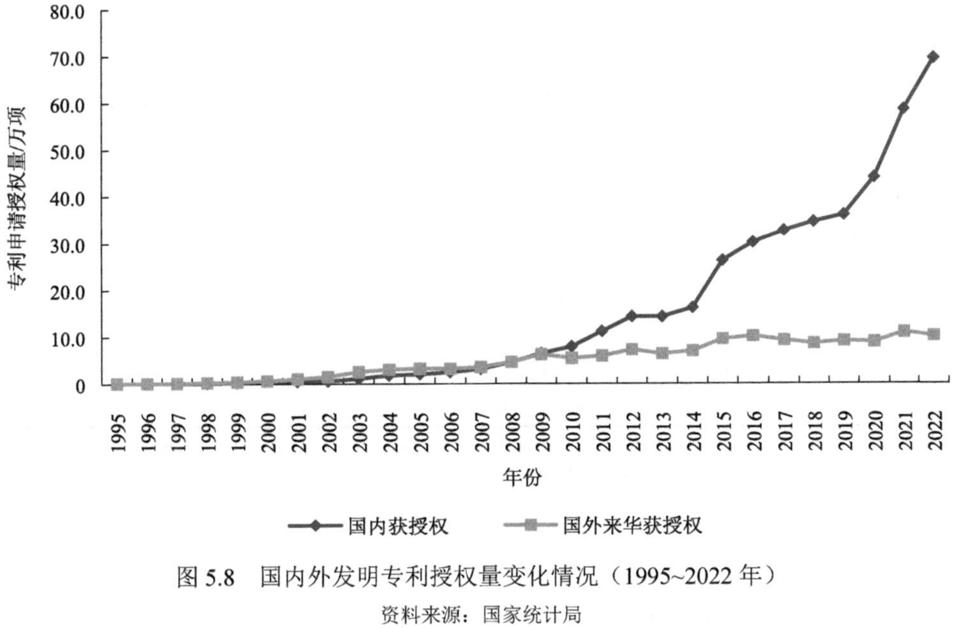

图 5.8　国内外发明专利授权量变化情况（1995~2022 年）

资料来源：国家统计局

2023年，我国每万人口高价值发明专利拥有量达11.8件，较“十三五”末提高5.5件①。根据世界知识产权组织统计，2023年我国通过《专利合作条约》途径提交的国际专利申请量达69 610件，是申请量最大的来源国，领先于美国。在世界知识产权组织发布的2023年全球创新指数中，我国排名第12位，是前30名中唯一的中等收入经济体；部分指标稳居全球领先地位，与排名靠前的发达国家的差距逐渐缩小②。

四、基础设施规模居世界前列，成为经济发展的重要支撑

中国已建成世界上最现代化的铁路网和最发达的高铁网、全球最大的高速公路网，万吨级以上泊位数、内河航道通航里程位居世界第一，也是全球开通地铁城市最多的国家③。庞大的基础设施网络已经成为中国经济持续发展的重要支撑，主要基础设施规模数据如表5.1所示。

表5.1 基础设施建设情况

统计截止时间	基础设施类别	规模
2020年	铁路营业里程	14.6万公里
2020年	高铁营业里程	3.8万公里
2020年	高速公路营业里程	16.1万公里
2020年	港口生产用码头泊位数	22 142个
2020年	万吨级以上泊位数	2 592个
2020年	内河航道通航里程	12.77万公里
2020年	民航运输机场数	241个
2020年	大、中运量城市轨道交通运营总里程	6 667.5公里
2020年	邮路和快递服务网路总长度（单程）	5 278.8万公里
2020年	全国移动电话普及率	113.9部/百人
2021年6月	已建设开通5G基站	96万个
2021年6月	5G终端连接数	3.65亿个
2021年6月	固定宽带家庭普及率	96%
2021年6月	移动宽带用户普及率	108%

资料来源：《中国的全面小康》，https://www.gov.cn/zhengce/2021-09/28/content_5639778.htm

① 《国务院新闻办发布会介绍2023年知识产权工作进展情况》，https://www.gov.cn/zhengce/202401/content_6926365.htm。

② 《全球创新指数》，https://www.wipo.int/zh/web/global-innovation-index。

③ 《中国的全面小康》，https://www.gov.cn/zhengce/2021-09/28/content_5639778.htm。

第二节　社会发展的成就

一、人民生活水平不断提高

城乡居民收入水平不断提高。从1978年到2023年，城镇居民人均可支配收入由343元提高到51 821元；农村居民人均可支配收入由134元提高到21 691元；全国居民人均可支配收入从1978年的171元增加到2023年的39 218元，如图5.9所示。剔除价格因素后，2020年全国居民人均可支配收入约比2010年翻了一番。在收入增长的同时，人民生活质量也明显提升。城乡居民恩格尔系数（食品支出占消费支出的比重）持续下降。从1978年到2023年，城镇居民的恩格尔系数从57.5%下降到28.8%，农村居民的恩格尔系数从67.7%下降到32.4%，如图5.10所示。2020年全国居民人均住房建筑面积为41.76平方米。其中，城镇居民和农村居民人均住房建筑面积分别为38.6平方米和46.8平方米，相比于1978年分别增长了4.76倍和4.78倍①。

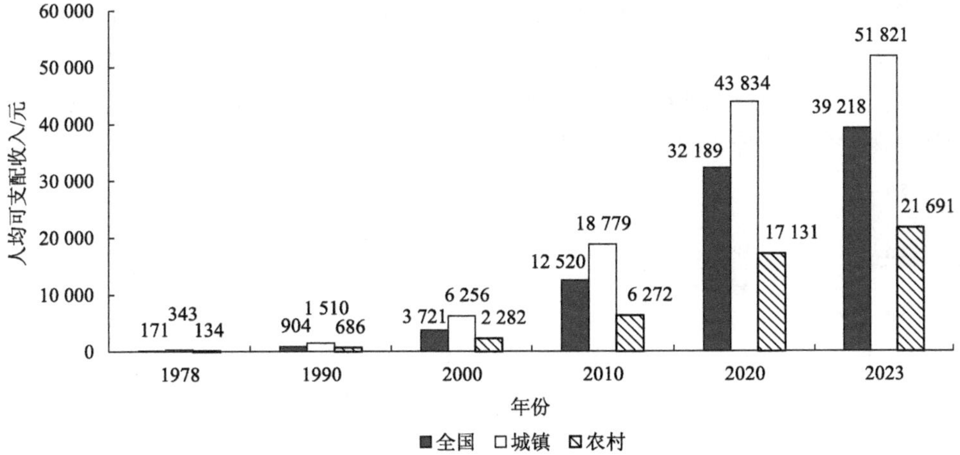

图5.9　全国居民人均可支配收入变化情况（1978~2023年）

资料来源：国家统计局

① 2020年城镇和农村居民人均居住面积数据来自第七次全国人口普查资料，1978年城镇和农村居民人均居住面积数据参见：https://www.gov.cn/xinwen/2019-08/17/content_5421812.htm。

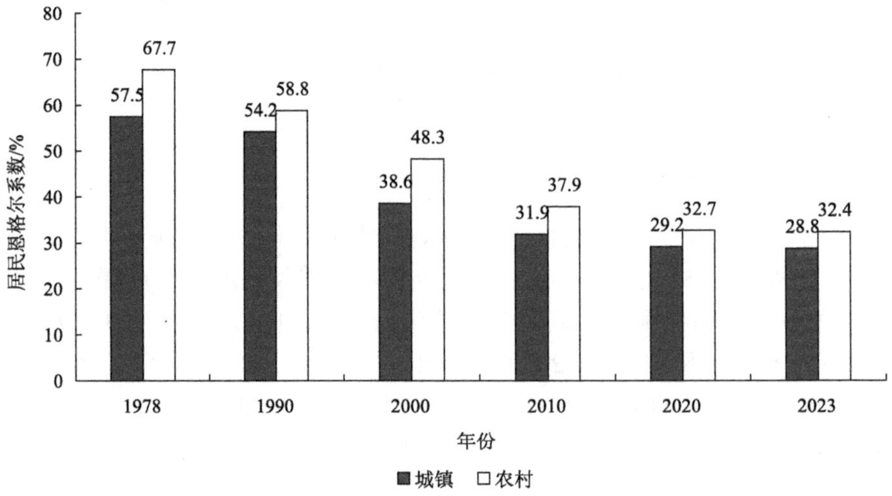

图 5.10　城乡居民恩格尔系数变化情况（1978~2023 年）

资料来源：国家统计局

二、公共服务投入持续增加

按照“广覆盖、低水平、可持续、促发展”的建设理念，我国公共服务设施实现了较高的覆盖率，解决了很多基本公共服务从无到有的问题。党的十八大以来，我国加大了公共服务领域的财政投入，尤其是在保障居民基本需求的基本公共服务领域，实现了财政投入的稳定增长。如图 5.11 所示，国家财政在教育、卫生、文化和社会保障等民生领域的支出占 GDP 的比重总体上保持了稳中有升的趋势。

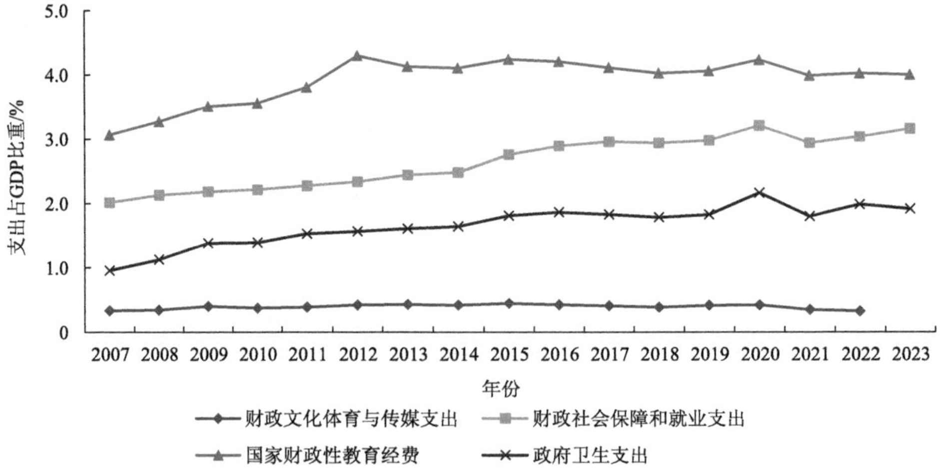

图 5.11　主要公共服务领域财政支出占 GDP 的比重（2007~2023 年）

资料来源：GDP 数据来自国家统计局，财政文化体育与传媒支出、财政社会保障和就业支出数据来自财政部，国家财政性教育经费数据来自《中国教育经费统计年鉴》、全国教育经费执行情况统计公告，政府卫生支出数据来自《中国卫生健康统计年鉴》《卫生健康事业发展统计公报》

1993 年，中共中央、国务院印发《中国教育改革和发展纲要》，提出了国家财政性教育经费占 GDP 的比重达 4%的目标。2012 年，国家财政性教育经费①首次超过了 4%。从 2012 年到 2023 年，国家财政性教育经费占 GDP 的比重基本都稳定在 4%左右。

改革开放以来，卫生总费用②构成中政府卫生支出占比呈现出先下降后上升的趋势，个人支出占比则呈现出先上升后下降的趋势。2000 年，政府卫生支出占比曾达到 15.5%的低谷，个人卫生支出则达到 60%的高峰。近年来，政府卫生支出保持在 26%以上，个人卫生支出则降至 27%左右。居民个人支付负担进一步减轻，全社会卫生费用结构更趋合理，如图 5.12 所示。

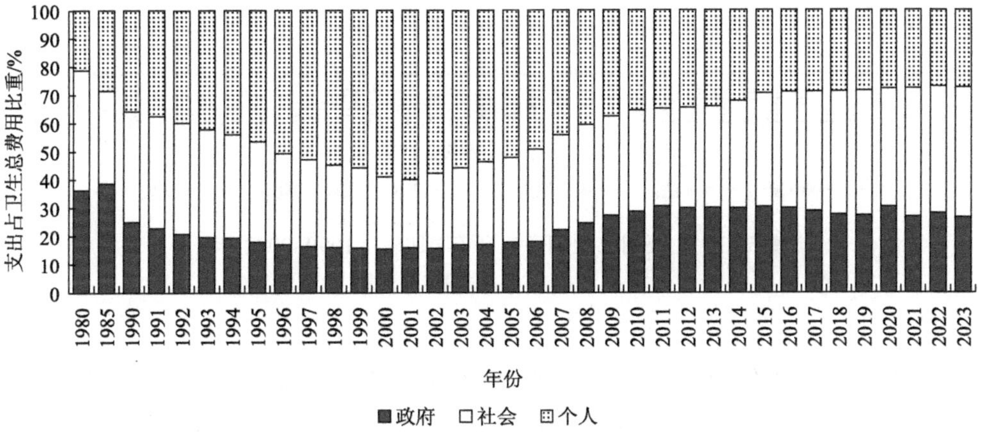

图 5.12　卫生总费用构成变化情况（1980~2023 年）

资料来源：《中国卫生健康统计年鉴》《卫生健康事业发展统计公报》

三、国民受教育权利得到更好保障

改革开放以来，国民受教育权利得到了更好的保障，教育普及水平实现历史性跨越，国民受教育水平显著提高。根据第七次全国人口普查数据，15 岁以上人口平均受教育年限从 1982 年的 5.3 年提高至 2020 年的 9.91 年。按照联合国开发

① 国家财政性教育经费主要包括一般公共预算安排的教育经费，政府性基金预算安排的教育经费，国有及国有控股企业办学中的企业拨款，校办产业和社会服务收入用于教育的经费等。

② 卫生总费用是反映一个国家或地区在一定时期内，全社会用于卫生服务支出的资金总额。需要说明的是，卫生总费用筹资来源有两种不同的分类方式，世界卫生组织的国家卫生账户分为广义政府卫生支出和私人卫生支出两部分，我国卫生健康统计分为政府、社会和个人卫生支出三个部分。参见：《转型中的中国卫生体系》，载于《世界卫生组织亚太卫生体系和政策观察》2015 年第 5 卷第 7 期。

计划署的估算，中国国民预期受教育年限从 1990 年的 8.6 年提高至 2022 年的 15.2 年，与主要发达国家差距不断缩小，如图 5.13 所示。

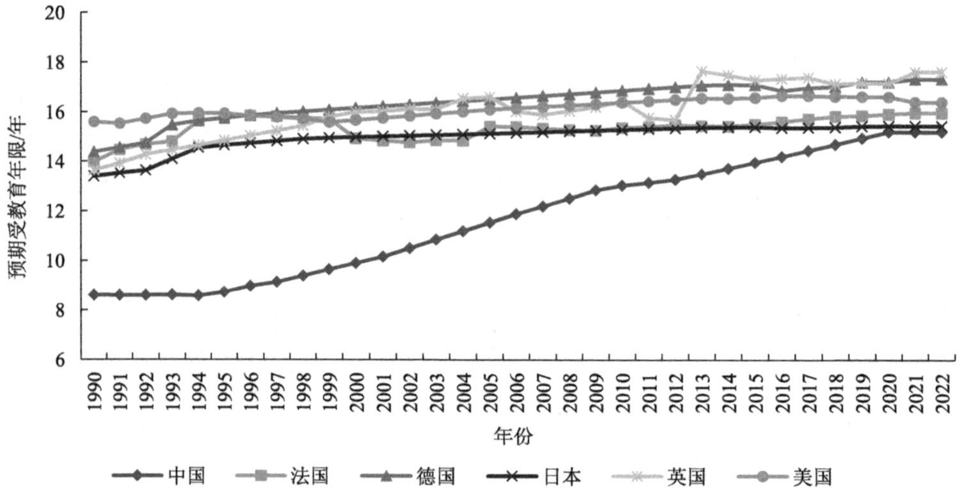

图 5.13　主要国家预期受教育年限比较（1990~2022 年）

资料来源：联合国开发计划署

1992 年，党的十四大提出，“到本世纪末，基本扫除青壮年文盲，基本实现九年制义务教育”[①]，即“两基”目标。2011 年，我国正式宣布全面完成了普及九年义务教育和扫除青壮年文盲的战略目标[②]。2020 年，我国文盲率仅为 2.7%，相比 1964 年下降了约 31 个百分点[③]。义务教育普及程度达到世界高收入国家的平均水平，其中适龄残疾儿童义务教育入学率达 95%以上[④]；2023 年，全国九年义务教育巩固率已达 95.7%[⑤]。

主要历史时期的各级教育普及情况如表 5.2 所示。我国高中阶段教育普及率

① 《江泽民在中国共产党第十四次全国代表大会上的报告》，https://fuwu.12371.cn/2012/09/26/ARTI1348641194361954.shtml。

② 《中国普及九年义务教育和扫除青壮年文盲报告》，https://www.edu.cn/edu/zong_he/zong_he_news/201209/t20120911_841283.shtml。

③ 《人口大国向人力资源强国转变 人口高质量发展取得成效——新中国 75 年经济社会发展成就系列报告之十五》，https://www.stats.gov.cn/sj/sjjd/202409/t20240920_1956588.html。

④ 《数说“教育这十年”》，http://www.moe.gov.cn/fbh/live/2022/54875/sfcl/202209/t20220927_665124.html。

⑤ 《2023 年全国教育事业发展基本情况》，http://www.moe.gov.cn/fbh/live/2024/55831/sfcl/202403/t20240301_1117517.html。九年义务教育巩固率是指初中毕业班学生数占该年级入小学一年级时学生数的百分比。

已经超过中等偏上收入国家平均水平，2022年全国高中阶段毛入学率已达91.6%，相比1978年提高了约56个百分点。我国已经建成世界上规模最大的高等教育体系，高等教育从精英化到大众化再到普及化[①]。1978年，我国高等教育毛入学率仅为2.7%；2022年，全国各类高等教育在学人数已达4655万人，高等教育毛入学率达到59.6%[②]。与此同时，基础教育的数字化条件不断完善。教育部数据显示，全国中小学（含教学点）网络接入率达到100%，超过3/4的学校实现无线网络覆盖，99.5%的中小学拥有多媒体教室[③]。

表5.2　各级教育普及情况

指标	1949年	1978年	2000年	2020年	2022年
学前教育毛入园率/%	0.4（1950年）	10.6	46.1	85.2	89.7
小学学龄儿童净入学率/%	20.0	94.0	99.1	99.96	99.9
初中阶段毛入学率/%	3.1	66.4	88.6	102.5	>100
高中阶段毛入学率/%	1.1	35.1	42.8	91.2	91.6
高等教育毛入学率/%	0.26	2.7	12.5	54.4	59.6

资料来源：《中国的全面小康》白皮书、国家统计局、教育部

四、居民健康水平持续改善

改革开放前，中国医疗卫生事业就取得了举世瞩目的成绩，人均预期寿命由1949年的35岁提高到1981年的67.8岁[④]，远超当时发展中国家的平均水平。改革开放以来，居民健康水平指标继续改善。如图5.14所示，我国人均预期寿命稳步提升到2022年的78.6岁，比世界平均水平高6.6岁，比中高收入国家平均水平高近3岁，且与高收入国家相比差距不断缩小。

① 学术界通常引用马丁·特罗（Martin Trow）的观点，将高等教育的毛入学率低于15%划为精英教育阶段，15%与50%之间为大众化阶段，高于50%为普及化阶段。

② 《2022年全国教育事业发展统计公报》，http://www.moe.gov.cn/jyb_sjzl/sjzl_fztjgb/202307/t20230705_1067278.html。高等教育阶段在学人数包括研究生、普通本专科、成人本专科、网络本专科、高等教育自学考试本专科等各种形式的高等教育在学人数。

③ 《基础教育数字化工作进展情况》，http://www.moe.gov.cn/jyb_xwfb/xw_fbh/moe_2606/2023/cfh_0209/cailiao/202302/t20230209_1043117.html。

④ 数据来源：国家统计局，https://data.stats.gov.cn/easyquery.htm?cn=C01。

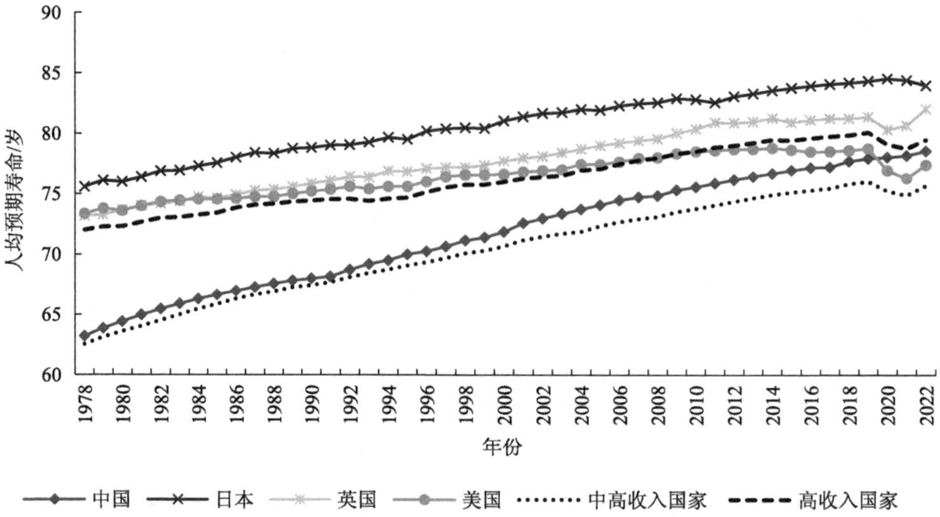

图 5.14　主要国家人均预期寿命比较（1978~2022 年）

资料来源：世界银行

横向比较，目前中国居民的主要健康指标总体上优于中高收入国家平均水平。如表 5.3 所示，在婴儿死亡率、5 岁以下儿童死亡率、孕产妇死亡率等妇幼健康关键指标上，中国都优于中高收入国家平均水平。纵向比较，居民健康指标在改革开放以后实现了大幅度的优化，以婴儿死亡率为例，该指标从改革开放初期的 50‰左右下降到 2000 年的 29.9‰，优于中高收入国家平均水平；到 2022 年，进一步下降到 4.8‰，优于美国的 5.4‰，并接近高收入国家 4.1‰的平均水平，如图 5.15 所示。

表 5.3　主要健康指标国际比较

组别	婴儿死亡率/‰	5 岁以下儿童死亡率/‰	孕产妇死亡率/（1/10 万）
	2022 年	2022 年	2020 年
中国	4.8	6.6	16.9
高收入国家平均	4.1	4.8	12.0
中高收入国家平均	10.8	13.0	62.0
世界平均	27.9	37.1	223.0

资料来源：中国孕产妇死亡率数据来自国家统计局，其他数据来自世界银行

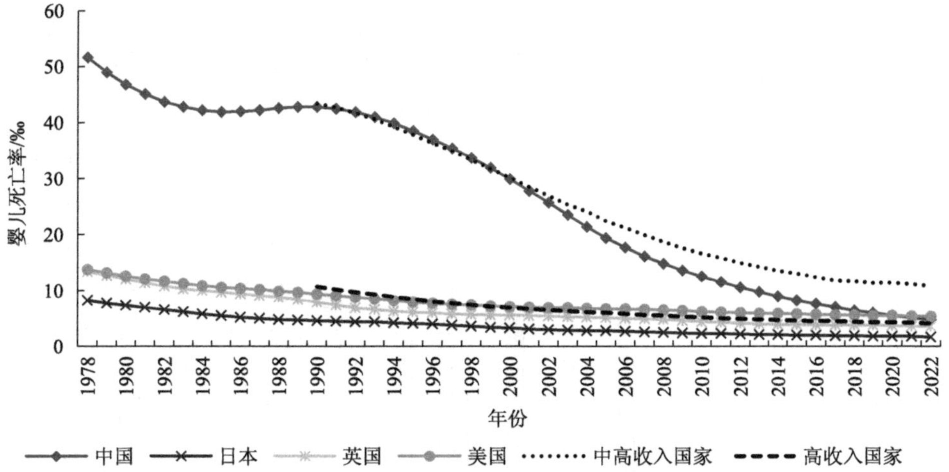

图 5.15　主要国家婴儿死亡率比较（1978~2022 年）

资料来源：世界银行

五、社会保障覆盖全民

改革开放以来，我国社会保障制度不断完善。党的十八大以来，我国建成了世界上规模最大的社会保障体系，总体实现了社会保障全民覆盖。目前，我国的社会保险制度主要涵盖了养老、医疗、工伤、失业和生育五项基本内容，在法律制度层面实现了社会保障的全民覆盖。2010 年颁布的《中华人民共和国社会保险法》明确规定："国家建立基本养老保险、基本医疗保险、工伤保险、失业保险、生育保险等社会保险制度，保障公民在年老、疾病、工伤、失业、生育等情况下依法从国家和社会获得物质帮助的权利。"①2014 年，新型农村社会养老保险和城镇居民社会养老保险两项制度合并，统一的城乡居民基本养老保险在全国范围内实施，与城镇职工基本养老保险共同构成了基本养老保险制度②。2016 年，城镇居民基本医疗保险和新型农村合作医疗两项制度整合为统一的城乡居民基本医疗保险，与城镇职工基本医疗保险制度共同构成了基本医疗保险制度③。

如图 5.16 所示，我国参加五项社会保险的人数逐年递增。到 2023 年末，全国参加基本养老保险总人数约 10.7 亿人，其中参加城镇职工基本养老保险人数 5.2 亿人，参加城乡居民基本养老保险人数 5.5 亿人；全国参加基本医疗保险总人数达 13.3 亿人，其中参加职工基本医疗保险人数 3.7 亿人，参加城乡居民基本医疗保

① 《中华人民共和国社会保险法》，https://www.gov.cn/jrzg/2010-10/28/content_1732870.htm。

② 《国务院关于建立统一的城乡居民基本养老保险制度的意见》，https://www.gov.cn/zwgk/2014-02/26/content_2621907.htm。

③ 《国务院关于整合城乡居民基本医疗保险制度的意见》，https://www.gov.cn/zhengce/content/2016-01/12/content_10582.htm。

险人数 9.6 亿人；参加失业保险人数 2.4 亿人，参加工伤保险人数 3 亿人，参加生育保险人数 2.5 亿人。从参保率来看，全国基本医疗保险参保率已连续多年稳定在 95%左右[①]；2020 年，全国基本养老保险参保率超过 91%，预计 2025 年可达 95%[②]。

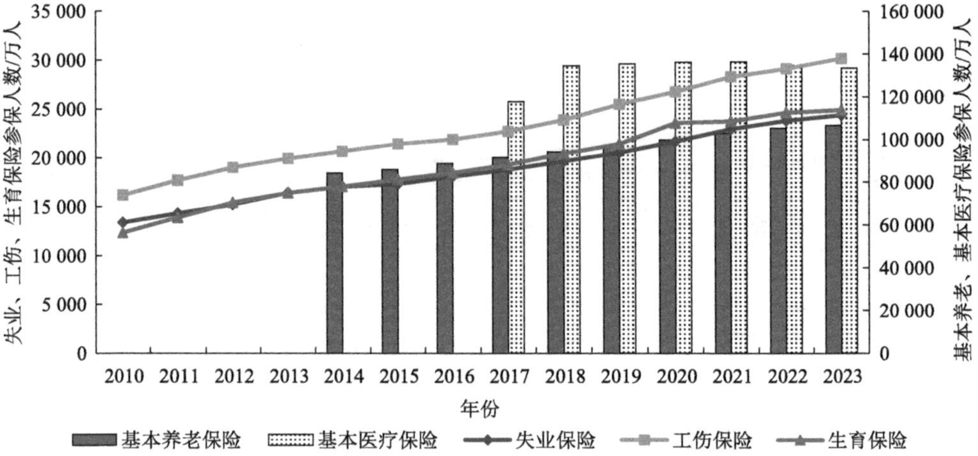

图 5.16 全国各类社会保险年末参保人数变化

资料来源：国家统计局

社会保障体系为最脆弱群体和低收入群体的兜底保障不断完善。例如，针对贫困地区突出的农村儿童营养问题，2012 年起，我国政府开始组织实施贫困地区儿童营养改善项目，最初选择 8 个贫困片区的 10 个省的 100 个县作为试点，最终覆盖扩大到 832 个原国家级贫困县，累计有 1120 万名儿童受益[③]。2023 年，全国纳入监测范围农村低收入人口参保率稳定在 99%以上[④]。

六、就业形势保持稳定

就业规模不断扩大。就业人员总量从 1949 年的 1.8 亿人增加到 2014 年 7.6 亿人的峰值，此后受人口老龄化的影响，就业人员总量有所下降，2023 年为 7.4 亿人，比 1978 年增长 0.8 倍；其中，城镇就业人员达 4.7 亿人，比 1978 年增长 3.9 倍，年均增长 3.6%[⑤]。

---

① 国家医疗保障局发布的 2018~2022 年全国医疗保障事业发展统计公报显示，全国基本医疗保险覆盖率多年稳定在 95%以上，2023 年公报未公布覆盖率，作者估算应在 95%左右。历年公报参见：https://www.nhsa.gov.cn/view/col/col7/index.html。

② 有关基本养老保险参保率的测算，参见：https://www.ndrc.gov.cn/fggz/fzzlgh/gjfzgh/202112/t20211225_1309658.html。

③ 《中国的全面小康》，https://www.gov.cn/zhengce/2021-09/28/content_5639778.htm。

④ 《2023 年全国医疗保障事业发展统计公报》，https://www.nhsa.gov.cn/art/2024/7/25/art_7_13340.html。

⑤ 《就业规模显著扩大 就业质量稳步提升——新中国 75 年经济社会发展成就系列报告之十六》，https://www.stats.gov.cn/sj/sjjd/202409/t20240920_1956589.html。

就业结构不断优化，就业质量显著提升。如图 5.17 所示，新中国成立后很长一段时间，我国就业人员以第一产业为主。1952 年时第一产业就业人员占比高达 83.5%，1978 年时仍高达 70.5%。随着第二产业和第三产业的快速发展，吸纳了大量农村剩余劳动力，三次产业就业结构从以第一产业就业为主转变为第三产业就业为主。2023 年，第一、二、三产业就业人员占比分别为 22.8%、29.1%、48.1%。如图 5.18 所示，就业人员从农村就业为主转变为城镇就业为主，城镇就业人员占比不断提高，到 2023 年已达 63.5%。

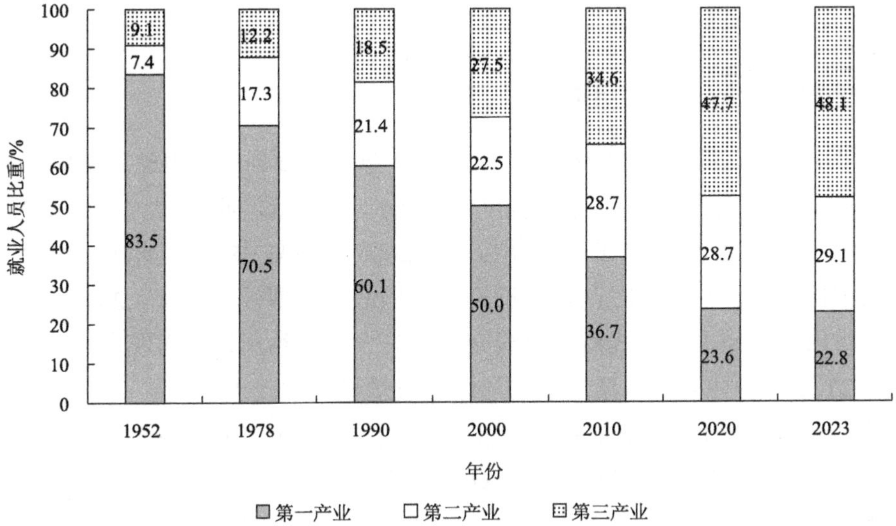

图 5.17　三次产业就业结构变化情况（1952~2023 年）

资料来源：国家统计局

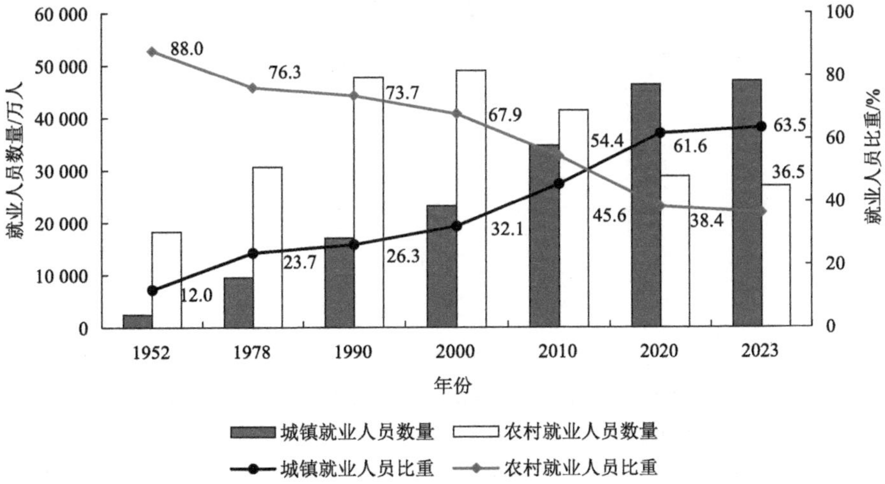

图 5.18　城乡就业人员及结构变化情况（1952~2023 年）

资料来源：国家统计局

第三节　可持续发展的成就

改革开放以来，我国将生态环境保护置于重要战略位置。从 1979 年第一部环境保护单项法律《中华人民共和国环境保护法（试行）》颁布，到党的十八大首次提出建设美丽中国的战略目标，我国生态环境保护政策和制度体系不断完善。党的十八大以来，生态文明建设从理论到实践都发生了历史性、转折性、全局性变化，生态环境质量持续改善①。

一、节能降耗减排取得突出成效

从“十二五”开始，我国在国民经济和社会发展规划纲要中纳入了单位 GDP 二氧化碳排放（碳排放强度）下降幅度这一指标，并设置为约束性指标。2020 年，我国碳排放强度比 2015 年下降 18.8%，比 2005 年下降 48.4%，超额完成“十三五”约束性目标。与此同时，以碳价机制促进低碳转型效果初显。2021 年 7 月，全国碳排放权交易市场正式启动上线交易，第一个履约周期纳入发电行业重点排放单位 2162 家，成为全球覆盖温室气体排放量最大的碳市场。

从“十一五”开始，单位 GDP 能耗（能耗强度）下降幅度成为国民经济和社会发展规划纲要的约束性指标。单位 GDP 能耗是反映一个国家（地区）经济发展与能源消费之间强度关系的重要指标，也是衡量和反映绿色发展以及能源革命进程的核心指标之一②。如图 5.19 所示，按照 2020 年不变价 GDP 计算，我国单位 GDP 能耗从 2000 年的 0.77 下降至 2023 年的 0.48。其中，2013~2023 年，我国以年均 3.3%的能源消费增速支撑了年均 6.1%的经济增长，能耗强度累计下降 26.1%，是全球能耗强度降低最快的国家之一③。

① 《生态环境质量持续改善 美丽中国建设全面推进——新中国 75 年经济社会发展成就系列报告之十四》，https://www.stats.gov.cn/sj/sjjd/202409/t20240918_1956560.html。

② 《单位 GDP 能耗如何测算 》，https://www.stats.gov.cn/zs/tjws/tjzb/202301/t20230101_1903363.html。

③ 《国家统计局新闻发言人就 2024 年上半年国民经济运行情况答记者问》，https://www.gov.cn/zhengce/202407/ content_6962960.htm。

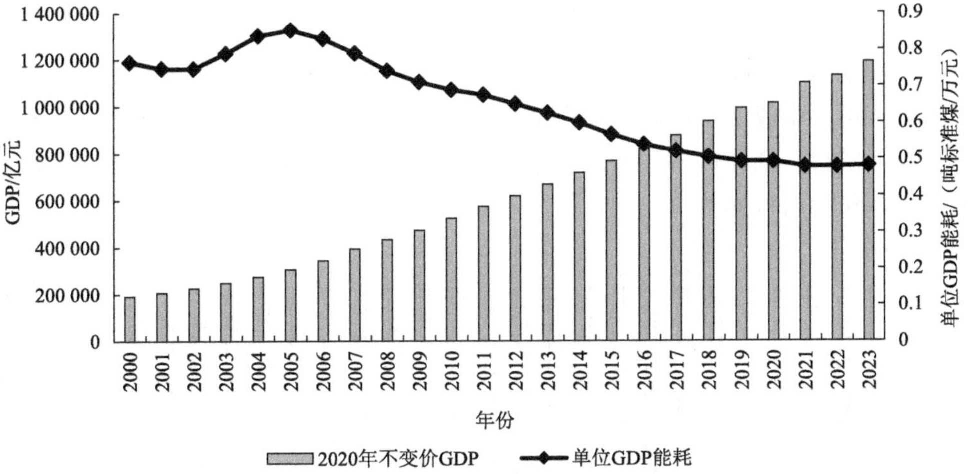

图 5.19　GDP 及单位 GDP 能耗变化情况（2000~2023 年）

资料来源：国家统计局

二、能源生产消费结构持续优化

能源生产结构由以煤为主向多元化、清洁化转变。如图 5.20 所示，2000~2023 年，原煤占一次能源生产总量①的比重从 72.9%下降到 66.6%；原油占比从 16.8%下降到 6.2%；天然气、水电、核电等清洁能源占比从 10.3%大幅提高到 27.2%。

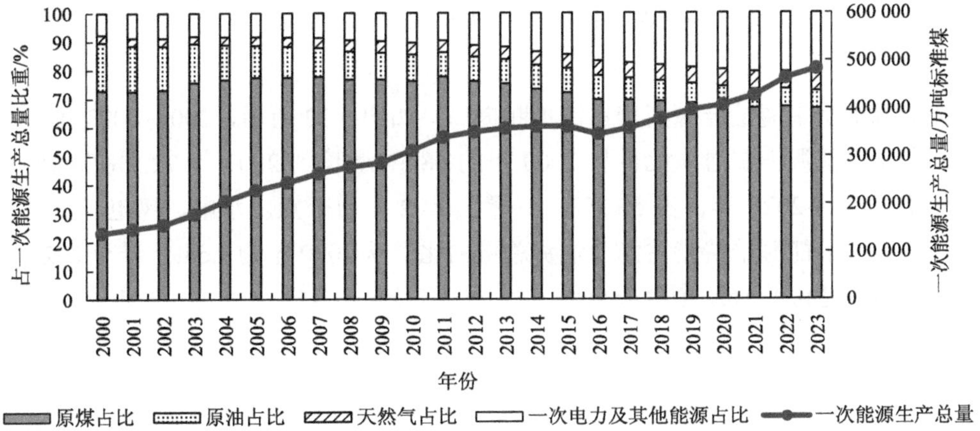

图 5.20　能源生产总量及结构变化情况（2000~2023 年）

资料来源：国家统计局

① 包括原煤、原油、天然气、水电、核能及其他动力能（如风能、地热能等）发电量等，不包括低热值燃料生产量和由一次能源加工转换而成的二次能源产量。

如图 5.21 所示，2000~2023 年，全国发电装机容量从 3.2 亿千瓦增加到 29.2 亿千瓦，可再生能源发电总装机占全国发电总装机的比重从占比 1/4 增加到超过一半。我国已占全球可再生能源发电总装机近四成，水电、风电、太阳能发电装机连续多年稳居世界首位①。

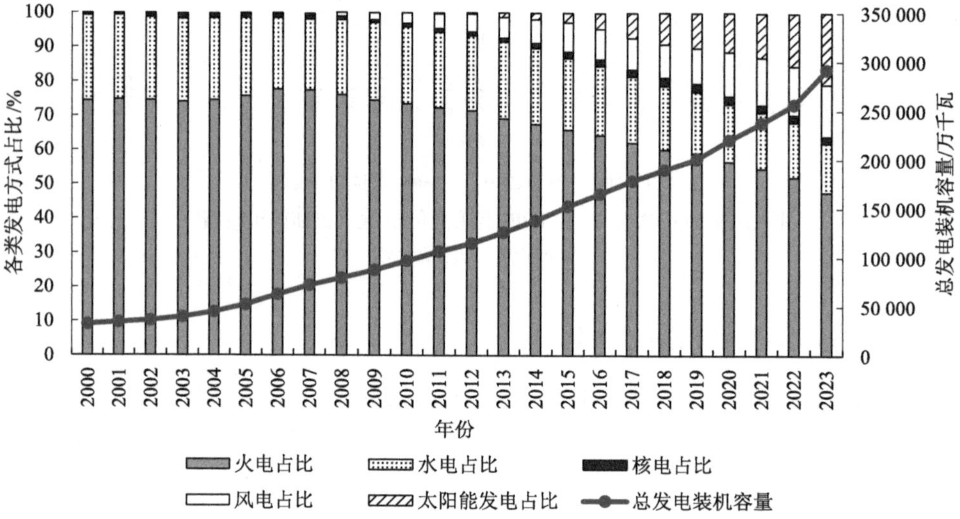

图 5.21 全国发电装机总量及结构变化情况（2000~2023 年）
资料来源：国家能源局、《电力工业统计资料汇编》

能源消费中清洁能源消费占比不断提高。如图 5.22 所示，2000~2023 年，煤炭消费量占能源消费总量比重从 2000 年的 68.5%增长到 2007 年 72.5%的峰值后开始下降，到 2023 年仅占 55.3%，下降了 13.2 个百分点。水电、风电、核电、天然气等清洁能源消费量占能源消费总量的比重从 2000 年的 9.5%上升至 2023 年的 26.4%，提高了 16.9 个百分点。

① 《能源供给保障有力 节能降碳成效显著——新中国 75 年经济社会发展成就系列报告之十三》，https://www.stats.gov.cn/sj/sjjd/202409/t20240918_1956558.html。

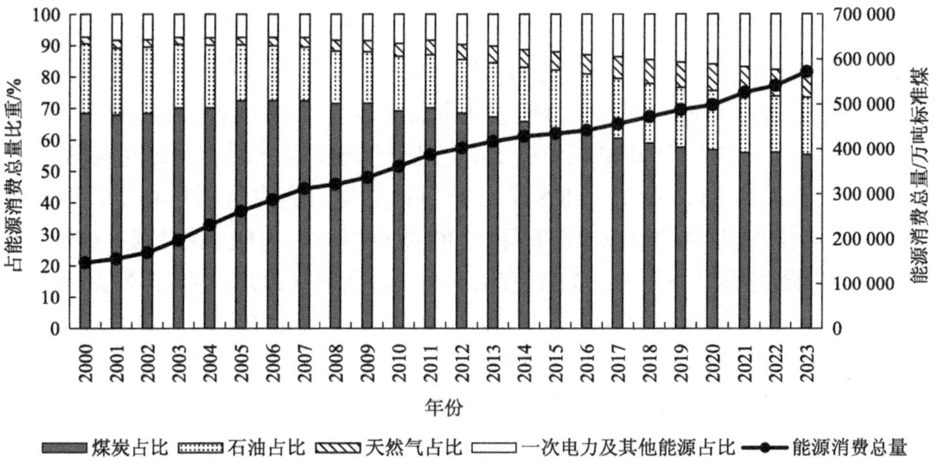

图 5.22　能源消费总量及结构变化情况（2000~2023 年）

资料来源：国家统计局

三、生态环境明显改善

从第一次全国森林资源清查（1973~1976 年）至第九次清查（2014~2018 年），全国森林面积增加 1 亿至 2.2 亿公顷，森林覆盖率提高 10.3 个百分点至 23%，森林蓄积量增加 89 亿立方米至 175.6 亿立方米。“十三五”末期，我国草原综合植被覆盖度达到 56.1%，湿地保护率达到 50%以上。全国人工林面积扩大到 11.9 亿亩（1 亩≈666.7 平方米），中国成为全球森林资源增长最多和人工造林面积最大的国家。

全国地表水质相比于 21 世纪初有大幅改善。如图 5.23 所示，2002~2023 年，全国地表水监测断面（点位）中，Ⅰ~Ⅲ类水体比例从 29.1%提高至 89.4%，劣Ⅴ类水体比例从 40.9%下降至 0.7%。

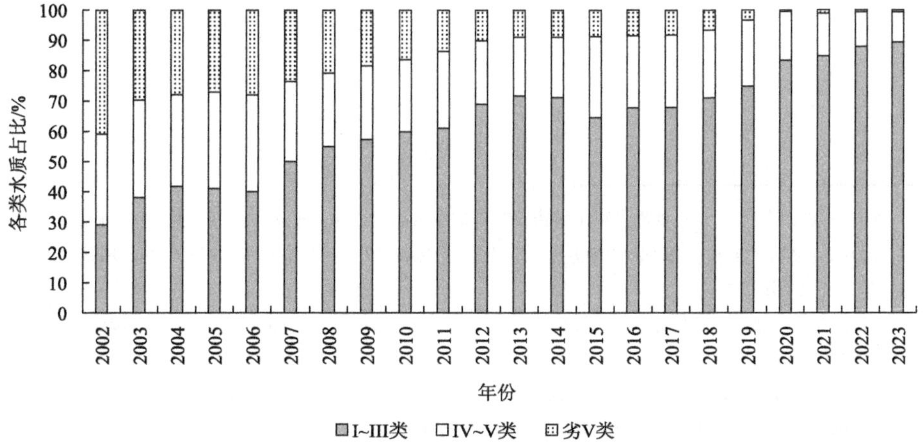

图 5.23　中国地表水质变化情况（2002~2023 年）

资料来源：历年《中国生态环境状况公报》

大气污染治理力度加大，取得突出成绩。2013 年，我国发布《大气污染防治行动计划》；2018 年，我国发布《打赢蓝天保卫战三年行动计划》，通过调整产业布局、能源结构、运输结构、用地结构等来减少大气污染物和温室气体排放。2015~2023 年，全国空气质量显著改善，全国地级及以上城市平均达标天数比例从 76.7%上升至 85.5%，提高了 8.8 个百分点；主要监测空气污染物中，细颗粒物（$PM_{2.5}$）平均浓度从 50 微克/米 ^{3} 下降至 30 微克/米 ^{3}，可吸入颗粒物（PM_{10}）平均浓度从 87 微克/米 ^{3} 下降至 53 微克/米 ^{3}，二氧化硫（SO_2）从 25 微克/米 ^{3} 下降至 9 微克/米 ^{3}，二氧化氮（NO_2）从 30 微克/米 ^{3} 下降至 22 微克/米 ^{3}，一氧化碳（CO）从 2.1 毫克/米 ^{3} 下降至 1 毫克/米 ^{3} [①]。

城市和农村人居环境进一步优化。2018 年 5 月，习近平在全国生态环境保护大会上提出，“要深入实施水污染防治行动计划，保障饮用水安全，基本消灭城市黑臭水体，还给老百姓清水绿岸、鱼翔浅底的景象”[②]。截至 2022 年底，全国地级及以上城市黑臭水体基本消除，县级城市黑臭水体消除比例达到 40%[③]。截至 2021 年底，我国累计改造农村户厕 4000 多万户，农村卫生厕所普及率超过 70%[④]。2018 年起，我国实施了《农村人居环境整治三年行动方案》，截至 2020 年底，农村生活垃圾得到收运处理的自然村比例稳定保持在 90%，较 2017 年底提高 15 个百分点以上，完成了既定目标任务[⑤]。

① 2015 年起，全国 338 个地级及以上城市全部开展空气质量新标准监测，包括细颗粒物（$PM_{2.5}$）、可吸入颗粒物（PM_{10}）、臭氧（O_3）、二氧化硫（SO_2）、二氧化氮（NO_2）和一氧化碳（CO）等六项基本项目。数据来源：历年中国生态环境状况公报。

② 《习近平出席全国生态环境保护大会并发表重要讲话》，https://www.gov.cn/xinwen/2018-05/19/content_5292116.htm。

③ 《生态环境部水生态环境司负责同志就〈关于进一步做好黑臭水体整治环境保护工作的通知〉答记者问》，https://www.mee.gov.cn/ywdt/zbft/202308/t20230830_1039768.shtml。

④ 《全国农村卫生厕所普及率超过 70%》，https://www.gov.cn/xinwen/2022-06/28/content_5698070.htm。

⑤ 参见：https://www.gov.cn/zhengce/2022-05/29/content_5692927.htm。

第六章　中国人类发展的主要挑战

2021 年，《中共中央关于党的百年奋斗重大成就和历史经验的决议》明确了新时代我国社会的主要矛盾是人民日益增长的美好生活需要和不平衡不充分的发展之间的矛盾，必须坚持以人民为中心的发展思想，发展全过程人民民主，推动人的全面发展、全体人民共同富裕取得更为明显的实质性进展①。经过改革开放 40 多年的快速发展，中国已经奠定了良好的经济基础和物质条件，特别是党的十八大以来，党和国家事业取得了历史性成就，发生了历史性变革，推动我国迈上全面建设社会主义现代化国家新征程。但是，一些长期积累及新出现的突出矛盾和问题还没有彻底解决，中国人类发展仍然面临着一系列挑战②。

第一节　生态环境的挑战

良好的生态环境是人类生存与健康的物质基础，是人类社会可持续发展的前提和保障。改革开放以来经济高速增长，也给生态环境、能源、资源带来了巨大压力。为了保障人类社会可持续发展，中国未来还需要应对日益严峻的生态环境风险和能源供给不平衡带来的挑战。作为世界第二大经济体，中国应对这一挑战对世界具有十分重要的意义。减少空气污染和造成气候变化的其他排放物，管理水资源，防治塑料和其他废弃物对海洋的污染等，都是重大全球挑战，如果没有中国的努力将难以应对。

一、污染问题仍然突出

我国大气、水、土壤的全局型、复合型、累积型污染特征仍然突出。近年来我国污染防治取得了突出成绩，但长期以来积累的大量生态环境问题很难在短时间内完全解决，生态环境的修复也需要较长时间的投入，未来面临的环境风险也可能更加复杂和难以估计。

《“十四五”土壤、地下水和农村生态环境保护规划》指出，土壤、地下水和农业农村生态环境保护形势依然严峻，主要体现在局部区域土壤和地下水污染问

① 《中共中央关于党的百年奋斗重大成就和历史经验的决议（全文）》，https://www.gov.cn/zhengce/2021-11/16/content_5651269.htm。

② 本章部分内容参见：杨永恒，等. 2019. 中国人类发展报告特别版. 北京：中译出版社.

题较为突出，土壤和地下水污染源头预防压力较大，农业农村生态环境保护任务艰巨，以及环境监管能力依然薄弱等方面[①]。例如，全国地下水水质仍有较大提升空间。如图 6.1 所示，2018~2020 年、2021~2023 年的两个时间段里，V 类地下水质监测点占比仍有上升的趋势[②]。2021~2023 年，全国仍有超过 1/5 的地下水质监测点的水质属于最差的 V 类。

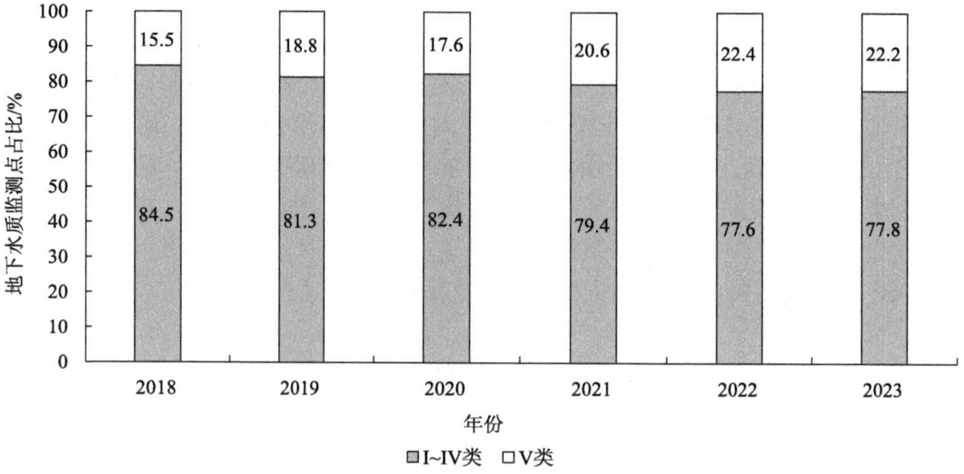

图 6.1　中国地下水水质情况（2018~2023 年）

资料来源：历年《中国生态环境状况公报》

二、水资源短缺问题长期存在

水资源短缺对中国可持续人类发展带来挑战。相对于中国庞大的人口和经济规模，自然资源的短缺态势非常明显。2020 年，中国水资源总量为 31 605.2 亿立方米，人均拥有量为 2241.5 立方米，仅相当于 2017 年世界人均拥有量的 40%，如图 6.2 所示。中国水资源的空间分布也非常不均衡，60%的人口居住在中国长江以南地区，拥有 81%的水资源，而 40%的人口居住的长江以北地区却仅拥有 19%的水资源[③]。

① 《关于印发“十四五”土壤、地下水和农村生态环境保护规划的通知》，https://www.gov.cn/zhengce/zhengceku/2022-01/04/content_5666421.htm。

② 2017 年前后，地下水质量的国家标准发生变化，因此 2017 年前后历史数据不可比。2018~2020 年数据为自然资源部门地下水质监测点数据，2021~2023 年数据为生态环境部门国家地下水质量考核点位数据，两个时间段数据也不可比。此外，2021~2023 年，《中国生态环境状况公报》仅披露 I~IV 类水质监测点占比之和，未披露这四类监测点的具体分布。

③ 来源于世界银行和中国水利部合作发布的《中国国别水资源合作战略（2013~2020）》。

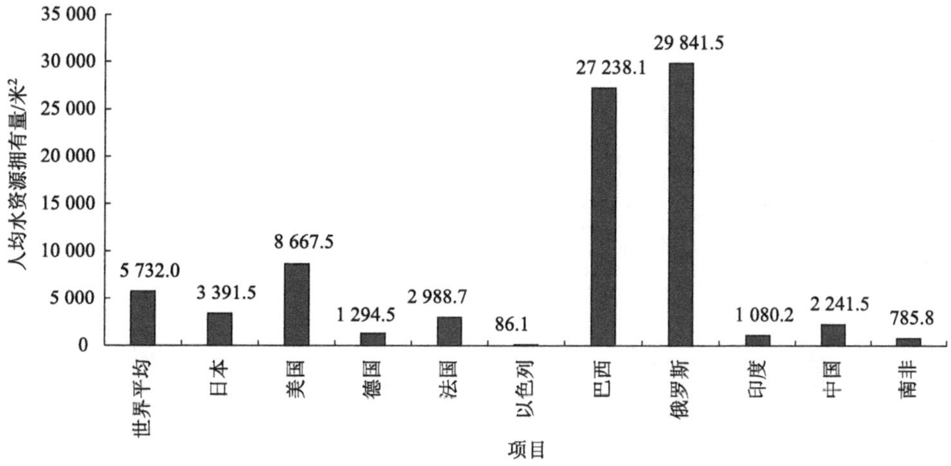

图 6.2　中国与其他国家及世界人均水资源拥有量比较

资料来源：水利部《中国水资源公报》和世界银行。中国数据为 2020 年，其他国家和世界平均数据为 2017 年

世界资源研究所开发了一系列指标来测量全球的水风险，基准水压力被定义为年度总用水量（生活、工业和农业）占年度可用地表水总量的百分比。数值越高意味着针对有限水资源的竞争越激烈。根据其测算，从 2010 年到 2015 年，中国部分地区面临的水资源压力有所减轻，但是北方地区面临的水资源压力仍大于南方地区①。

相对于稀缺的水资源，中国单位 GDP 水耗却比较高。从 1997 年到 2020 年，我国万元 GDP 用水量下降了 84%（按可比价计算）②，但是仍然处于较高的水平。如图 6.3 所示，2020 年我国单位 GDP 水耗为 57 米 ^{3}/万美元，虽然低于中高收入国家平均水平，但是远远高于世界主要发达国家的水平。单位 GDP 水耗较高，既跟中国产业结构有关，也跟水资源的利用方式有关。

水资源短缺，再加上水资源利用方式粗放，给经济社会发展、粮食安全等都带来潜在的风险，也对中国人类社会可持续发展构成威胁。如何提升水资源管理水平、提高水资源利用效率、治理水污染是中国未来自然资源管理方面面临的重要挑战。

① “水压力”是指年度总取水量（生活用水、工业用水和农业灌溉用水）和可用地表水量的比值。当该比值高于 40%被认为是高压力，高于 80%时则属于极高压力。参见：钟丽锦，龙瀛与王姣发布的世界资源研究所技术论文——《中国基准水压力》，http://wri.org.cn/baseline-water-stress-china。

② 《2020 年中国水资源公报》，http://slqjd.mwr.gov.cn/szygb/2022-09-23/332.html。

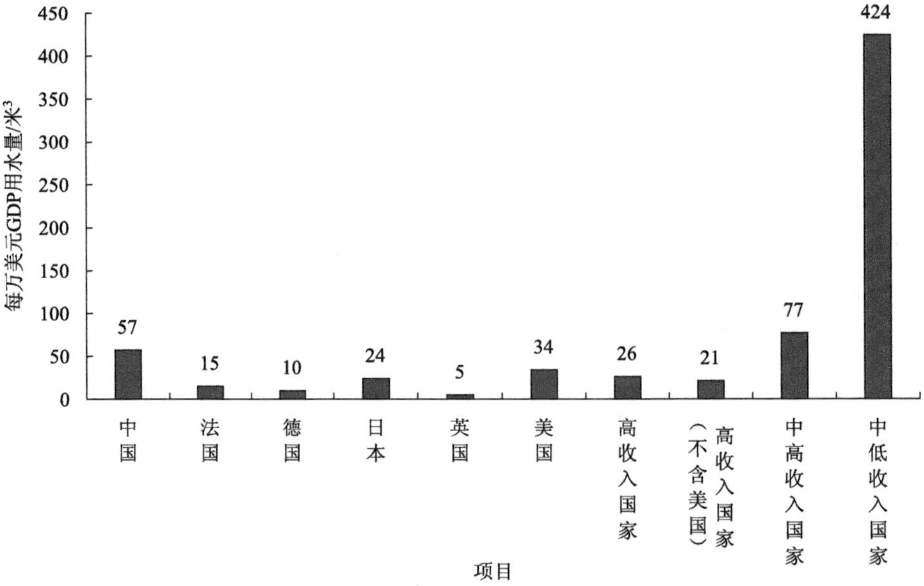

图 6.3　中国与主要国家和国家组别单位 GDP 水耗比较

资料来源：耿思敏等（2022）。其中，中国数据为 2020 年，其他国家和国家组别数据为可获得最新年份数据

三、资源能源利用较为粗放

中国已经成为全球最大的能源生产国和消费国。但是，长期以来存在的能源利用方式粗放、利用效率较低、资源浪费严重的问题尚未彻底解决。如图 6.4 所示，近年来，我国单位 GDP 能耗总体呈现下降的趋势，反映了大力推进节能减排取得的成效；但是，能耗强度的降速有所放缓，且依然远高于主要发达国家。2022 年，中国单位 GDP 能耗为 0.145 千克标准石油，大约是美国的 1.4 倍、德国的 2.2 倍、英国的 2.9 倍。这也反映了现阶段中国经济发展的粗放型特征，与高质量发展的要求尚存在较大的差距。

由于中国“富煤、少油、缺气”的能源特征，中国在石油和天然气上高度依赖进口，煤炭在未来一段时间将仍然占主导地位。2022 年，中国原油进口量达 5.1 亿吨，对外依存度达 71.2%，进口天然气 1520.7 亿立方米，对外依存度达 40.2%①。2010 年至 2023 年，煤炭在我国一次能源消费结构中的比重从 69.2%降至 55.3%，尽管大部分已转化为电力的方式消费，但煤炭消费仍是造成环境污染的主要影响因素之一。如何在提升清洁能源比重的同时做好煤炭清洁高效利用是未来中国在可持续发展中面临的一大挑战。

---

① 《2022 年中国石油和化工行业经济运行情况发布》，https://www.ccpitchem.org.cn/newsitem/278655403。

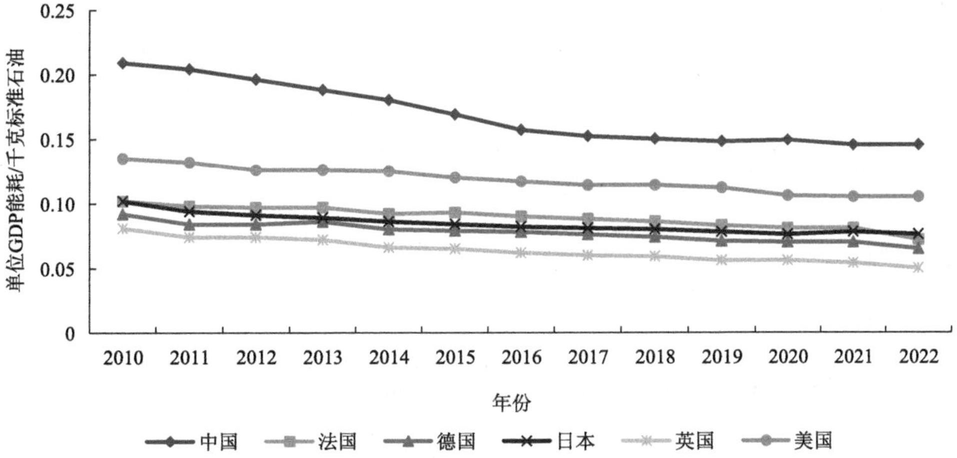

图 6.4 主要国家单位 GDP 能耗比较（2010~2022 年）

GDP 以 2015 年不变价美元计算

此外，国际能源署预测，中国到 2030 年将超过美国和欧盟，成为全球最大核能发电国[①]。未来如何保障核电站的持续安全运行和核废料的妥善处理，避免核事故带来的生态环境风险也是必须警惕的挑战之一。而且，在将上述核电持续运营的诸多风险因素纳入成本考量后，核电项目的全生命周期成本效益也需要更加严谨地测算。

四、居民生态环境意识与参与欠缺

居民的绿色生活方式对于生态环境保护具有重要作用。伴随着居民收入水平的不断提高，过度消费、奢侈浪费的现象也随之出现。居民水资源和能源消费也在增长，给生态环境带来了压力。绿色消费、绿色出行的理念还没有被社会公众普遍接受。尤其是随着网购、快递、外卖等新消费业态的飞速发展，外包装、塑料、固体废物和废水等垃圾量急剧增长。如图 6.5 所示，2004 年以来，中国城市生活垃圾清运量呈现上涨趋势，2022 年达到了 24 445 万吨，相比于 2004 年增长了约 57%。2019 年，国务院办公厅印发了《“无废城市”建设试点工作方案》，倡导在城市发展中降低固体废物对环境的影响。未来能否真正减少固体废物的产生，且能否引导居民广泛接受绿色生活方式，对城市生态环境保护至关重要。

① 《世界能源展望中国特别报告》。

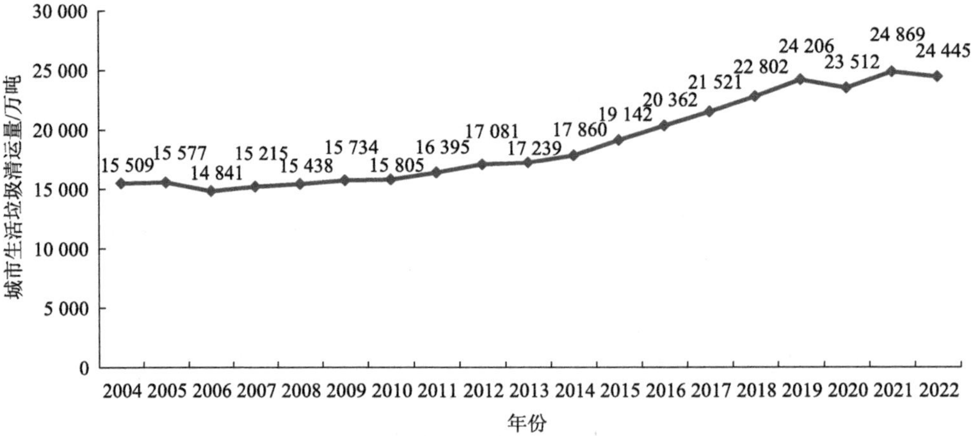

图 6.5　中国城市生活垃圾清运量（2004~2022 年）

资料来源：国家统计局

此外，中国机动车保有量 2023 年已达 4.35 亿辆，其中新能源汽车保有量达 2041 万辆，占汽车总量的 6.07%，传统能源的机动车仍然占总量的 93.93%[①]。生态环境部数据显示，2022 年全国机动车一氧化碳（CO）、碳氢化合物（HC）、氮氧化物（NOx）、颗粒物（PM）等四项污染物排放总量为 1466.2 万吨；汽车是污染物排放总量的主要贡献者[②]。虽然宣传和倡导绿色出行的理念很重要，但是还需要辅之以具体的定价和监管措施。国际经验表明，将车辆使用者施加于他人的成本内部化的措施（如拥堵定价、公路收费和燃油税等）可以作为一种解决方案。中国应对这些挑战的能力对于中国自身和全球层面的环境可持续都具有重要意义。

五、环境治理投入仍然相对不足

如图 6.6 所示，2001~2022 年，中国环境污染治理投入呈现增加趋势，从 1166.7 亿元增加到 9013.5 亿元，但环境污染治理投入占 GDP 的比重在 2010 年达到 1.84% 的高峰后开始下降，2022 年仅占 GDP 的 0.7%。作为对比，欧盟国家的环保支出占 GDP 的比重长期稳定在 2%左右[③]。根据世界银行的测算，如果环保支出占 GDP 比重增加 0.5%~1%，达到欧洲高收入国家相当的水平，则到 2030 年，中国可以将环境退化和资源损耗成本占国民总收入的比重降低 6%[④]。

① 《全国机动车保有量达 4.35 亿辆 驾驶人达 5.23 亿人 新能源汽车保有量超过 2000 万辆》，https://www.gov.cn/lianbo/bumen/202401/content_6925362.htm。

② 《中国移动源环境管理年报（2023 年）》，https://www.mee.gov.cn/hjzl/sthjzk/ydyhjgl/202312/t20231207_1058460.shtml。

③《欧盟统计局公布 2018 年环保支出》，https://m.mofcom.gov.cn/article/i/jyjl/m/201910/20191002908759.shtml。

④ 《中国系统性国别诊断：推进更加包容、更可持续的发展》，https://documents.shihang.org/zh/publication/documents-reports/documentdetail/190251521729552166/china-systematic-country-diagnostic-towards-a-more-inclusive-and-sustainable-development。

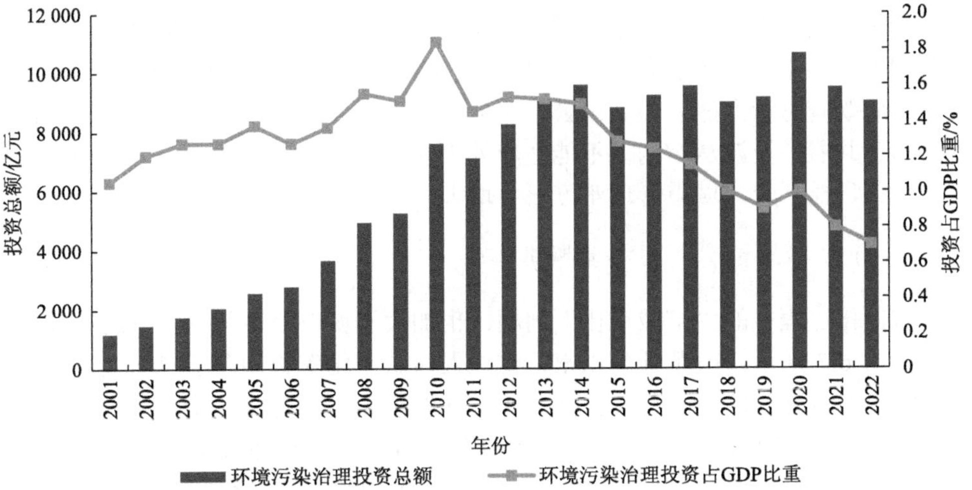

图 6.6　中国环境污染治理投资总额及占 GDP 比重（2001~2022 年）

资料来源：历年《中国环境统计年鉴》《中国生态环境统计年报》

第二节　公共服务的挑战

提升人类发展水平，也需要进一步提升居民的科学素养、文化素质以及生存和发展的能力，迫切需要提供更加优质的公共产品和服务。高质量的公共服务是满足公民多样化的服务需求、促进人的全面发展、维护社会公平正义的重要手段，也是实现更高水平人类发展的重要保障。改革开放以来，中国实现了长期持续的高速增长，为全世界最大规模的人口提供了基本公共服务，公共服务体系日益健全，教育、医疗、文化、体育等公共服务设施实现了较高程度的覆盖。

但是，我国公共服务供给正面临着从“有没有”向“好不好”的挑战。快速的城镇化进程中，越来越多的人口将集聚到城市，给城市公共服务供给带来了巨大压力；满足人民日益增长的美好生活需要，亟须更加多样化、高质量的公共产品和服务。公共服务效能和质量仍有短板，地区差距、城乡差距和群体差距较大。一些地方政府“重经济、轻服务”的理念尚未根本扭转，在推动经济发展方面积累了丰富的经验，但在民生服务和社会管理方面的能力相对不足。未来中国公共服务供给既有总量的不足，也有结构的矛盾，更有提高供给质量的压力。

一、城镇化进程中的公共服务供给压力

改革开放以来，大量人口从农村流向城镇。全国常住人口城镇化率从 1978 年的 17.92%增长到 2023 年的 66.2%，增长了 48.3 个百分点。快速的城镇化促进了产业聚集和人口集中，尤其是大量的人口迁移到城市，教育、医疗、社会保障、

公共安全、基础设施等公共服务需求呈现快速增长趋势，超过了按照户籍人口规划和配置公共服务资源的人口容量，导致城市公共产品和服务供需矛盾日趋紧张。这种矛盾既有总量上的，即城市公共服务不能满足外来人口的需求，也有结构上的，即公共服务资源从结构上不能适应外来人口的要求，导致城市公共服务财政支出压力日益严峻，城市管理难度日益增大。

（一）“半城镇化”与公共服务供给

城镇化进程中的“半城镇化”问题，也加大了城市公共服务供给的难度和挑战。如图 6.7 所示，改革开放以来，常住人口城镇化率长期高于户籍人口城镇化率，两者差距持续扩大，形成了一个巨大的“剪刀差”，造成了十分突出的“半城镇化”问题。2020 年末，两者差距达到 18.5 个百分点的峰值。近年来，随着户籍制度改革，大量农业转移人口进城落户，但是到 2023 年两者差距仍高达 17.9 个百分点。这意味着有 2 亿多在城镇居住半年以上的常住人口缺乏城市户籍。由于一些城市的公共服务与户籍高度绑定，一部分常住人口无法完全享受到与本地户籍人口同等水平的公共服务。

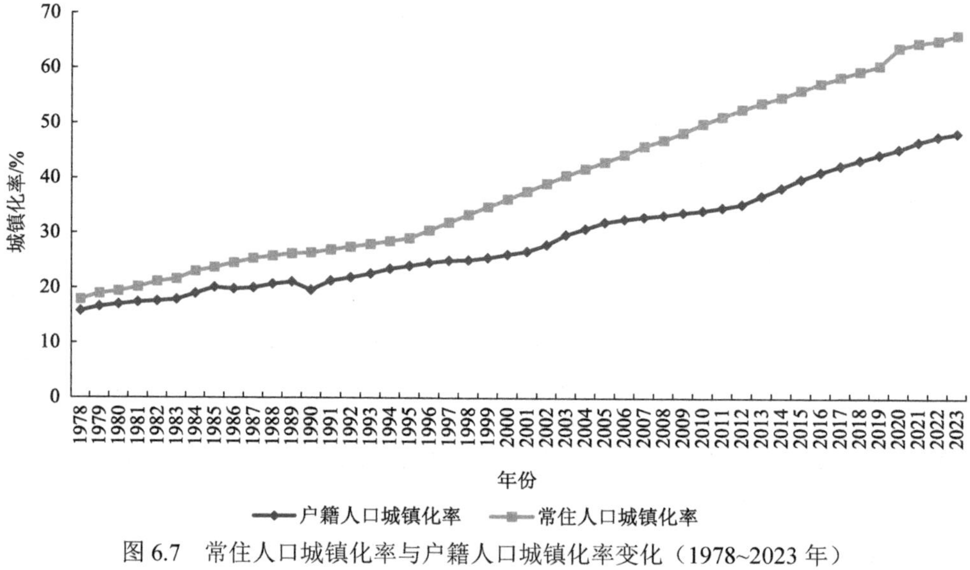

图 6.7　常住人口城镇化率与户籍人口城镇化率变化（1978~2023 年）

资料来源：历年《中国人口年鉴》、《中华人民共和国国民经济和社会发展统计公报》、公安部统计数据

农民工是“半城镇化”群体的主体。国家统计局数据显示，2023 年末全国农民工总量为 29 753 万人①。这个庞大的群体生活在城市，但在子女教育、医疗卫

① 资料来源：《中华人民共和国 2023 年国民经济和社会发展统计公报》。其中，外出农民工 17 658 万人，本地农民工 12 095 万人。

生、社会保障、就业服务等公共服务上存在一定的制度障碍，处于“流出地管不着、流入地不愿管”的尴尬境地，属于被边缘化的群体。例如，国家统计局发布的《2020年农民工监测调查报告》显示，近一半的农民工家长认为在城市上学面临问题，最主要的三个问题是“本地升学难、费用高、孩子没人照顾”[①]。如何提供更加公平的公共服务，实现更加高效、包容和可持续的城市化进程，成为政府决策面临的重要问题。

（二）农村“空心化”与公共服务配置效率

农村“空心化”导致了公共服务设施配置低效。随着城镇化进程的快速推进，农村劳动力转移正经历着由“离土不离乡”，到“临时性外出”，再到“离土离乡举家外出”的变化，大量农村人口尤其是青壮年劳动力不断外流，农村常住人口逐渐减少，很多村庄出现了“人走房空”的现象（李红波和张小林，2012）。“十一五”以来，中央和地方各级政府投入大量公共资源，用于改善农村地区的公共设施条件，提高公共服务水平，如“农家书屋”“村村通公路”“基层综合性文化服务中心”等。但是随着大规模的农村人口流入城镇，现有农村公共服务设施可能出现闲置和浪费。

二、公共服务资源配置不均

公共服务资源配置不均衡，加剧了公共服务的城乡、区域和群体差距，制约了公共服务均等化目标的实现。长期以来，受自然、经济和社会等诸多因素的影响，中国公共服务资源配置不平衡，尤其是在教育、医疗、文化等领域，优质资源越来越多地集中在城市和东部地区。特大城市和大城市由于经济发展水平较高、财政能力较强，公共服务资源相对丰富、功能相对齐全。相比之下，中小城市及农村的公共服务能力则较弱。

（一）区域间公共服务能力不平衡

以教育资源为例，我国从2016年起先后启动两轮世界一流大学和一流学科（简称“双一流”）建设，涉及全国147所高校。但是，这些高校主要分布在北京、上海、江苏等发达地区，而在中西部地区如江西、广西、青海等省份，仅有一所高校入选。除了优质高校数量上的差异，基础教育的硬件设施、优质师资队伍等资源的非均衡、不公平配置问题也依然存在。如图6.8所示，中西部地区的小学、初中和普通高中生师比普遍高于东部地区。例如，2022年全国普通高中生师比为12.72，但是生师比最高的广西（15.07）是最低的北京（8.73）的1.7倍。

---

① 《2020年农民工监测调查报告》，https://www.stats.gov.cn/sj/zxfb/202302/t20230203_1901074.html。

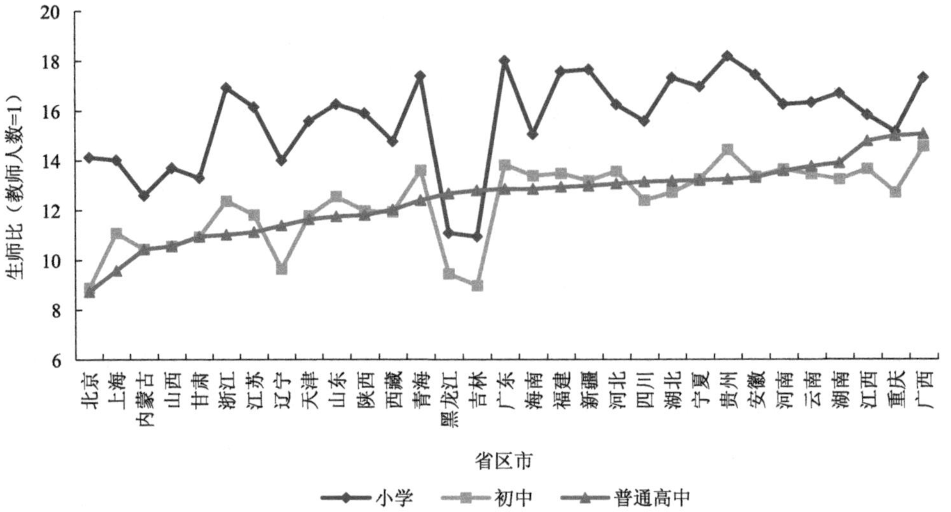

图 6.8　2022 年各省区市小学、初中和普通高中生师比

资料来源：国家统计局

再以公共文化服务为例，2022 年全国人均公共图书馆藏量为 0.96 册，但是最多的上海（3.33 册）是最低的河南（0.46 册）的 7.2 倍，如图 6.9 所示。此外，在医疗卫生、社会福利、道路交通等公共资源的分布上也存在城乡和区域差异。

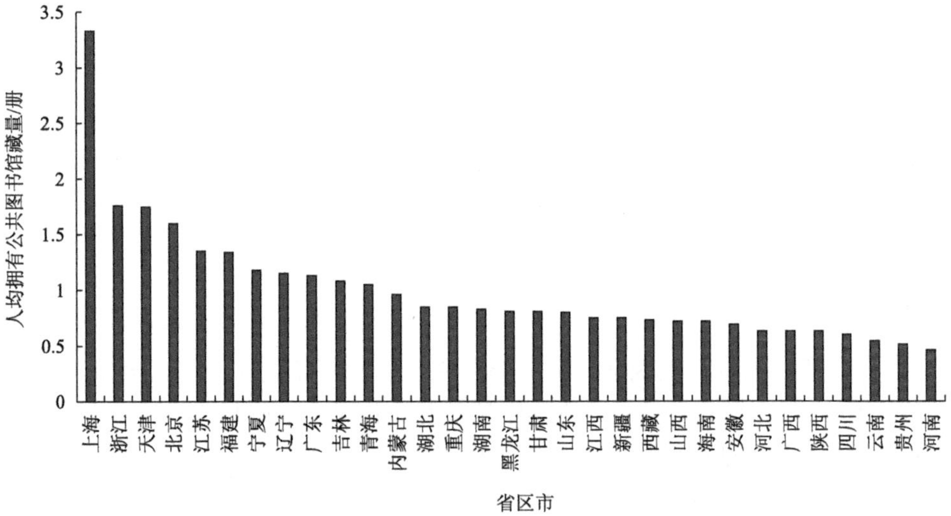

图 6.9　2022 年各省区市人均拥有公共图书馆藏量

资料来源：国家统计局

（二）城乡间公共服务机会的不平等

尽管义务教育法对于教育平等有显著的促进作用，但是在义务教育阶段之后

的高中教育和高等教育阶段，城乡间的教育机会不平等程度在加剧。李春玲（2014）基于全国抽样调查数据的研究发现，在城乡出生背景、性别、父亲职业和父亲受教育年数相同的条件下，小学教育的城乡机会不平等在下降，初中教育的城乡机会不平等没有变化，但是高中及其他高级中等教育的城乡机会不平等持续上升，大学阶段的城乡机会不平等略有上升。还有研究表明，农村与城市在教育供给上的软件和硬件方面均存在显著差距（张莹，2014）。此外，农村辍学率、流失率问题仍然值得关注。

长期以来，医疗卫生领域存在着覆盖率低、城乡发展不平衡的矛盾（张莹，2014）。例如，乡镇卫生院卫生技术人员普遍存在学历低、职称低、技术低等“三低”现象（刘兆征，2008）①。2017 年，农民工参与城镇职工医疗保险、养老保险的比例分别为 21.7%和 21.6%，分别较城镇就业人员参保率低 46.1 个百分点和 29.9 个百分点②。一部分灵活就业的农民工没有参加待遇水平较高的城镇职工保险，而是参加待遇较低的城乡居民保险③。

公共服务资源的非均衡分布与配置，会导致人才的非均衡流动和转移，继而会导致城乡的非均衡发展，既不利于消除区域发展差距，也不利于高质量的城镇化进程。特大城市和大城市为年轻劳动力提供了更多的就业机会、更高质量的公共服务，也吸引了更优质的劳动力。由于对公共服务资源配置能力相对较弱，小城市、农村的发展受到了制约。近年来城市之间日益加剧的“抢人大战”就是普遍存在的公共服务区域差距的一个例证。

三、公共服务质量和效能不高

（一）公共服务投入和覆盖水平仍有短板

2021 年，中国卫生总费用中，广义政府支出占比为 54.1%，略低于中高收入国家 55%的平均水平，与高收入国家 65.5%的平均水平还有较大差距，如图 6.10 所示。2022 年，中国财政性教育经费占 GDP 的比重约为 4%④。作为比较，2021 年，教育公共开支占 GDP 比重的世界平均水平约为 4.2%。2021 年中国的教育公共开支占 GDP 的比重相比于英国（5.4%）、美国（5.6%）和高收入国家平均水平

① 根据《中国卫生健康统计年鉴》，2021 年乡镇卫生院的卫生技术人员中，具有本科以上学历的人员仅占 24%，具有中级以上专业技术资格的仅占 19%。

② 根据《2017 年度人力资源和社会保障事业发展统计公报》数据计算，2018 年后不再公布农民工参与各类社会保险的人数。

③ 参见：平安证券研究报告，《详解农民工就业：特征、趋势与政策建议》，2023 年 8 月 23 日。

④ 《教育部 国家统计局 财政部关于 2022 年全国教育经费执行情况统计公告》，https://www.gov.cn/zhengce/zhengceku/202312/content_6918276.htm。

（5%）还有较大差距，如图 6.11 所示。再以公共文化服务为例。按照国际图书馆协会联合会标准，每 5 万人拥有 1 所图书馆，有效服务半径为 4 公里。在我国，大型公共图书馆通常按照行政区划配置，通常每个市、县、区至少拥有 1 座图书馆，相比于日益扩大的建成区面积，图书馆的辐射半径也被拉大。很多地方通过建设“城市书房”等设施来弥补城市大型公共图书馆辐射半径的不足，但是如何在不加重财政投入负担的情况下提高运营效率仍然面临挑战。

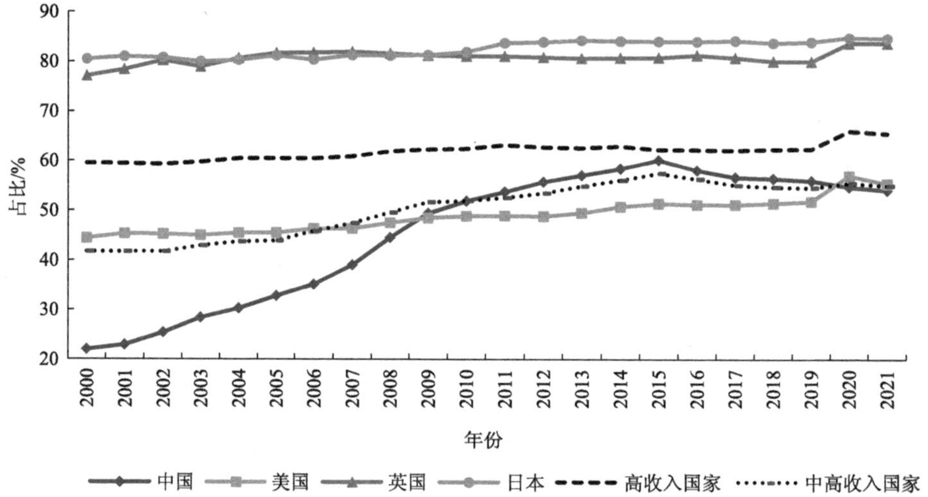

图 6.10　主要国家广义政府卫生支出占卫生总费用比重比较（2000~2021 年）

资料来源：世界银行

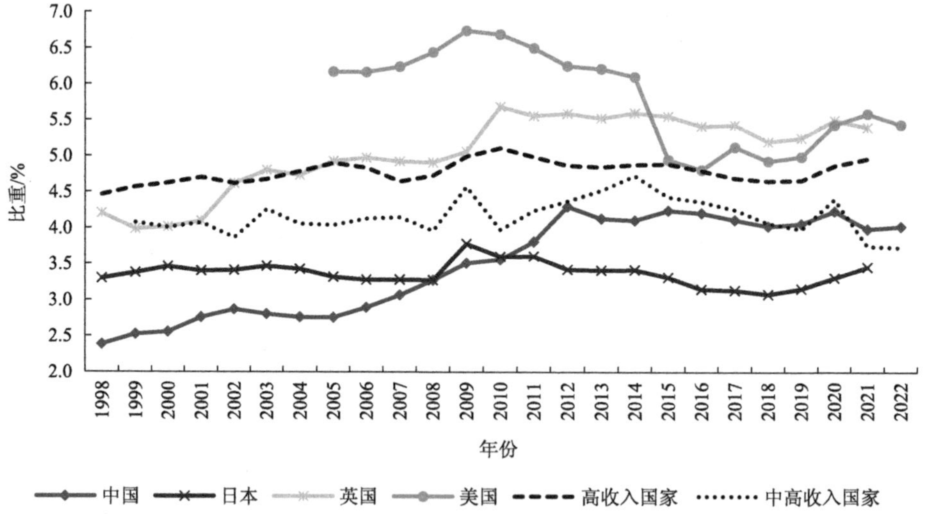

图 6.11　政府教育支出比重国际比较

资料来源：中国数据来自教育部；其他数据来自世界银行

（二）公共服务质量有待提升

2021年，我国首次发布了基本公共服务的国家标准——《国家基本公共服务标准（2021年版）》，对幼有所育、学有所教、劳有所得、病有所医、老有所养、住有所居、弱有所扶、优军服务保障、文体服务保障等9个领域80个基本公共服务项目的标准和支出责任做出规定。但是，在实践中，公共服务体系缺乏统筹规划、效能不高的现象还比较突出。一是公共服务提供中存在较为明显的部门意志和主观倾向，导致公共服务和产品与公众需求存在一定程度的脱节，尤其是在一些中西部地区表现比较突出。以“农家书屋”工程为例，在全国范围内已基本实现村村覆盖，但由于“农家书屋”的图书资源采用集中采购、统一配置的方式，提供的图书偏离了以留守老人、妇女、儿童为主体的农村居民的文化需求，一部分“农家书屋”处于闲置浪费状态。二是公共服务设施“重建设、轻运营”的现象比较普遍，一些地方普遍重视建设规模大、标准高的硬件设施，但对于服务队伍、内容建设、日常服务等缺乏资金支持，一些公共服务机构处于“有硬件、无软件”“有设施、无内容”的“空壳”状态，导致公共服务质量和效能不高。三是文化、卫生、教育、民政、社会保障、就业等行业主管部门在基层投入的公共服务资源缺乏统筹，公共财政资金投向难以集中，条块分割、重复建设和资源浪费现象比较严重，难以发挥整体效益。

再以教育服务为例。教育部基础教育质量监测中心发布的《中国义务教育质量监测报告》显示，义务教育质量还存在如下问题：学生综合应用能力相对薄弱；肥胖、近视和睡眠不足问题较为突出；音乐听辨能力与赏析能力、美术基础知识与赏析能力均有待提高；学生家庭作业时间过长，参加校外学业类辅导班比例较高，学习压力较大；部分课程的课时设置和内容安排欠合理；部分教师探究教学能力和专业素养有待提升①。在高等教育的质量方面，教育部高等教育教学评估中心发布的《中国高等教育质量报告》指出，高等教育在学科专业设置、科研水平和成果转化率、创新人才培养力度、学生对学习过程体验和就业状况满意度等方面仍然存在问题②。民办教育，特别是公益性和普惠性的民办教育，可以有效补充公办教育，对于教育质量的提升具有重要意义。尽管我国先后颁布了《中华人民共和国民办教育促进法》《中华人民共和国民办教育促进法实施条

① 《我国首份〈中国义务教育质量监测报告〉发布》，http://www.moe.gov.cn/jyb_xwfb/gzdt_gzdt/s5987/201807/t20180724_343663.html。

② 《系列高等教育质量报告首次发布——事实和数据说话，展现中国高等教育质量的自信与自省》，http://www.moe.gov.cn/jyb_xwfb/xw_fbh/moe_2069/xwfbh_2016n/xwfb_160407/160407_sfcl/201604/t20160406_236891.html。

例》等一系列法律，但是民办教育的发展仍然面临挑战。民办教育教学质量参差不齐，部分民办学校教师权益难以保障，招生中不公平竞争等问题仍有待进一步梳理规范。

四、全生命周期公共服务的挑战

教育机会的获得和健康水平的改善是人类发展的重要方面，仅靠义务教育和公共卫生难以满足公民更高层次、更高水平的教育和健康需求。未来，我国公共服务体系面临从"保基本兜底"向"全生命周期"转型的挑战。

（一）全生命周期教育服务

习近平指出："要建设全民终身学习的学习型社会、学习型大国，促进人人皆学、处处能学、时时可学，不断提高国民受教育程度，全面提升人力资源开发水平，促进人的全面发展。"①全生命周期的教育服务对于个人及整个社会应对未来经济、社会和科技等方面的广泛且不确定的挑战具有至关重要的作用。新兴技术（如人工智能）的发展对劳动者的知识体系、专业素质和技能水平提出了越来越高的要求，以九年义务教育为核心的传统学历教育体系已经无法满足居民不断提升自身科学文化素养的需求。

建立全生命周期教育服务体系的关键在于实现公共教育体系"向前延伸"到学前教育，解决适龄儿童"入园难""入园贵"的问题；"向后延伸"到高中教育和职业教育，不断提升公民的职业技能和就业能力，增加居民通过就业改善自身发展境遇的机会②。

2018 年发布的《中共中央 国务院关于学前教育深化改革规范发展的若干意见》明确指出："学前教育是终身学习的开端，是国民教育体系的重要组成部分，是重要的社会公益事业。"与日益旺盛、更加多元化的需求相比，我国学前教育仍面临着若干挑战。首先，公益性的普惠式幼儿园供给不足，在一些大城市"入园难""入园贵"的问题仍然存在。其次，幼儿园办学质量参差不齐，由于缺乏统一标准和监管缺位，一些幼儿园在校舍条件和运营管理上存在较大短板。最后，幼教师资队伍整体素质有待提高。很多幼儿园"重硬件投入，轻软件投入"，幼儿园教师的地位和待遇亟待提高，制约了学前教育质量的提升③。

---

① 《习近平主持中央政治局第五次集体学习并发表重要讲话》，https://www.gov.cn/yaowen/liebiao/202305/content_6883632.htm。

② 这一观点由作者在 2019 年发布的《中国人类发展报告》中首次提出，后被广泛引用和报道。

③ 参见 2018 年 1 月 23 日，洪秀敏发表在《光明日报》上的《别让教师素质成为幼教发展瓶颈》。

个人认为，将九年义务教育向后延伸至十二年义务教育存在一定的必要性。1986 年，《中华人民共和国义务教育法》正式颁布实施，普及涵盖小学和初中的九年义务教育。经过 30 多年的发展，我国劳动年龄人口的平均受教育年限由 1982 年的刚刚超过 8 年提高到 2022 年的 10.93 年。九年义务教育对充分发挥人口红利并促进经济高速发展起到了重要作用。然而，现代科技的飞速发展，以及互联网、大数据、云计算、人工智能等的迅猛发展，要求未来的劳动者必须有足够的能力去适应、学习和使用新的技术。义务教育年限与学生学业成就有很强的相关性。一项基于全球 70 多个国家和地区数据的实证研究表明，义务教育年限为 12 年对学生科学、数学及阅读素养成绩有很大的正向效应，义务教育的年限可能是造成学生素养成绩差异的一个因素（陈纯槿和顾小清，2018）。因此，个人认为，为提高全民的科学素养和劳动者的知识技能，有必要将高中阶段教育纳入到义务教育范围之内从而推行十二年义务教育。此外，义务教育年限较短也不利于教育公平。由于高中阶段不属于义务教育，一些农村孩子和外来务工人员子女初中毕业后就辍学就业，影响了这部分群体的就业能力和就业机会。

义务教育年限延长的最大挑战在于财政经费支持。近十年来，我国的部分特区、民族地区、浙江、广东、河北等地开展了高中免费教育试点；新疆、西藏、内蒙古、大凉山、东部沿海发达地区相继落实推行涵盖 15 年的免费教育，同时中等职业教育免费，积累了较为丰富的经验，取得了很好的效果。但是，如何在全国范围内推行十二年义务教育，对于教育经费投入、师资队伍质量等都提出了更高的要求和更大的挑战。

（二）全生命周期医疗卫生服务

身心健康意味着更高水平的生存和发展能力，是促进人的全面发展的必然要求。如图 6.12 所示，2000 年以来，中国人口出生时健康预期寿命①不断提升，2021 年为 68.6 岁，超过了美国，与英国和德国相当，但是与日本、法国等发达国家相比仍有较大的提升空间。2021 年，我国人均健康预期寿命为 78.2 岁，与健康预期寿命有 9.6 年的差距。这意味着居民大致有近 10 年的带病生存时间。未来，随着中国慢性病人口和老龄化人口比重不断上升，提升居民健康水平、提升居民生活质量将是巨大的挑战。

① 人均健康预期寿命估算的是一个人在完全健康状态下生存的平均年数，反映了老龄化社会的人民健康水平。

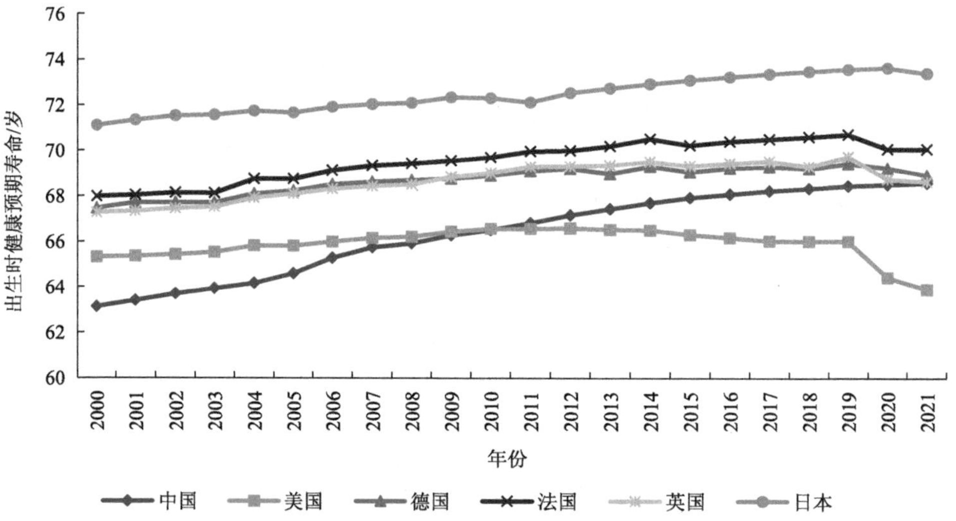

图 6.12　主要国家人口出生时健康预期寿命比较（2000~2021 年）

资料来源：世界卫生组织，https://www.who.int/data/gho/data/indicators/indicator-details/GHO/gho-ghe-hale-healthy-life-expectancy-at-birth

由于城市化进程加快和生活方式的改变，我国慢性病问题日益严峻，已成为影响国家经济社会发展的重大公共卫生问题。根据《中国居民营养与慢性病状况报告（2020 年）》，2019 年全国由慢性病导致的死亡人数占总死亡人数的 88.5%，18 岁及以上成人高血压患病率为 27.5%，糖尿病患病率为 11.9%，相比 2012 年上升了 2.3 个和 2.2 个百分点，患病率呈上升趋势[①]。与此同时，伴随着老龄化进程的加快，中国癌症发病、死亡率也在不断上升[②]。根据国际癌症研究机构数据，2018 年全球 1810 万新增癌症病例和 960 万死亡病例中，中国新增病例数为 380.4 万例、死亡病例数为 229.6 万例，分别占全球的 21%和 24%（Bray et al.，2018）。

针对慢性病这类卫生问题，强化预防能有效降低对个人、家庭以及整个社会的疾病经济负担。有研究表明，达到同样健康标准所需要的预防投入与治疗费、抢救费比例为 1∶8.5∶100[③]。因此，迫切需要建立全生命周期健康服务体系。这就要求卫生健康服务从传统上的以“服务患者、治疗疾病”为中心转向以“健康

① 《中国居民营养与慢性病状况报告(2015)》有关情况参见：https://www.gov.cn/xinwen/2015-06/30/content_2887030.htm,《中国居民营养与慢性病状况报告（2020 年）》有关情况参见：https://www.gov.cn/xinwen/2020-12/24/content_5572983.htm。

② 《关于印发中国癌症防治三年行动计划（2015—2017 年）的通知》，http://www.nhc.gov.cn/jkj/s5878/201509/656437bc5c7e4cd0afb581de85be998a.shtml。

③ 《饶克勤委员：预防是最经济最有效的健康策略》，http://www.cppcc.gov.cn/zxww/2021/07/28/ARTI1627450136772438.shtml。

服务、预防疾病”为中心。控制慢性病危险因素，加强健康教育，强化规范诊疗，促进医防协同，对于推动实现人民全生命周期健康至关重要，这也要求政府改变医疗卫生服务的理念，加快建立全生命周期的健康服务体系。

（三）养老服务的挑战

快速且深度的老龄化增加了护理服务和医疗健康需求，给养老服务和医疗服务带来极大的压力。截至 2022 年底，我国 60 岁及以上老年人口约 2.8 亿，占总人口的 19.8%，且近年来比例逐步攀升。有调查数据显示，我国失能、半失能老年人超过 4000 万[①]。面对庞大的老年护理需求，现有的供给能力明显不足。

截至 2023 年末，中国注册登记的养老服务机构达到 4.08 万个，各类养老床位合计 823 万张[②]，约占全国老年人口总量的 2.8%。按照国际上发达国家床位数占老年人口数的 5%~7%的水平来看[③]，我国的养老服务供需结构存在严重失衡现象。随着老龄人口增加，每千名老人拥有的养老床位数出现下滑趋势，如图 6.13 所示。

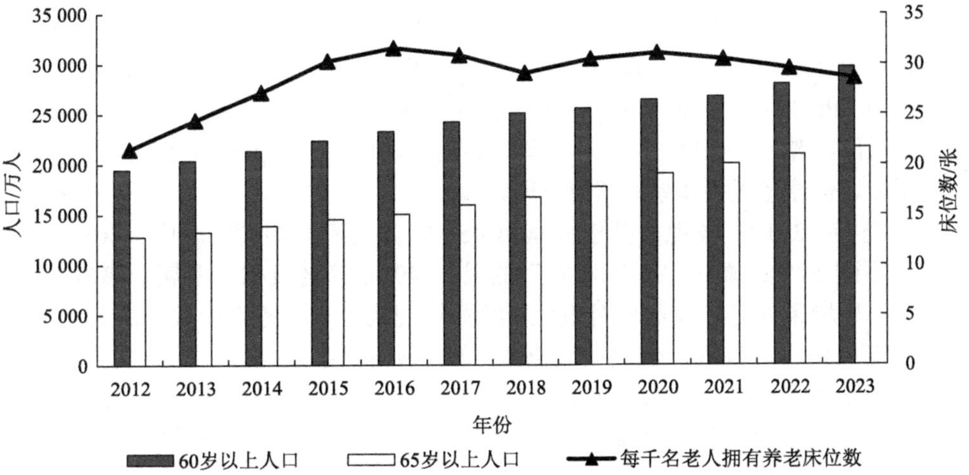

图 6.13　全国老年人口数和养老床位数情况（2012~2023 年）

资料来源：《中国民政统计年鉴》《国家老龄事业发展公报》《民政事业发展统计公报》

① 2016 年，全国老龄工作委员会办公室、民政部、财政部共同发布的第四次中国城乡老年人生活状况抽样调查结果显示，我国失能、半失能老年人大约 4063 万人。2019 年 5 月 8 日国家卫生健康委员会例行新闻发布会上，国家卫生健康委医政医管局副局长焦雅辉称失能、半失能老年人 4400 万人。除此之外，我国政府没有正式公布过失能、半失能老年人口的具体数据。

② 资料来源：《2023 年民政事业发展统计公报》。

③ 关于发达国家养老机构床位数占老年人口比例，目前缺少权威统计，该数据来自：贾素平主编，《养老机构管理与运营实务》，南开大学出版社，2013 年。

此外，中国养老机构发展不均衡，“一床难求”和“床位闲置”现象并存。例如，北京市第一社会福利院位于朝阳区华严北里，交通便利，配备专业医护人员，价格较低且可享受医保报销，服务内容包括颐养、照料、养护、医疗等多个方面，福利院每年空出床位约 100 张，而登记排队人数已超 1 万。而民办养老服务机构虽然服务好，但收费高，适合人群少，空置率居高不下。在面向老龄人群的康复养老、慢病管理的护理体系中，护理人员面临着巨大缺口，除了每年数十万护士学校的学生外，更多的护理员由护工来担任，大部分来自农村地区，文化程度不高，待遇低，流动性大，缺乏专业化能力。

中国正在进入快速老龄化阶段，单单依靠政府力量难以满足规模日益扩大、需求日益多样化的养老需求，这就需要政府、市场、社会与家庭的共同努力及有效配合。近年来，中国政府出台了一系列政策，如 2019 年 4 月国务院办公厅印发《关于推进养老服务发展的意见》，吸引市场力量参与养老服务供给，促进养老服务提质扩容，有效满足老年人多样化、多层次养老服务需求。养老服务及医养结合也成为中国近年来力推的公共私营合作制（public private partnership, PPP）模式的热点领域，很多企业或社会组织通过 PPP 模式参与到养老服务中，为中高收入养老群体提供高质量、多样化的养老服务。通过市场化或准市场化的方式解决中高收入群体的养老问题，可以让政府的公共资源更多地投向中低收入群体的养老需求领域。但是，在中国医养 PPP 项目中，很多私营合作方都是资本或房地产开发商，缺乏专业的养老服务运营商，普遍存在重融资、重建设、轻运营，再加上相关制度建设滞后等问题，制约了多元化养老服务体系的健康发展。

乔晓春（2019）发现，基于北京市 458 家养老机构的调研表明，50%的机构入住率不到 50%；真正“一床难求”的只有 49 家养老机构，多属于离城市中心比较近、环境条件好、收费相对较低、经营管理较好、服务质量较高的公办机构。民办养老机构服务较好，但收费较高[①]，导致利用率不太高。

人口抚养比将持续快速增长，劳动年龄人口萎缩，以及中国大量“四个老人、一对夫妻、一个孩子”的特殊家庭结构，对养老金制度财务的可持续性带来严峻挑战。有研究预测，到 2050 年，全社会用于养老、医疗、照料、福利与设施方面的费用占 GDP 的比例增长到 26.2%（刘远立，2019），给家庭和政府都将带来日益沉重的负担。如何破解老龄化带来的医疗和养老难题，尤其是养老金不足和养老资源供需失衡的问题，将是我国面临的重大挑战。

第三节　经济发展的挑战

经济发展虽然不是人类发展的目标，但没有经济发展作为支撑，很难满足

① 调查数据显示，民办机构成本回收大致需要 10 年左右，导致运营成本居高，是公立养老机构的 2~3 倍。

人类的基本需要，提升人的发展能力。改革开放以来，中国经济在快速增长的同时，也长期存在资本产出效率不高、资源环境代价过大、产能过剩等问题，发展不平衡、不协调、不可持续问题突出。2015 年以后，中国经济增速开始减缓，到 2019 年增速已降至 6.1%。2020 年暴发的新冠疫情，对中国经济增长产生了负面的影响。随着中国经济从高速增长进入中低速增长阶段，未来实现更高质量、更可持续、更有活力的经济发展，对于促进人类发展具有重要意义。长期来看，要实现经济的高质量发展，存在如下挑战。

一、提高经济效率

相比于发达国家，我国劳动生产率仍然处于较低的水平。劳动生产率又称劳均 GDP，以 GDP 与全部就业人员之比衡量，是决定一国经济是否具有未来增长性的标志性指标①。国家“十四五”规划提出全员劳动生产率增长要高于 GDP 增长的目标。2023 年，我国全员劳动生产率为 161 615 元/人（按 2020 年价格计算），比上年提高 5.7%②，保持了较快增长，但是绝对水平仍然偏低。图 6.14 比较了按照购买力平价计算的主要国家劳均 GDP。2023 年，中国劳均 GDP 为 4.2 万美元（2021 年不变价）。这一水平远低于美国、英国、日本等主要发达国家，大约相当于高收入国家平均水平的 36.4%。有学者预测，在中性条件下，2021~2035 年中国的劳动生产率将保持 4.76%的年均增速，到 2035 年接近高收入国家平均水平的七成（郭凯明等，2023）。

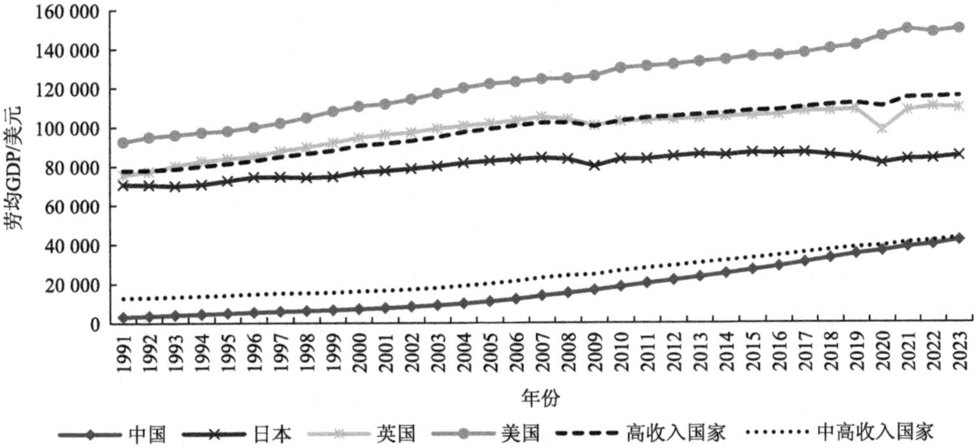

图 6.14　主要国家劳均 GDP 比较（1991~2023 年）

资料来源：世界银行。劳均 GDP 为 2021 年不变价、购买力平价，下同

① 《国际比较表明我国劳动生产率增长较快》，https://www.stats.gov.cn/sj/sjjd/202302/t20230202_1895768.html。

② 《中华人民共和国 2023 年国民经济和社会发展统计公报》，https://www.stats.gov.cn/sj/zxfb/202402/t20240228_1947915.html。

服务业是低污染、低能耗、高附加值的行业，吸纳就业能力强，对相关产业的带动能力强，是提升经济整体效率、促进经济持续增长的关键领域。近年来，我国服务业在 GDP 中的比重持续提高，2015 年首次超过 50%，2023 年达到了 54.6%。但是，我国服务业总体呈现出供给不足、效率不高、吸纳就业能力不够强等问题。按购买力平价计算，中国服务业劳均 GDP 仅是美国、法国、德国的 3~4 成。如图 6.15 所示，相比于制造业，我国服务业劳均 GDP 相比于美国落后程度更多。此外，我国服务业吸纳就业人数占比 2023 年为 48.1%，也远低于美国、英国、日本、德国等 7~8 成的水平。

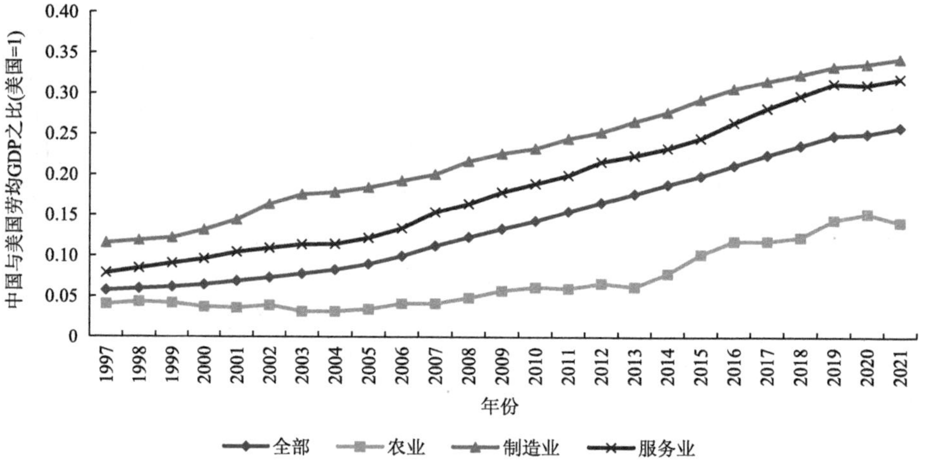

图 6.15　中国与美国分产业劳均 GDP 比较（1997~2021 年）

资料来源：世界银行

2023 年，金融业在我国服务业增加值中占比达 14.6%。但是，金融业“大而不强”，服务实体经济的效率仍然有待提高。2020 年，中国银行业资产占 GDP 比重为 266.6%，在世界竞争力年鉴排名涉及的全球 64 个经济体中排第 3 位，股市总市值为 6.6 万亿美元，居全球第 2 位；但在 2019 年世界竞争力年鉴高管调查中，中国在金融服务效率（股票市场是否能为企业提供充分融资）、监管水平、风险控制能力、投资者合法权益保障水平等方面与经济发展水平不相匹配，得分在 63 个参评经济体中分别仅排第 40 位、42 位、47 位和第 51 位。

公共服务是服务业的重要组成部分，对于经济长期健康发展具有重要意义，公共服务行业发展不足会损伤经济效率。满足居民教育和健康消费需求，既是在保障居民基本的生存和发展权，也有利于积累更优质的人力资本，进而对经济发展形成正向的促进作用。但是，从国际经验来看，我国公共服务行业增加值占比仍然偏低。2018 年，在拥有 4000 万以上人口的中等偏上收入大国中①，中国的公共服务行业②（不含文化、体育、娱乐）增加值占服务业比重为 20%左右，落后于高收入人口大国 24%~30%的水平。2023 年，我国人均 GNI 为 1.26 万美元，正在从中等偏上收入向高收入水平迈进。从典型国家的历史经验看，人均 GNI 从 1 万美元迈向 2 万美元的过程中，公共服务增加值占服务业的比重为 25%~28%。图6.16和图6.17分别展示了美国和韩国的公共服务行业增加值占服务业增加值比重的历史演变。1962~2016 年，美国人均 GNI 从 3280 美元增至 63 080 美元，公共服务行业增加值占比总体呈现上升趋势。特别是 1977~1987 年（图 6.16 中阴影区间），美国人均 GNI 从 1 万美元左右上升至 2 万美元以上，这一时期公共服务行业增加值占比在 27%左右波动，最高为 27.6%，最低为 26.4%。1970~2018 年，韩国人均 GNI 从 280 美元增至 30 600 美元，公共服务行业增加值占比总体呈现上升趋势。1994~2007 年（图 6.17 中阴影区间），韩国人均 GNI 从接近 1 万美元上升至接近 2 万美元，这一时期公共服务行业增加值占比从 24.5%增至 28.0%。

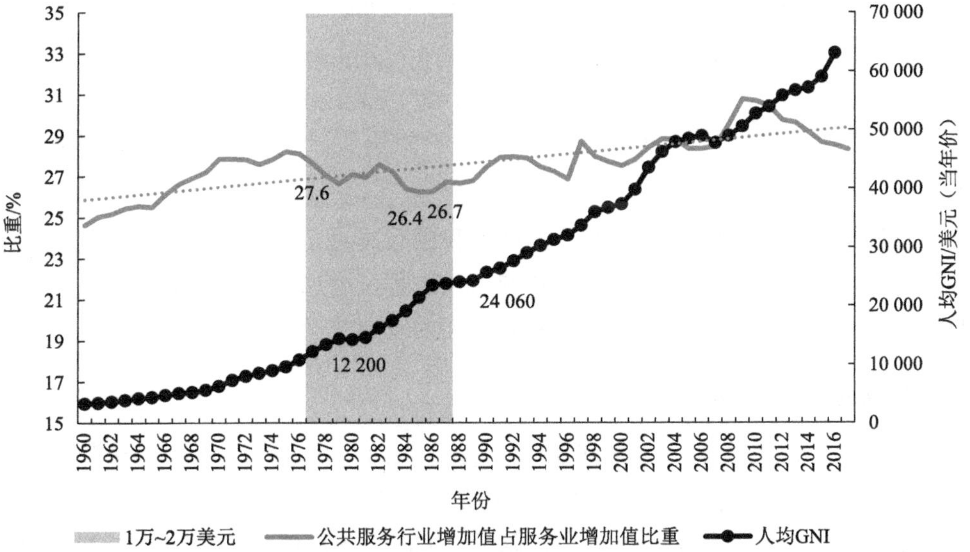

图 6.16　美国公共服务行业增加值占比的历史变化

资料来源：联合国国民账户数据库、世界银行数据库

1997~2016 年分行业增加值采用 SNA2008/ISIC Rev. 4，1997 年以前分行业增加值采用 SNA1968/ISIC Rev. 3

① 符合这一标准的高收入国家包括：法国、德国、意大利、日本、韩国、西班牙、英国、美国；中等偏上收入国家包括：阿尔及利亚、阿根廷、巴西、哥伦比亚、伊朗、墨西哥、俄罗斯、南非、泰国、土耳其。

② 为了便于国际比较，其他国家公共服务行业限定为基于国际标准行业分类 ISIC Rev. 4.0 分类的“公共行政与国防；强制性社会保障”（O 类）、“教育”（P 类）、“人类健康与社会工作”（Q 类），或基于 ISIC Rev. 3.0 分类的：“公共行政与国防；强制性社会保障”（L 类）、“教育”（M 类）、“卫生与社会工作”（N 类）、“其他社区、社会和个人服务”（O 类）。由于大部分国家“艺术、娱乐与文娱活动”行业的增加值的数据缺失，因此未纳入计算。

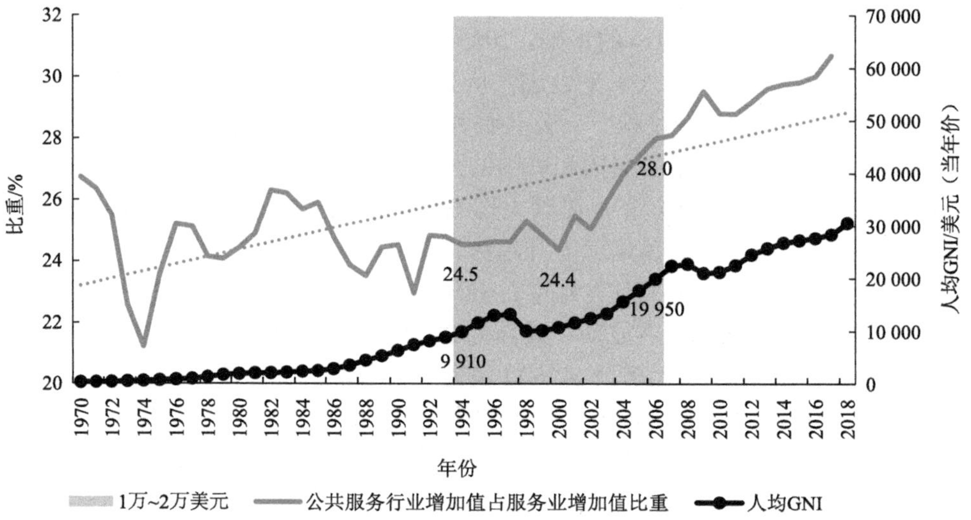

图 6.17　韩国公共服务行业增加值占比的历史变化

资料来源：联合国国民账户数据库、世界银行数据库

1995~2018 年分行业增加值采用 SNA2008/ISIC Rev. 4，1995 年以前分行业增加值采用 SNA1993/ISIC Rev. 3

正如前文所述，随着收入水平提高，我国居民对于教育、健康、文化娱乐等服务的需求也在增长；人口老龄化和城镇化进程，增加了对更多养老和社会服务的需求。公共服务行业的提档升级还有很大的发展空间。

二、转换经济增长动能

从促进经济增长的三大需求来看，投资驱动对我国经济贡献的边际效应在减弱，最终消费支出的驱动作用在逐步提高，消费已经成为经济增长的主要动力。如图 6.18 所示，2011 年以来，除了 2020 年在疫情影响下最终消费支出对 GDP 增长的贡献率骤降之外，大部分年份中最终消费支出对于 GDP 增长的贡献都大于资本形成总额对 GDP 增长的贡献。2023 年，中国资本形成总额对 GDP 增长的贡献率为 28.9%，最终消费支出对 GDP 增长的贡献率为 82.5%。如图 6.19 所示，2011 年以来的大部分年份中，最终消费支出对 GDP 增长拉动的百分点都大于资本形成总额拉动的百分点。

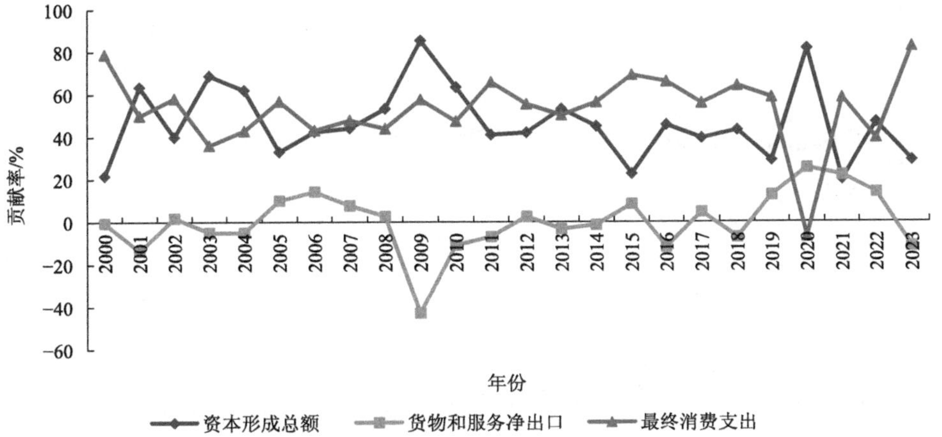

图 6.18　三大需求对 GDP 增长的贡献率（2000~2023 年）

资料来源：国家统计局

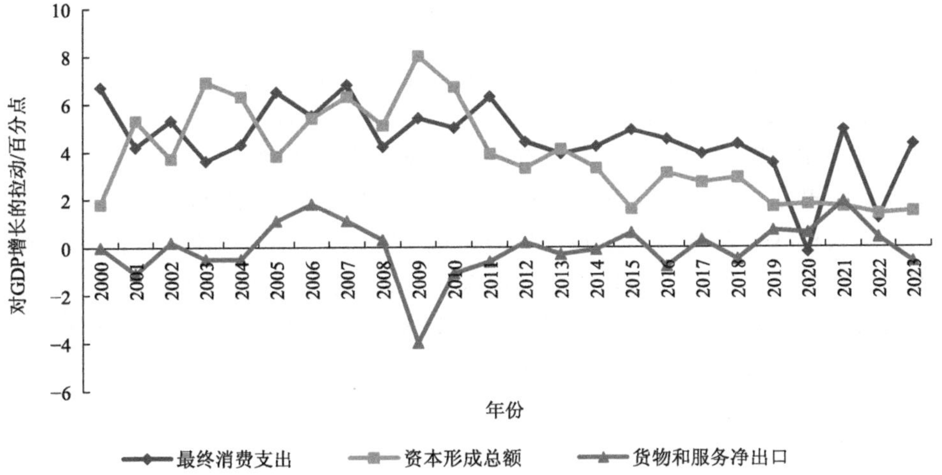

图 6.19　三大需求对 GDP 增长的拉动百分点（2000~2023 年）

资料来源：国家统计局

然而，居民消费能力不足仍然是中国未来经济增长要面临的重大挑战。2023 年，GDP 中最终消费支出为 701 360.6 亿元，占 GDP 的比重为 55.7%。其中：居民消费支出 493 247.2 亿元，占 GDP 比重为 39.1%；政府消费支出 208 113.4 亿元，占 GDP 比重为 16.6%。从国际比较看，我国居民消费占 GDP 的比重仍然偏低，如图 6.20 所示。

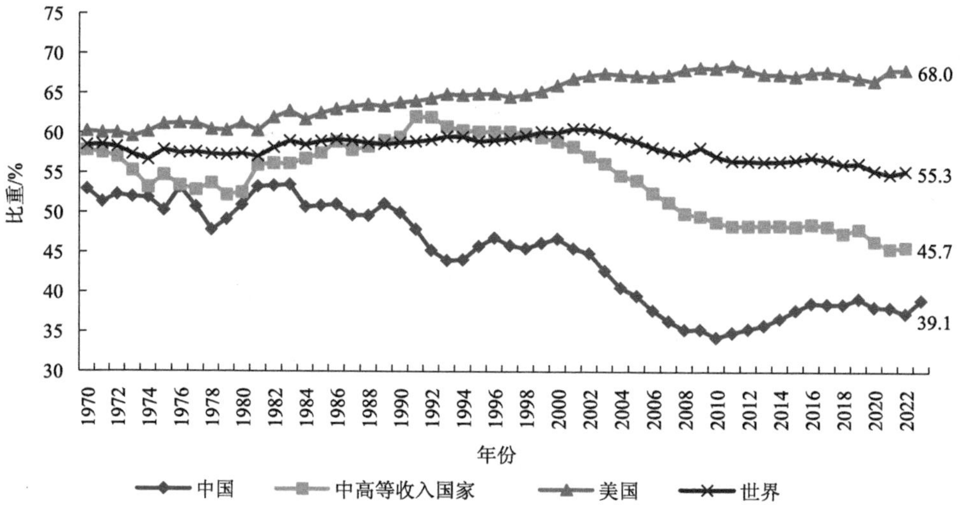

图 6.20 居民消费占 GDP 比重国际比较（1970~2023 年）

资料来源：世界银行

此外，从要素投入的视角看，经济增长还可以分解为资本投入、劳动投入和全要素生产率的贡献。全要素生产率是衡量资源配置和开发利用效率的重要指标，也是促进高质量发展的动力源泉。有研究测算表明，2000~2019 年，资本、劳动和全要素生产率对我国经济增长的贡献分别为 60.52%、15.17%和 24.31%，资本驱动的增长模式非常明显（陈梦根和侯园园，2024）。而且，相比于其他发达国家，我国全要素生产率对经济增长的贡献偏低。作为对比，2001~2017 年，美国、英国全要素生产率对经济增长的贡献分别为 35.87%、32.36%；2001~2015 年，日本全要素生产率对经济增长的贡献为 49.14%（陈梦根和侯园园，2024）。

三、应对人口结构转型

2023 年 5 月，二十届中央财经委员会第一次会议指出，我国人口发展呈现少子化、老龄化、区域人口增减分化的趋势性特征①。人口结构的深刻转型给未来经济长期稳定发展带来极大的挑战。过去，中国经济的长期快速增长离不开庞大的劳动年龄人口和较低的抚养比，经济学家将这一现象称为人口红利。然而随着人口结构的变化，传统的人口红利对于经济动能的支撑开始减弱。未来，能否有效应对人口结构的深刻转型，对于中国经济的可持续发展至关重要。

人口结构转型会对经济产生供给端冲击。一方面是劳动力供给的减少。如图

① 《习近平主持召开二十届中央财经委员会第一次会议》，https://www.gov.cn/yaowen/2023-05/05/ content_5754275.htm。

6.21 所示，15~64 岁劳动年龄人口在 2013 年达到峰值后开始下降，2023 年为 9.62 亿人，相比 2013 年减少了 4813 万人。根据育娲人口研究预测，劳动年龄人口将在 2030 年进一步下降至 9.47 亿人，到 2035 年下降至 9.01 亿人①。另一方面是社会保障成本的上升。此外，少儿抚养比下降的同时，老年抚养比持续上升，总抚养比在 2010 年达到最低值后持续上升，到 2023 年已达 46.5%。抚养比的增加带来社会保障支出大幅上升，将加大政府财政负担，对用于再生产和基础设施建设的政府投资形成挤出效应。

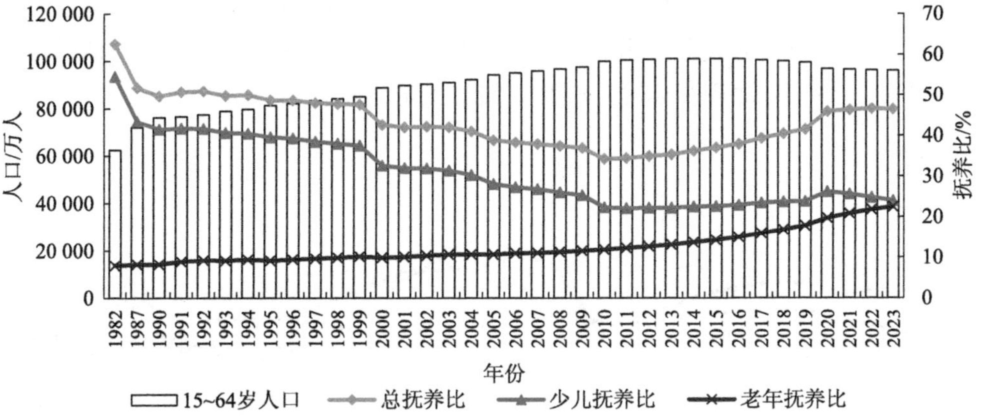

图 6.21　中国劳动年龄人口与抚养比（1982~2023 年）

资料来源：国家统计局

未来，人口因素带来的新的冲击更多表现在需求侧。尽管劳动力的减少可以通过技术发展实现一定程度的“机器换人”，但是人口老龄化和负增长对于需求侧的冲击从长期看挑战更大。从全球经验来看，在人口深度老龄化叠加了人口负增长的情形下，社会总需求的萎缩会成为常态化的经济增长制约因素（蔡昉，2022）。一方面，老龄化可能会通过影响储蓄率对总投资带来负面影响。老龄化社会会带来居民储蓄率的降低，导致资本积累和投资率下降，影响资本的形成。另一方面，老龄化也可能使全社会消费能力下降，导致需求不足。

第四节　收入分配的挑战

产业结构转型带来的就业机会的不确定性、居民收入在国民收入分配中比重偏低、中等收入群体相对规模偏低、较高的生活成本、收入差距较大等问题的存在，既对居民消费不利，也限制了居民在教育和健康上的持续投入，影响了居民

① 参见：https://yuwa.org.cn/。

选择的自由，不利于人类发展水平的持续提升。

一、保障就业机会

保障就业机会是赋予居民通过提高收入实现更多选择权的重要渠道。诸多研究表明，就业市场的不平等是收入不平等的重要原因（周慧珺等，2024）。如图6.22 所示，按照国际劳工组织（International Labour Organization, ILO）测算数据，2000 年以来的大部分年份中，中国的失业率低于中高收入国家和高收入国家水平。但是，近年来，不论是根据国家统计局公布的城镇调查失业率，还是 ILO 测算的失业率，中国的失业率水平都有上升的趋势。一方面是因为新冠疫情带来的负面影响，另一方面则是由产业转型升级导致的结构性影响。

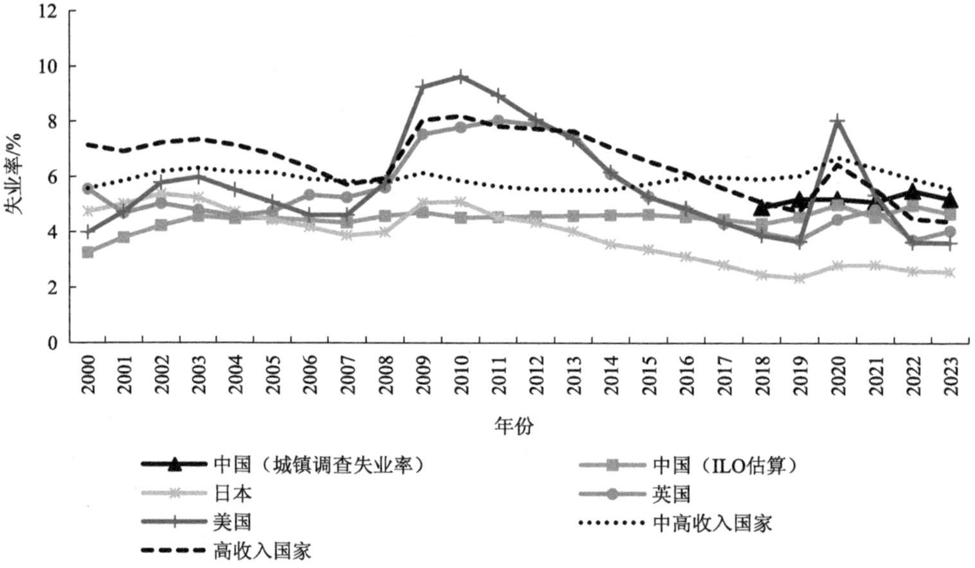

图 6.22　失业率国际比较（2000~2023 年）

资料来源：世界银行、国家统计局。国家统计局自 2018 年起公布城镇调查失业率

产业结构的变动有可能对劳动力市场供求关系产生冲击，从而导致结构性失业。从 2000 年到 2023 年，我国第一产业就业人员占总就业人员的比重从 50%下降到 22.8%，第二产业、第三产业占比分别从 22.5%、27.5%上升至 29.1%、48.1%。未来，随着产业结构的调整，第一产业占 GDP 比重和吸纳就业人口将进一步下降，而第三产业占 GDP 比重和吸纳就业人口将进一步增加，传统产业的从业人员在就业机会和薪酬收入上将面临较大的负面影响。

技术进步也是导致结构性失业的重要原因。以人工智能为代表的新一轮科技革命和产业变革会同时带来就业"创造效应"和"替代效应"(李建伟和钱诚,2020)。一方面，一些重复性、流程性和安全风险高的岗位开始大规模地"机器换人"，另一方面，新产业、新业态、新模式不断涌现，吸纳了大量劳动力。此外，网络经济、平台经济也创造了大量兼职就业、灵活就业岗位。但是，当"替代效应"大于"创造效应"时，就会造成失业率的上升。

有研究表明，按照 OECD 国家平均的就业冗余水平 17.6%来推测，相当于中国目前就业总人口中 4%（大约 3000 万人）面临着失业风险①。机器和人工智能对低技能工作岗位的替代会对低技能人员的就业机会和收入水平改善带来严峻的挑战。技术进步可能导致高低技能劳动者之间出现就业机会和薪酬上的两极分化。要让这些被替代的群体，能找到符合自身技能的工作岗位，需要政府在职业技能培训和就业公共服务等方面投入更多的资源。

二、提高居民收入

实现更加公平的收入分配、扩大居民收入，有利于提升居民选择能力。居民收入增长受到经济增长、产业结构、收入分配和劳动力市场等多方面的影响，其中，保持较为稳定的经济增长水平是居民收入提高的前提。在全球经济增速放缓的背景下，我国经济增长面临的不确定性增大，如何继续保持居民收入的提升是中国未来面临的重大挑战。

在宏观收入分配中，我国居民收入所占比重仍然偏低②。这意味着经济增长的收益并没有相应地转化为居民收入和财富的增加，收入分配仍有待完善。如图 6.23 所示，21 世纪以来，我国住户部门初次分配总收入占国民总收入的比重、可支配总收入占国民可支配收入、调整后可支配总收入占调整后国民可支配总收入的比重，经历了持续下降，并于 2008 年后开始持续回升，但是仍未回到历史最高水平。从国际比较来看，我国居民收入占国民总收入的比重不仅低于美国、英国、德国、日本等发达国家，也低于巴西和南非的水平，如图 6.24 所示。

① 《中国就业供需变化趋势的基本认识与政策建议》，https://www.thepaper.cn/newsDetail_forward_23417970。

② 宏观收入分配状况通常指国民总收入及国民可支配总收入在住户部门、企业部门和广义政府部门三者之间的分配关系。在国民经济核算中，初次分配总收入、可支配总收入、调整后可支配总收入之间的区别在于是否包括所得税、财产税、社保补助以及政府为居民提供的教育、医疗等服务的转移。具体参见：国家统计局国民经济核算司，《从资金流量表看我国居民收入分配状况》，载于《中国居民收入分配年度报告（2022）》。

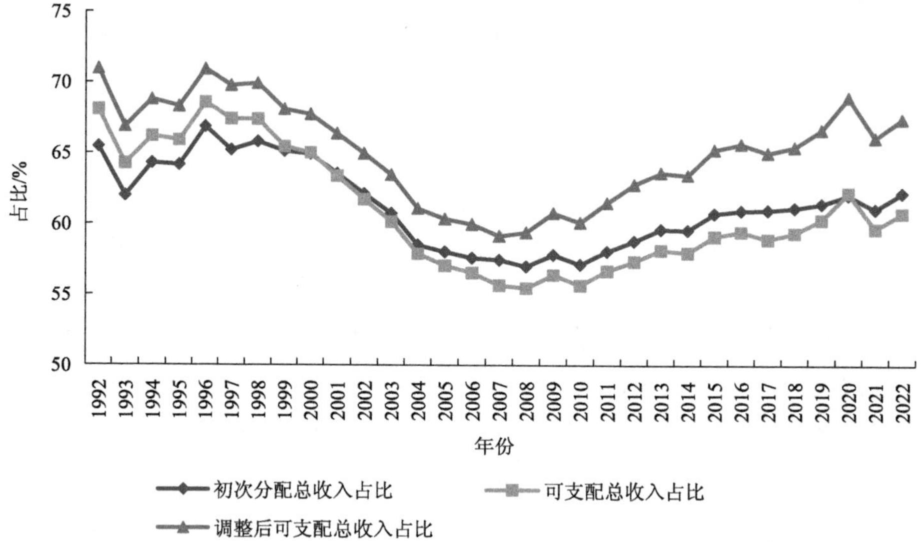

图 6.23　住户部门总收入占国民总收入的比重（1992~2022 年）

资料来源：国家统计局，根据历年资金流量表计算

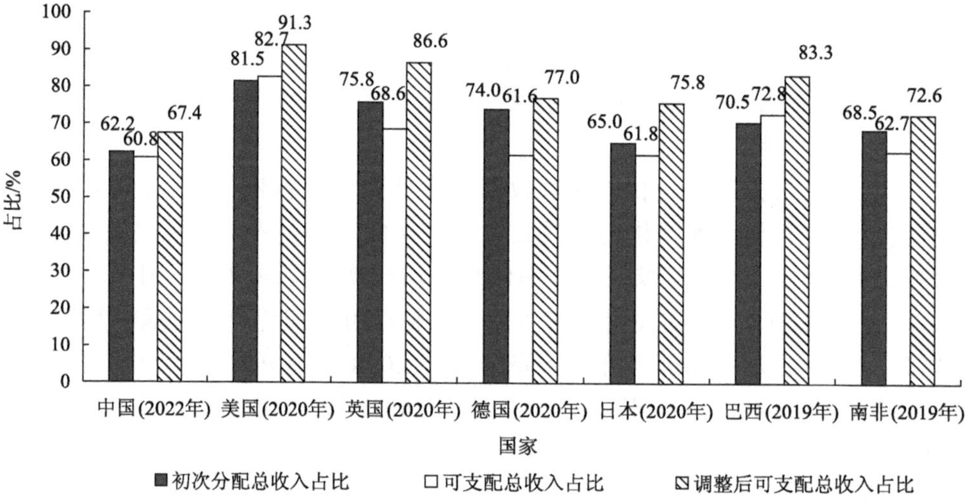

图 6.24　住户部门总收入占比的国际比较

资料来源：中国数据来源同上图，其他国家数据来自国家发展和改革委员会就业收入分配和消费司、北京师范大学中国收入分配研究院编著的《中国居民收入分配年度报告（2022）》

居民收入比重偏低，既与初次分配中居民获分配比例偏低，也与税费负担较重有关。从国际比较来看，我国宏观税负大约处于中等收入国家水平，个人所得税占总税收的比重也远低于 OECD 国家平均水平（吕冰洋等，2021）。但是，中国税制是以间接税为主，个人所得税事实上还不能完全反映中国居民整体的税负负担，企业承担的税负还是会有相当一部分转嫁到居民身上。对于中低收入群体

而言，社会保险支出也是沉重的负担。这说明经济增长的收益并没有相应地转化为居民收入和财富的增加，收入分配仍有待完善（朱小玉和杨宜勇，2020）。

提升中等收入群体规模也是中国收入分配中的一大挑战。中等收入群体一般指收入保持在全社会中等水平、就业相对稳定、生活相对宽裕的群体（李培林，2017）。总人口中中等收入群体规模扩大意味着更多居民拥有了较强的选择能力和较大的选择自由。相比于财富集中于一小部分人群的社会，中等收入群体规模较大的社会更加公平和稳定。有研究测算，按照每天人均消费 10 至 100 美元（2005 年购买力平价）作为界定中等收入群体日收入的下限和上限，2019 年我国中等收入群体比重为 22.9%，低于英国、德国、法国、挪威、加拿大等 70%的水平，也低于美国 55.9%的水平[①]。随着中国经济增速的放缓，居民收入的增长速度也可能随之降低，给中等收入群体规模的扩大带来不利影响。

长期以来，大中城市房地产价格的持续上涨推高了居民的居住成本，挤占了购房和租房家庭在教育和健康上的消费。有实证研究表明，房价上涨对居民消费存在明显的“挤出效应”（李春风等，2014）。如图 6.25 所示，从 2005 年至 2021 年，在 35 个大中城市中，有 21 个城市的住宅商品房销售平均价格的年均增速超过城镇居民人均可支配收入的年均增速，这一现象不仅出现在上海、北京、杭州等城镇居民可支配收入较高的城市，也出现在海口、石家庄、西宁等城镇居民可支配收入相对低的城市。与此同时，居民家庭资产中房地产占比过高也蕴含着较大的金融风险；低收入家庭可支配收入受到房地产价格波动的冲击更大。

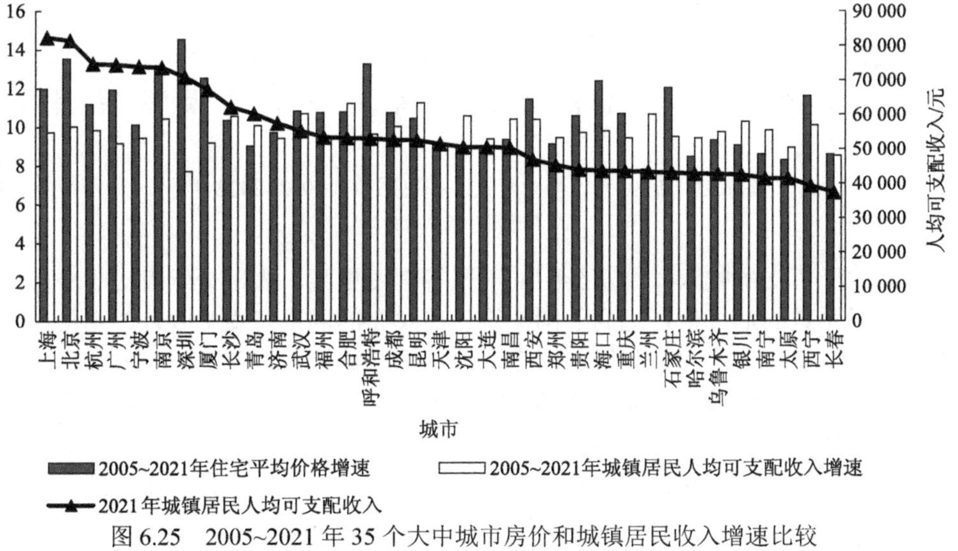

图 6.25　2005~2021 年 35 个大中城市房价和城镇居民收入增速比较

资料来源：国家统计局、CEIC 数据库、EPS 数据库

① 《持续扩大中等收入群体》，http://www.qstheory.cn/qshyjx/2022-04/12/c_1128552047.htm。

三、缩小收入差距

缩小居民收入分配差距是中国收入分配面临的另一大挑战。公平分配是民生之源，收入分配不公平将影响低收入人群的生存能力、发展能力和选择能力，带来社会的分化，削弱社会的凝聚力。根据国家统计局的数据（图 6.26），2003~2008 年，中国居民人均可支配收入的基尼系数总体呈现上升趋势，2008 年达到 0.491 的峰值，而后持续下降到 2015 年的 0.462，近年来总体稳定，但是在国际上仍处于偏高水平。此外，有学者指出，国家统计局住户调查数据存在高收入样本代表性不足和收入低报造成收入差距的低估的问题。他们根据中国居民收入分配课题组 2013 年和 2018 年住户调查数据测算，两个时期之间导致收入差距缩小与扩大的因素相互抵消，收入差距总体呈高位徘徊的相对稳定状态（罗楚亮等，2021）。

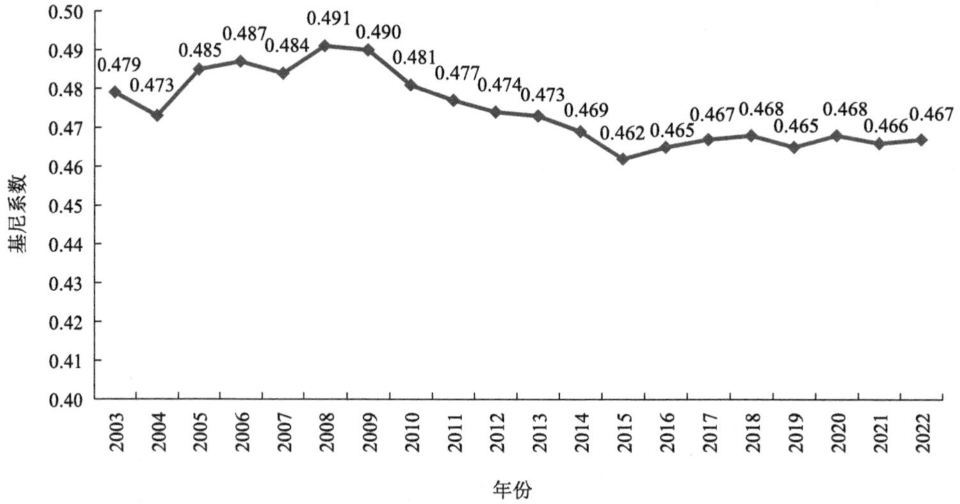

图 6.26　居民人均可支配收入基尼系数（2003~2022 年）

资料来源：国家统计局

相比于可支配收入，财富分配的不平等程度更大。大部分学者对于中国居民财产基尼系数的估算值，远高于国家统计局发布的同期可支配收入的基尼系数。柳建坤和何晓斌（2024）利用中国家庭追踪调查数据，发现 2010~2020 年，金融资产、住房资产以及耐用品资产的基尼系数都处于下降状态，但是截至 2020 年，中国家庭所有资产的基尼系数都大于 0.6。随着财产的代际继承，贫富传递的代际效应可能慢慢显现，从而给低收入群体人类发展水平的持续提升带来负面影响。

中国城乡收入差距仍处于较高的水平。如图 6.27 所示，改革开放以后，城乡居民人均可支配收入之比经过短暂的下降之后开始波动上升，到 2007 年达到 3.14 的峰值后开始下降，2023 年为 2.39；2023 年，城乡居民人均可支配收入的中位数之比为2.51。从国际比较来看，我国城乡居民收入比仍远高于OECD国家水平①。从各地区看，如图6.28所示，2023年有6个省份的城乡收入差距高于全国平均水平，均分布在西部地区，其中最高的甘肃达3.03。此外，还有学者发现，农村居民的税收负担始终高于城镇居民（郭婧和汪昊，2024），这对缩小城乡收入差距形成阻碍。

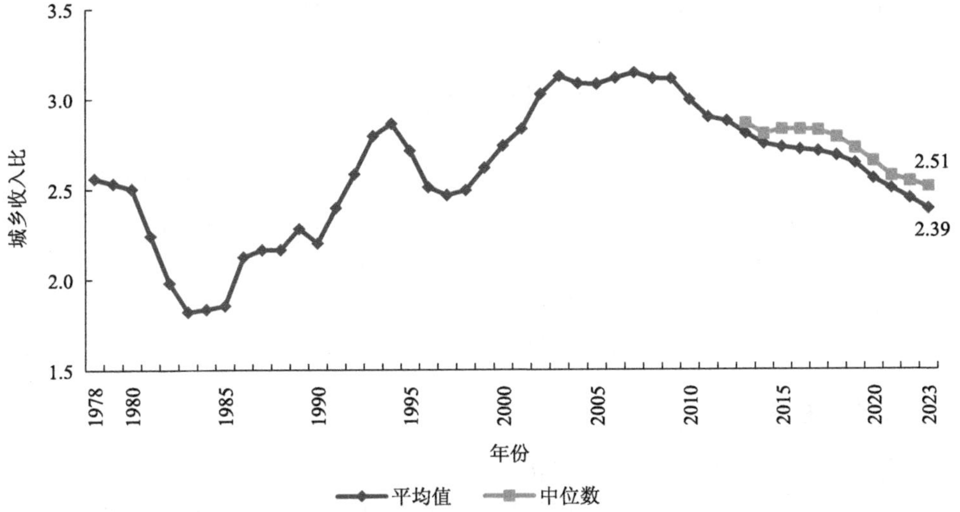

图6.27　城乡居民人均可支配收入之比（1978~2023年）

资料来源：国家统计局

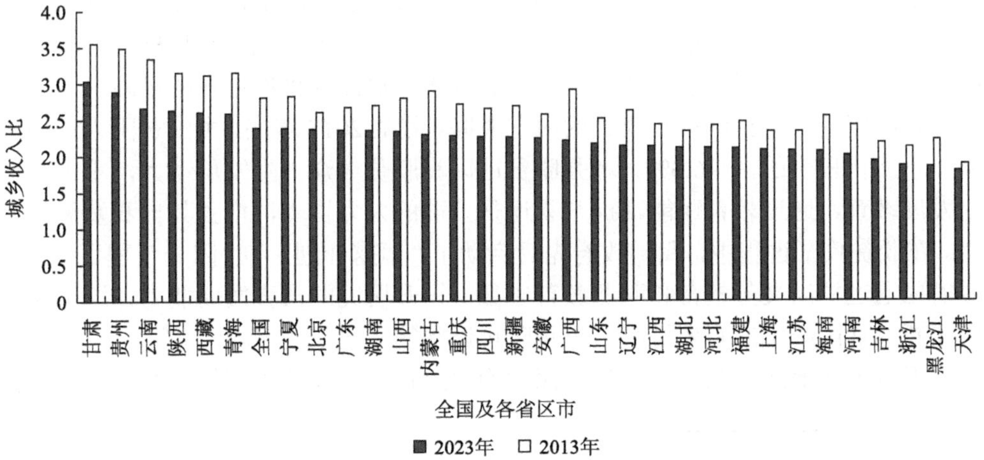

图6.28　31个省区市城乡居民人均可支配收入之比

资料来源：国家统计局

① 郭燕等（2022）测算表明，OECD国家中，比利时、英国、德国和荷兰4个国家的城乡居民收入比小于1，13个欧洲国家的城乡居民收入比大于1且小于或等于1.25，4个欧洲国家城乡居民收入比处在1.25~1.50。

如何缩小性别间的收入差距也是收入分配上必须关注的一个重要挑战。2020 年，全国女性就业人员占全社会就业人员的比重为 43.5%[①]，女性就业人数总体上呈上升趋势。然而，目前中国男女劳动收入差距较大，根据第三期中国妇女社会地位调查，城乡在业女性的平均劳动收入仅为男性的 67.3%和 56%（谭琳，2013）[②]。总之，如何实现包容性经济发展，让发展成果惠及各方，尤其是低收入群体、农村居民和其他脆弱群体，是中国经济发展面临的重大挑战。

第五节　防止返贫的挑战

2020 年，现行标准下农村贫困人口全面脱贫的目标成功实现。但是，在消灭农村绝对贫困后，并不意味着减贫工作已完成，我国的相对贫困仍将长期存在（叶兴庆和殷浩栋，2019）。如何建立行之有效的长效机制，缓解仍然存在的相对贫困，增强低收入地区和群体发展的内生动力，防止已经脱贫的人口再次返贫，确保低收入人群、落后地区实现可持续发展仍然存在挑战。

一、增强内生发展动力

党的二十大报告提出要“巩固拓展脱贫攻坚成果，增强脱贫地区和脱贫群众内生发展动力”[③]。《中国人类发展报告特别版》指出，巩固和提升脱贫成果、实现脱贫后不返贫，是真正打赢脱贫攻坚战的关键所在。为确保 2020 年所有贫困地区和贫因人口一道迈入全面小康社会，一些地方政府将减贫作为硬性指标纳入考核体系，在一定程度上助长了短期行为和道德风险。为完成减贫指标，一些基层政府可能忽视长期减贫能力的培育，已脱贫人口仍面临再次返贫的风险。

贫困跟受教育程度存在很大的内在关联。截至 2017 年底，中国贫困人口中初中以下文化程度的占 96.6%。增强脱贫地区和脱贫群众内生发展动力，重中之重是发展教育，通过教育赋能，提升易返贫人群的人力资本，增强其自我发展的能力。在脱贫攻坚过程中，我国政府先后启动了“雨露计划”和“阳光工程”。未来，政府应通过提高义务教育和职业教育质量，提升居民的自我发展能力，这不仅是防止新的贫困产生的有效机制，也是防止返贫的重要制度保障。

促进脱贫地区产业发展是各地探索构建防止返贫长效机制的重要方向，民营

① 《〈中国妇女发展纲要（2011—2020 年）〉终期统计监测报告》，https://www.gov.cn/xinwen/2021-12/21/content_5663667.htm。

② 2020 年的第四期中国妇女社会地位调查主要数据结果未披露全国女性收入情况。但是，《黑龙江省第四期中国妇女社会地位调查报告》显示，在同行业男女两性收入上，女性较集中行业的年均收入明显低于同行业男性。

③ 《习近平：高举中国特色社会主义伟大旗帜 为全面建设社会主义现代化国家而团结奋斗——在中国共产党第二十次全国代表大会上的报告》，https://www.gov.cn/xinwen/2022-10/25/content_5721685.htm。

企业在其中发挥了重要作用。截至 2020 年 6 月底，进入“万企帮万村”精准扶贫行动台账管理的民营企业有 10.95 万家，精准帮扶 12.71 万个村，其中建档立卡贫困村 6.89 万个[①]。在前些年脱贫攻坚过程中，一些企业如阿里巴巴集团利用大数据等新技术、电子商务等新商业模式参与扶贫行动，形成了典型的“互联网+社会扶贫”的实践经验[②]。

然而，在产业发展中，如何处理好政府与市场的关系，避免过度用政府的“有形之手”代替市场的“无形之手”，扭曲产业发展中的市场信号，避免对政府力量的过度依赖，是亟待解决的关键挑战。一些曾经贫困的地区交通区位、资源禀赋等方面劣势明显，发展产业面临较大的市场风险，新型农业经营主体（如龙头企业、农民合作社和家庭农场等）发育不成熟，缺少利益共享机制，影响产业发展的可持续性。

最后，如何进一步调动多种类型的社会组织，特别是农村自组织积极参与防止返贫和乡村振兴，也是一个重要挑战。由于社会组织拥有的资源禀赋差异巨大，其参与的深度和广度存在巨大差别。能否充分发挥根植于本地，自主自发形成的社会共同体的作用，对于提升脱贫地区内生发展动力至关重要。

二、应对多维贫困的挑战

2019 年发布的《中国人类发展报告特别版》指出，农村贫困在 2020 年后仍将以相对贫困和多维度贫困的形式存在（比如在贫困人口能力被剥夺较为严重的住房、健康、教育等方面），巩固减贫的效果依然面临诸多挑战。有研究的测算表明，2016 年中国多维贫困发生率为 3.3%、人口规模 4491 万人，贫困人口的平均不达标程度为 38.1%，多维贫困指数为 0.013（冯怡琳和邸建亮，2017）。多维贫困的理念关键在于超越收入维度，从能力被剥夺的角度来认识相对贫困。实践中，江苏省和浙江省也在收入指标外，将基础设施、公共服务和社会保障等方面纳入多维指标识别相对贫困人口（徐志明，2021）。

基础设施短板是导致农村人口多维贫困状况的主要原因。有研究发现，2010 年，农村多维贫困发生率为 12.6%，而城市多维贫困发生率仅为 3.5%，二者相差较大（沈扬扬等，2018）。以“炊事燃料”为例，2010 年中国 50%以上居民“炊事燃料”不达标，在室内使用木头或木炭等生火做饭；2014 年，这一比例下降到 33.4%，情况有所改善，但占比仍然很高。再以安全饮水为例，中国城镇安全饮水工程建设总体较为完善，而农村安全饮水设施相对缺乏，与城镇有较大差距。

---

①《近 11 万家民营企业精准帮扶 12 万余个村 民企助力脱贫 有责有情有为》，https://www.gov.cn/xinwen/2020-11/30/content_5565786.htm。

②《“大国攻坚 决胜 2020”精准扶贫案例展示》，http://rmfp.people.com.cn/n1/2018/0920/c406725- 30304314.html。

2014 年中国“营养”指标剥夺发生率为 25.0%，这也说明健康问题依然是中国多维贫困中的一个重要短板（沈扬扬等，2018）。

与人类发展密切相关的医疗和教育领域的发展失衡是多维贫困加重的重要因素。居民教育和健康能力与机会的剥夺，不仅给收入带来负面影响，强化物质贫困；更重要的是，教育和健康水平低下本身也是相对贫困的重要体现。从各维度的剥夺情况来看，家庭成员受教育程度和健康状况对多维贫困的贡献率分别高达 31.1%和 23.3%，且近年来一直保持较高水平，短时间内改善这两个指标的难度很大（冯怡琳和邸建亮，2017）。此外，由于农民工没有城镇户籍，不能享受与城镇居民同等的社会福利与公共服务，农民工的教育贫困以及由此导致的教育差距的代际传递问题更为严峻，农民工在健康和医疗保障等方面的状况也不容乐观（陈志钢等，2019）。

特定人群的多维贫困问题也值得关注。张文娟和付敏（2022）利用 2005~2018 年中国老年人健康长寿影响因素调查项目（Chinese longitudinal healthy longevity survey, CLHLS）的数据，发现女性、高龄、受教育程度低的老年人陷入各类多维贫困的风险更高。胡联等（2024）利用 2014~2020 年中国家庭追踪调查的数据得出，中国女性多维贫困状况总体上有所改善，但改善程度不均衡。

三、解决城市相对贫困问题

城市低收入群体的相对贫困问题仍处于盲区。与农村贫困不同，中国并没有明确统一的城市贫困线，只是由各城市设置了标准不一的最低生活保障线，导致对城市低收入群体的相对贫困标准、程度等仍存在较大争议，无法对全国城市相对贫困形成一致认识，因此城市低收入群体的相对贫困问题常常被忽略。

一些学者尝试用微观调查数据来识别城市贫困的规模。陈杰等（2023）利用中国家庭追踪调查的数据发现，采用家庭人均纯收入中位数 40%、50%、60%的相对贫困标准，2018 年城镇相对贫困发生率分别为 9.28%、14.18%、19.43%。

从官方数据中也可以看出，城市低收入人群规模庞大。尽管城市低保人数持续下降，但是 2023 年中国城市仍有 664 万人享受最低生活保障，如图 6.29 所示。根据国家统计局的住户调查数据，中国城镇居民家庭人均可支配收入五等份分组中，近年来低收入组家庭收入虽呈现稳步上涨的趋势，但与高收入组家庭的收入绝对差距呈现进一步拉大的趋势，低收入组与高收入组之间的收入比也维持在高位。2023 年，中国城镇最低 20%收入家庭的人均可支配收入为 17 478 元，仅为最高 20%收入家庭人均可支配收入的 15.8%，如图 6.30 所示。

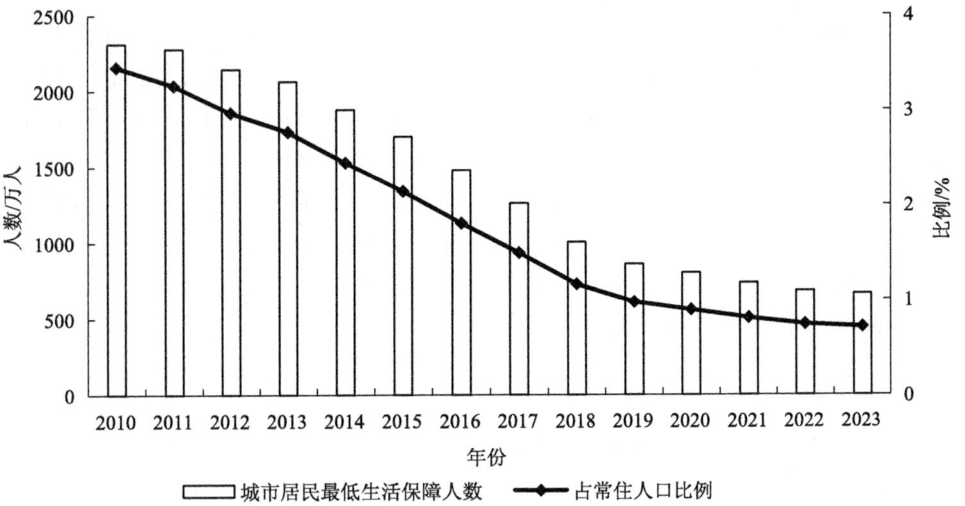

图 6.29　中国城市居民最低生活保障人口规模（2010~2023 年）

资料来源：国家统计局

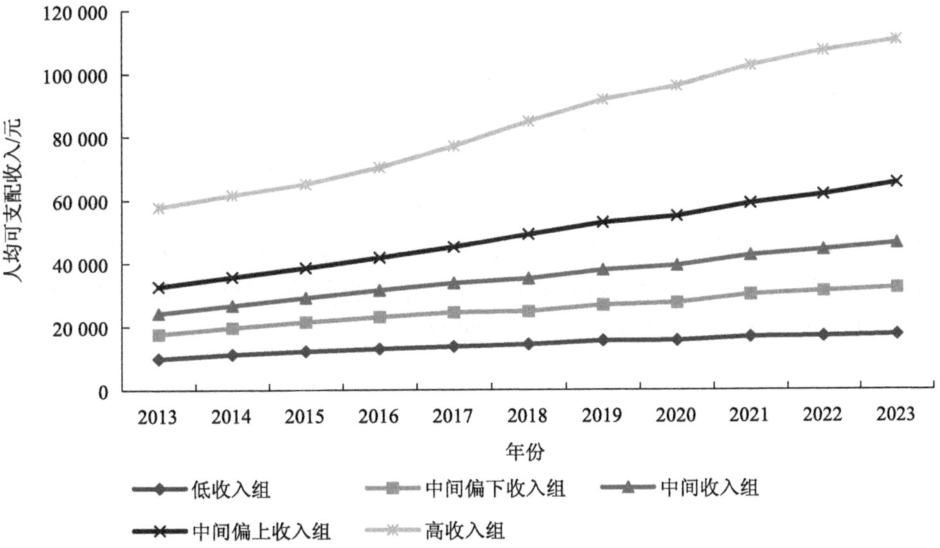

图 6.30　中国城镇居民家庭按收入五等份分组的人均可支配收入

资料来源：国家统计局

由于城乡之间价格和消费篮子存在较大差异，城市人口的生活成本和生活压力远高于农村，城市低收入群体生活成本压力和剥夺感导致的相对贫困问题不容忽视。城市贫困主要表现为相对贫困，而非绝对贫困。与人们日常生活息息相关的居住、人均生活用品及服务、交通和教育等消费支出指标，城镇都远远高于农村，给城镇低收入群体带来较大的生活压力。此外，城市低收入群体在公共服务方面也处于相对劣势地位，对住房、教育、医疗等资源分配方面的满意度普遍较低，缺乏归属感，极易产生剥夺感和压迫感。根据中国民生指数调查数据，2011~2014 年城镇居民在义务教育、医疗卫生和社会保障三类公共服务方面的满意度低于农村居民（周绍杰等，2015）。大量人口流入城市，将进一步挤占城市低收入群体的资源，加剧该群体的剥夺感，进一步加重城市相对贫困问题。而且，城镇低劳动技能和从事重复性工作的群体受经济转型冲击的影响比农村居民更明显，未来城镇的相对贫困发生率将可能提高（叶兴庆和殷浩栋，2019）。

防止农村转移劳动力沦为城市相对贫困人口也是城市减贫的重要议题。进城农民工的收入和消费水平比城市居民低，且难以平等享受各项社会福利与公共服务（陈志钢等，2019）。按照有关学者测算，若采用世界银行每天消费 3.1 美元这一贫困标准进行测算，2015 年农民工的收入贫困发生率为 2.07%，消费贫困发生率达 12.3%；若采用城镇居民人均可支配收入中位数的一半作为相对贫困线来测算，农民工的贫困发生率为 26.33%（陈志钢等，2019）。随着城镇化进程的加快以及城市户籍政策的逐步放宽，越来越多的农民将涌入城市，避免新市民的相对贫困问题是未来的一个重要挑战。

在空间形态上，城市相对贫困既会发生在资源枯竭型城市和产业衰退城市，也会出现在超大城市。在很多资源枯竭型城市，其赖以发展的主要自然资源趋于枯竭，出现“矿竭城衰”的现象和工人下岗失业潮，城市经济的持续萎靡导致再就业机会匮乏，下岗失业人员容易沦为城市相对贫困人口，带来人口返贫的不良后果。此外，超大城市因其资源稀缺度更高、就业吸引力更强以及经济层次与结构更为复杂等特性，也需要解决由过度竞争导致的主动性贫困，以及高度异质性的相对贫困群体的治理难题（侯启缘，2024）。

第七章　实现可持续人类发展的思路与路径

党的二十大报告指出，"发展不平衡不充分问题仍然突出，推进高质量发展还有许多卡点瓶颈"，"坚持把实现人民对美好生活的向往作为现代化建设的出发点和落脚点"[①]。保障民生福祉、促进公平正义、增强人民选择自由、实现可持续发展等，是满足人民美好生活需要的重要内容，也是中国未来促进健康、持续、包容、协调的人类发展重点任务所在。本章针对中国人类发展的主要挑战，提出一些初步的思路与路径。我们相信，这些举措对于全球其他面临类似挑战的发展中国家也有一定的借鉴意义[②]。

第一节　持续提升政府治理能力

第一，树立"以人民为中心"的发展理念。要实现中国人类发展水平的持续提升，政府的政策重点应当从"推动经济增长"转向"扩大民生福祉"。过去，面对经济发展的压力，一些地方政府很难从根本上改变"重经济、轻服务"的政绩观，导致公共产品和服务供给从数量和质量上都与公众需求脱节，尤其是在一些中西部地区表现比较突出。与推动经济发展的丰富经验相比，中国政府在民生服务和社会管理等领域的能力相对较弱，由于国情、体制和文化等差异，也很难从世界其他国家找到可以复制的模式。而民生服务和社会管理领域恰恰是满足"人民群众美好生活需要"、解决"不平衡不充分发展问题"的关键领域。增强政府在民生和社会领域的治理能力，对于实现更加均衡、更加公平、更高质量、更可持续的人类发展至关重要。政府的重点工作，应该围绕"促进人的全面发展"展开，突出对公民个体的赋能：生存能力（健康）、发展能力（教育）、选择能力（收入）。地方政府尤其是基层政府直接面向公众提供公共产品和服务，直接与公众互动，最了解公众需求，必须充分尊重和发挥基层政府在民生公共服务中的主体地位，确保公共产品和服务与公众需求相匹配。

第二，弱化唯 GDP 导向，构建科学的绩效指标体系。经济发展虽然不是人类发展的目标，但没有经济发展作为支撑的人类发展，很难实现可持续。但是，正

---

① 《习近平：高举中国特色社会主义伟大旗帜　为全面建设社会主义现代化国家而团结奋斗——在中国共产党第二十次全国代表大会上的报告》，https://www.gov.cn/xinwen/2022-10/25/content_5721685.htm。

② 本章部分内容参见：杨永恒，等. 2019. 中国人类发展报告特别版. 北京：中译出版社.

如斯蒂格利茨指出的，GDP 并不是衡量经济和社会状态最好的指标，GDP 的增长并不一定带来生活标准或生活水平的提高①。过分注重经济增长目标而忽略发展的质量目标，容易传递错误的政策信号，从而使地方政府投入大量低效率的公共投资项目，导致整体经济效率和经济质量下降，为维持增速不得不进一步加大公共投资，进入恶性循环。2017 年，清华大学中国发展规划研究院针对全国县市级发展改革部门的调查发现，尽管国家和各省份已出台主体功能区规划，并明确要求限制开发区域（重点生态功能区、农产品主产区）和禁止开发区域在考核中不纳入 GDP 指标，但是仍有 14%的省份认为 GDP 指标对于限制开发区域和禁止开发区域比较重要。在过去较长时期内，一些地方政府通过投入大量的财政、税收、土地等公共资源去推动增长，最终引发一系列的负面影响，如产能过剩、过度建设、资源环境退化等问题。未来，继续维持高速增长的边际成本太大，代价过高，尤其是在资源、环境、能源等方面，是得不偿失的。适应高质量发展阶段的绩效指标体系，应突出经济活力、创新效率、民生改善和可持续发展等，在指标构建上应该体现几个转变：从数量指标转为质量指标、从规模指标转为结构指标、从过程指标转为结果指标、从物的发展指标转为人的发展指标、从“有没有”的指标转为“好不好”的指标。

第三，建设适应数字时代特征的公共治理体系。人工智能、数字经济、共享经济、平台经济等新形态的快速发展，在扩大产品供给、提升经济效率、方便群众生活的同时，也在模糊着政府和市场的边界，模糊着法律秩序、商业秩序和技术秩序的关系。新媒体和现代信息技术的蓬勃发展，提高了社会参与意识，加快了社会民主化进程，极大地提升了人民群众对民主法治、公平正义的诉求，对公共管理模式和公共政策过程提出了新的要求。网络技术的飞速发展和广泛应用，形成了与物理世界并存的网络空间，如社交、游戏、娱乐、网购等，推动了经济社会形态的网络化、网络意识形态的多样化，催生了更加复杂、多元的网络文化生态。网络空间的独特性，决定了我们不能照搬现实世界的治理规则去建构网络文化空间和运行秩序。加快建构网络和数字时代的社会秩序与规则，平衡好技术理性和价值理性，解决好道德伦理风险和法律法规风险，让数字创新更多地惠及全社会，也是未来公共治理的焦点问题。

第二节　加快全面绿色低碳转型

第一，持续优化环境规制政策体系。尽管污染防治已经取得进展，但是环境

---

① 引自约瑟夫·斯蒂格利茨在中国发展高层论坛 2019 年会上的发言，参见：https://www.cdf.org.cn/cdf2019/xwbd/8505.htm#content。

污染仍然是一个重大、复杂和长期的挑战，还需要采取更多的举措。有研究表明，环境规制可以通过推动经济增长、促进技术创新、释放人才红利和优化产业结构而促进环境福利绩效提升，规制效果则受到自然地理和社会经济因素的调节（邵帅等，2024）。针对不同地区的自然地理条件、经济社会发展基础，因地制宜、因势利导地优化环境规制政策。企业在环境治理中承载了重要的主体责任。建议推广对上市公司和投资项目的环境、社会和治理（environment，social，governance，ESG）评价，构建覆盖“事前、事中、事后”的全生命周期评价体系，引导企业绿色投资和绿色生产。在污染防治中，重点是强化工业源、移动源和生活源排放污染治理，核心是解决大气、水和土壤的污染问题，可通过调整产业布局、能源结构、运输结构、用地结构来减少大气污染物排放。完善秸秆焚烧与利用、农膜污染防治、禽畜养殖污染防治、土壤污染防治等相关政策法规，加大对农村面源污染的控制和治理。加强清洁能源利用，积极引入煤炭清洁技术利用，减少煤炭消费造成的环境污染。

第二，大力发展清洁能源。大力支持水电、风电、光伏发电等清洁能源发展，完善政策措施，推动储能技术研发和储能体系建设，解决清洁能源资源富集区与需求区分布错位的问题，实现清洁能源的有效利用。稳妥推进核电发展，妥善处理核废料，保障核电站的持续安全运行，避免核事故引发的生态环境风险。目前，我国约 70%的碳排放来自城市，城市减碳是实现“双碳”目标的关键环节。因此，未来要大力推进零碳城市建设，利用城市更新的契机，将节能减排技术广泛应用到城市生产生活设施中。

第三，提高生态环保意识。倡导居民绿色生活方式，减少过度的网购、外卖、奢侈浪费等行为，推动邮政快递业包装循环利用，减少城市垃圾产生量。在全国普遍实施生活垃圾强制分类管理，提高居民垃圾分类意识，实现生活垃圾减量化、资源化、无害化管理。但是在垃圾产生后再管理是不够的，还要持续推进固体废物源头减量和资源化利用，以更大力度推广建设“无废城市”。完善公共交通体系，提升市民公交出行体验，在全社会倡导绿色出行理念，减少城市拥堵和机动车污染。在公共政策设计中，重视运用助推机制，潜移默化地增强人们的环保理念和节水意识，促进全社会环境友好型、资源节约型生活方式的形成。

第三节　构建高质量公共服务体系

第一，建立全生命周期公共服务体系。高质量的公共服务是满足公民多样化的服务需求、促进人的全面发展、维护社会公平正义的重要手段，也是实现更高水平人类发展的重要保障。中国公共服务体系要实现从数量向质量、从规模向结构、从“有没有”向“好不好”、从“保基本兜底服务”向“全生命周期服务”的转型。联合国可持续发展议程提出了"确保包容和公平的优质教育，让全民终身享有学习机会"的目标。建立全生命周期教育服务体系的关键在于实现公共教育体系向前延伸到学前教育，解决适龄儿童"入园难""入园贵"的问题；向后延伸到高中教育和职业教育，不断提升公民的职业技能和就业能力。加快普及包括小学、初中和高中在内的十二年免费教育；在时机成熟的时候，修订《中华人民共和国义务教育法》，将九年义务教育拓展为十二年义务教育。在全社会范围内倡导终身教育，不断提升居民的知识水平和应对环境变化的能力。习近平同志指出："人民健康是民族昌盛和国家强盛的重要标志。把保障人民健康放在优先发展的战略位置，完善人民健康促进政策。"①要加快建立全生命周期的健康服务体系，加强健康教育，促进医防协同，控制慢性病危险因素，强化规范诊疗，提高居民健康水平和生活质量，提升人的生存和发展能力。

第二，建立更广覆盖、更高质量、更加均衡的公共服务体系。促进公共服务扩容、提质、升级，针对人口结构性变化前瞻规划公共服务布局。改变过去按照行政层级配置公共服务的做法，城市应按照常住人口规模来规划建设学校、医院、文化、体育等公共设施。取消外来人口在城市就学、就医、就业、参加社保方面的限制，普遍实行按照居住证享受本地公共服务。推广"总分校（院、馆）"模式，结合现代网络数字技术，促进城市教育、医疗、文化等优质公共资源向基层、向乡村辐射和延伸。大幅度提高乡村教师、医生、文化专干等的待遇水平，确保其收入不低于甚至高于城市同等职位，引导高素质人才到基层和乡村工作。通过政府补贴、购买服务、委托运营等方式，鼓励企业和社会组织参与乡村基层公共设施的运营管理，提高基层公共服务水平。统筹文化、卫生、教育、民政、社会保障、就业等行业主管部门在乡村基层的公共资源投入，避免重复建设和资源浪费，发挥资源的综合效能。补齐农村公共基础设施短板。

第三，调动市场和社会力量参与公共服务。当前，中国正在经历快速的城镇化进程，对城市基础设施建设和教育、医疗、养老等公共服务产生了巨大需求，也给公共财政带来了巨大压力，单靠政府的力量很难满足日益多元化、高质量的公共服务需求。因此，必须充分发挥市场机制在民生和社会领域的积极作用，鼓励企业和社会组织以购买服务、委托运营、特许经营、PPP 模式等方式参与公共产品和服务供给，扩大公共产品供给的规模和质量。近年来，各地政府在公共服务市场化提供机制的探索过程中，形成了大量创新案例，积累了丰富的实践经验。但是，一些与公共服务市场化相关的新问题也暴露出来。这就要求政府要健全公共服务的标准体系和监管体系，提升运用行政手段、市场手段、法律手段和经济

① 《习近平：高举中国特色社会主义伟大旗帜 为全面建设社会主义现代化国家而团结奋斗——在中国共产党第二十次全国代表大会上的报告》，https://www.gov.cn/xinwen/2022-10/25/content_5721685.htm。

手段的能力，平衡好公共服务供给中的社会效益和经济效益。在公共服务中引入市场和社会力量，政府将从直接提供者转变成监管者。但长期以来，一些地方政府习惯行政化管理方式，运用市场机制和市场手段的能力相对不足，在合同签订和执行、管理市场主体、监管服务提供等方面的能力都相对薄弱。中国当前正处于经济社会转型期，尚未形成完善的市场经济体制、成熟的行政管理体制和现代的社会形态与结构，如果政府能力与市场化机制不相适应，极易导致政府和市场双失灵。

第四，理顺民生事务中的中央和地方关系。改革开放以来，央地关系改革对于中国的经济和民生领域的发展起到了关键作用。1994 年以来的分税制改革，增强了中央政府的财政能力，对于地方政府大规模的基础设施建设也有显著的促进作用。然而，财政分权改革也导致了中央和地方财权、事权不匹配的痼疾，导致地方政府在民生领域的投入相对不足，阻碍了健康和教育等公共服务领域的发展。2018 年印发的《基本公共服务领域中央与地方共同财政事权和支出责任划分改革方案》，对于理顺中央、地方关系，提高政府保障基本公共服务的能力具有重要意义。地方政府尤其是基层政府直接面向公众提供公共产品和服务，直接与公众互动，最了解公众需求。满足人民群众美好生活需要，应充分尊重和发挥基层政府在民生和公共服务中的主体地位，并予以充分的资源和能力保障。未来，中国如何进一步理顺中央和地方的财政事权与支出责任，促进民生和公共服务领域资源下移、重心下移，更加注重发挥基层政府的作用，对于中国人类发展水平的持续提升具有重大作用。

第四节　完善促进共同富裕的制度安排

第一，促进高质量充分就业。就业是人们获得收入、保障生存与发展的基本途径。促进高质量充分就业是推动共同富裕的关键手段之一。近年来，受国内有效需求不足、人口形势出现重大转变、新一轮科技革命和产业变革深入推进等因素叠加影响，结构性的就业矛盾日益突出。党的二十大对实施就业优先战略做出重大部署，党的二十届三中全会明确把健全高质量充分就业促进机制作为重要的改革任务。2024 年 9 月发布的《中共中央 国务院关于实施就业优先战略促进高质量充分就业的意见》进一步提出了促进高质量充分就业的总体要求和重要举措[①]。要实现高质量充分就业，必须围绕增加就业机会、改善就业环境、优化就业结构、促进劳动关系和谐等多个方面做出系统性、针对性、精细化的全面改革。

---

① 《中共中央 国务院关于实施就业优先战略促进高质量充分就业的意见》，https://www.gov.cn/zhengce/202409/content_6976469.htm。

民营经济吸纳 80%以上的城镇劳动就业①，优化民营企业发展环境，有利于发挥民营企业吸纳就业的“蓄水池”和“稳定器”功能，在巩固存量就业的同时吸纳更多新增就业。青年失业率高企是全球的难题。2024 年 8 月，我国不包含在校生的 16~24 岁劳动力失业率为 18.8%。针对就业供求的结构性错配，需要从改革教育体系入手。通过优化高校学科配置、完善多层次职业教育体系、促进产教融合、重视非学历教育阶段的职业技能培训，让劳动者不仅具备当前就业所需的技能，同时具备应对未来技能需求变化的能力。截至 2021 年底，我国灵活就业人员已经达到 2 亿人②。完善这一庞大群体的社会保障和劳动保护机制，提升其劳动报酬，也至关重要。

第二，推进收入分配制度改革。完善分配制度是促进共同富裕的必然手段。党的二十大报告指出：“构建初次分配、再分配、第三次分配协调配套的制度体系。”③初次分配中，市场在资源配置中发挥决定性作用，需要以促进机会均等为核心，让劳动、资本、知识、技术、管理、数据等要素按照贡献分配。大量研究表明，我国劳动报酬在国民收入中的比重在入世后经历了先下降后上升的“U”形变化，且与发达国家相比还有较大差距（张军等，2022）。要实现提高劳动报酬占比的目标，需要高度重视影响居民劳动报酬提升的制度性因素，缩小不同群体之间的人力资本差距，消除户籍、年龄、性别等方面的就业歧视。此外，还要拓展居民的财产性收入。有调查显示，我国居民住房资产占家庭总资产的比重接近六成，但是金融资产（如股票、基金等）偏低。在房地产进入下行周期的背景下，应该加大资本市场改革力度，增强市场信息透明度，提高居民金融资产的收入。相比于初次分配，再分配要更加注重公平。有实证研究表明，党的十八大以来的再分配政策中，城乡居民基本养老保险和公共转移支付政策的改革都对居民收入分配改善产生了显著的效果，但是个税改革效果有限（唐高洁等，2023）。这意味着，未来还要进一步加大直接税体系改革，在进一步完善个人所得税制度的同时，推动出台遗产税、赠与税、房地产税，削弱社会财富两极分化的代际传递效应。党的十九届四中全会首次提出“重视发挥第三次分配作用，发展慈善等社会公益事业”。如果想充分实现第三次分配的调节作用，一方面要进一步提倡全社会“人人为我，我为人人”的文明风尚，另一方面要完善税收优惠政策，鼓励企业、社会组织通过捐赠等方式支持低收入群体和弱势群体。

第三，构建覆盖城乡居民的防止返贫致贫长效机制。改革开放 40 多年来，我

① 《国务院关于促进民营经济发展情况的报告》，http://www.npc.gov.cn/npc/c2/c30834/202406/ t20240627_437798.html。

② 《目前我国灵活就业规模达 2 亿人》，https://www.gov.cn/xinwen/2021-05/20/content_5609599.htm。

③ 《习近平：高举中国特色社会主义伟大旗帜 为全面建设社会主义现代化国家而团结奋斗——在中国共产党第二十次全国代表大会上的报告》，https://www.gov.cn/xinwen/2022-10/25/content_5721685.htm。

国 7.7 亿农村贫困人口摆脱贫困，为全球减贫事业做出了巨大贡献。在全面建成小康社会后，还需要继续巩固和提升脱贫成果，实现脱贫后不返贫，进一步降低低收入人群的致贫风险。要增强防止返贫致贫的内生动力，政府工作重点应该坚持“输血”与“造血”并重，其中重中之重就是发展教育，通过教育赋能，提升脱贫地区和低收入人群的人力资本，增强其自我发展的能力。建议在脱贫地区、少数民族地区和农村地区全面普及含小学、初中和高中阶段的十二年免费教育，由中央财政予以全额保障，并将义务教育巩固率和高中阶段毛入学率纳入脱贫地区防止返贫监测体系和绩效考核体系。大幅提高脱贫地区、少数民族地区和农村地区的教师收入水平与待遇，确保优秀的教师进得来、留得下、待得住。高度重视城市低收入群体，建立城市易致贫人群动态监测体系。

第五节　夯实高质量发展的经济基础

第一，满足多样化的消费需求，增强居民消费能力。当前，中国经济面临着持续下行的压力，依靠投资驱动增长的模式难以为继，净出口对经济增长的贡献率已经转为负数，消费尤其是高质量、供需匹配的消费将成为维持中国经济增长最稳定、最持久的动力。近年来，最终消费支出对中国经济增长贡献率逐步提高，也证实了这一点。中国最大的优势是人口规模优势，14 亿人日益增长的美好生活需要是扩大消费、推动经济持续增长的源动力。针对文化、旅游、体育、健康、养老、教育等消费热点和供给短板领域，应充分调动政府、市场和社会的力量，加大多样化、高质量的产品和服务供给，满足人民多层次的消费需求。居民收入是增强居民消费能力的基础，也是扩大居民选择自由的前提。进一步深化收入分配制度改革，增加消费者的可支配收入，其中的一部分会转化为购买力，促进消费升级，成为经济高质量增长的重要外部驱动力。

第二，尊重居民消费选择权，扩大有效消费。尊重居民消费选择权是满足居民真实消费需求、减少低质量消费、扩大有效消费的基础。要充分发挥市场机制在居民消费领域的作用，减少对居民消费行为的行政性干预和限制，尊重人民群众的消费自主选择权。当前，一些限制居民消费自由的举措，如汽车限行限购、住房限购等措施，在某种程度上无法满足居民的真实消费需求，降低了居民的消费体验，不利于居民消费的高质量发展。要逐步取消各种限制居民自主消费选择权的措施，扩大居民消费的选择自由。合理安排小长假，逐步落实带薪休假制度以及弹性工作制，还居民旅游出行的消费选择自由；逐步取消各地汽车限购、限行的规定，避免限行、限购常态化，彻底解决居民购车的问题；建议取消节假日高速公路免费通行的规定，改为降低高速公路收费费率，实现高速惠民的常态化。

第三，大力发展新质生产力。习近平指出：“新质生产力是创新起主导作用，摆脱传统经济增长方式、生产力发展路径，具有高科技、高效能、高质量特征，符合新发展理念的先进生产力质态。”[①]当前，基础研究已经日益成为推动科技革命和产业变革的重要源泉与动力。但我国基础研究投入欠缺，导致原始创新薄弱，关键核心技术受制于人的局面没有得到根本改变。未来，要更加重视基础研究的投入，在加大对于高校、科研院所基础研究支持力度的同时，通过政府预算安排激励和引导企业强化研发投入。针对高校和科研机构的专利技术仍存在质量不高、转化率较低等问题，要通过进一步深化改革，打通科技成果转化的“最后一公里”。

第四，积极应对人口发展新变化。我国人口发展已进入以少子化、老龄化、区域人口增减分化为趋势性特征的常态，对经济发展的供给侧和需求侧都带来冲击。稳住人口增长曲线是当务之急。根据第七次全国人口普查数据，2020 年我国育龄妇女总和生育率（total fertility rate, TFP）已经低至 1.3，远低于《国家人口发展规划（2016—2030 年）》设定的 1.8 的预期目标。根据联合国人口司的测算，2023 年我国总和生育率已经跌至 1.0 左右[②]。这意味着我国可能已经进入低生育率陷阱。[③]未来，有必要完全放开生育限制，加快完善生育支持政策体系和激励机制。在保持人口数量的同时，还要着力提升人口素质。2020 年，我国 25 岁以上人口平均受教育年限为 9.5 年[④]，不仅与美国 13.7 年、英国 13.4 年相比还有较大差距，也低于极高人类发展国家 12.3 年的平均水平，未来还要进一步延长国民受教育年限。与此同时，还要对治理模式、基础设施布局和资源配置进行适应性调整，以匹配人口结构变化带来的需求变革，如对公共服务设施适老化改造，消弭老年人口数字鸿沟，适应新生代消费新特征，等等。

---

① 《习近平：发展新质生产力是推动高质量发展的内在要求和重要着力点》，https://www.gov.cn/yaowen/liebiao/202405/content_6954761.htm。

② 参见：https://population.un.org/wpp/。

③ Lutz 和 Skirbekk（2005）提出，当总和生育率下降到 1.5，低生育率就会产生自我强化机制，这种机制会使生育率进一步降低并且难以回升，由此进入低生育率陷阱。

④ 根据第七次全国人口普查数据估算，高于联合国开发计划署的估算值。

参 考 文 献

包玉香, 李玉江. 2009. 基于人类发展指数(HDI)的聚类分析: 以山东省109个市直辖区、县和县级市为例. 商场现代化, (14): 158-160.

蔡昉. 2022. 打破"生育率悖论". 经济学动态, (1): 3-13.

陈纯槿, 顾小清. 2018. 义务教育年限延长与基础教育发展: 基于 PISA 2015 数据的实证研究. 华东师范大学学报(教育科学版), 36(5): 71-82, 167-168.

陈杰, 卢洁玉, 朱红根. 2023. 内生动力对城乡相对贫困的影响: 基于"智"与"志"的分析. 财贸研究, (6): 21-30.

陈梦根, 侯园园. 2024. 中国经济增长动力结构变迁: 2000—2019. 经济研究, 59(1): 53-71.

陈志钢, 毕洁颖, 吴国宝, 等. 2019. 中国扶贫现状与演进以及2020年后的扶贫愿景和战略重点. 中国农村经济, (1): 2-16.

崔红艳, 徐岚, 李睿. 2013. 对2010年人口普查数据准确性的估计. 人口研究, 37(1): 10-21.

戴珊珊. 2007. 中国人类发展指数及其与政府支出的相关分析. 经济体制改革, (3): 40-43.

丁杰, 武继磊. 2008. 我国区域残疾现患率与人类发展指数相关性研究. 人口与发展, (5): 92-99.

杜宇, 吴传清. 2020. 中国南北经济差距扩大: 现象、成因与对策. 安徽大学学报(哲学社会科学版), 44(1): 148-156.

冯怡琳, 邸建亮. 2017. 对中国多维贫困状况的初步测算: 基于全球多维贫困指数方法. 调研世界, (12): 3-7, 52.

耿思敏, 刘定湘, 夏朋. 2022. 从国内外对比分析看我国用水效率水平. 水利发展研究, 22(8): 77-82.

龚璞, 杨永恒. 2016. 地方公共支出结构对我国区域综合发展的影响研究. 经济学报, 3(3): 43-60.

龚琪, 薛丽洋, 潘峰, 等. 2012. 生态足迹和人类发展指数的兰州市可持续发展分析. 西安科技大学学报, 32(1): 70-75.

谷民崇. 2013. 公共服务支出对人类发展指数影响的逻辑思考与实证检验. 社会科学辑刊, (4): 51-56.

郭婧, 汪昊. 2024. 城乡居民的税收负担: 财政归宿分析. 经济研究, 59(5): 77-96.

郭凯明, 罗章权, 杭静. 2023. 中国劳动生产率的国际比较与远景展望(1992—2035). 经济学(季刊), 23(6): 2194-2212.

郭燕, 李家家, 杜志雄. 2022. 城乡居民收入差距的演变趋势: 国际经验及其对中国的启示. 世界农业, (6): 5-17.

国家发展和改革委员会就业收入分配和消费司, 北京师范大学中国收入分配研究院. 2023. 中国居民收入分配年度报告(2022). 北京: 社会科学文献出版社.

侯启缘. 2024. 超大城市相对贫困治理: 学理探析与国际经验. 上海交通大学学报(哲学社会科学版), 32(6): 34-47.

胡鞍钢, 王洪川, 魏星. 2013. 中国各地区人类发展: 大进步与大趋同(1980—2010). 清华大学学报(哲学社会科学版), 28(5): 55-68, 159-160.

胡广宇, 谢学勤, 郭默宁, 等. 2012. 北京市"十二五"人均期望寿命预测与分析. 中国卫生政策研究, 5(4): 63-67.

胡联, 吉路涵, 汪三贵. 2024. 共同富裕背景下女性多维贫困变动及分解. 财经问题研究, (10): 105-116.

黄君洁. 2009. 地区差距、财政支出分权与人类发展: 基于中国的经验研究. 山西财经大学学报, 31(10): 35-44.

黄荣清, 曾宪新. 2013. "六普"报告的婴儿死亡率误差和实际水平的估计. 人口研究, 37(2): 3-16.

霍景东, 夏杰长. 2005. 公共支出与人类发展指数: 对中国的实证分析: 1990—2002. 财经论丛(浙江财经学院学报), (4): 7-10.

蒋庆琅. 1984. 寿命表及其应用. 方积乾, 译. 上海: 上海翻译出版公司.

李春风, 刘建江, 陈先意. 2014. 房价上涨对我国城镇居民消费的挤出效应研究. 统计研究, 31(12): 32-40.

李春玲. 2014. 教育不平等的年代变化趋势(1940—2010): 对城乡教育机会不平等的再考察. 社会学研究, 29(2): 65-89, 243.

李东燕. 2020. 联合国"大议程化": 构建包容性的全球合作框架. 世界经济与政治, (6): 55-74, 157-158.

李红. 2007. 谈人类发展指数的理论评价与应用. 经济问题, (5): 14-15.

李红波, 张小林. 2012. 城乡统筹背景的空间发展: 村落衰退与重构. 改革, (1): 148-153.

李建伟, 钱诚. 2020-10-15. 未来十年我国劳动力供求趋势分析. 经济日报 中央级(10).

李晶. 2007. 在污染的迷雾中发展?——污染敏感的人类发展指数及其实证分析.经济科学, (4): 94-108.

李晶, 李晓颖. 2012. 基于空间距离法的区域人类发展指数. 统计研究, 29(1): 61-67.

李立男, 赵润泽. 2009. 大连市人类发展指数的测量与分析. 大连大学学报, 30(2): 120-123.

李培林. 2017. 怎样界定中等收入群体更准确?. 经济研究信息, (7): 22-24.

李善同, 何建武, 唐泽地. 2019. 从价值链分工看中国经济发展南北差距的扩大. 中国经济报告, (2): 16-21.

李晓西, 刘一萌, 宋涛. 2014. 人类绿色发展指数的测算. 中国社会科学, (6): 69-95, 207-208.

梁辉. 2013. 从人类发展指数看湖北省人口、资源、环境的协调发展. 湖北社会科学, (12): 65-69.

刘彦龙, 王彦平. 2017. 中央财政转移支付与甘肃可持续发展: 基于HDI的测度分析. 社科纵横, 32(12): 41-44.

刘远立. 2019. 中国老年健康研究报告(2018). 北京: 社会科学文献出版社.

刘兆征. 2008. 我国城乡基本公共服务均等化问题探讨. 兰州商学院学报, 24(5): 41-44.

柳建坤, 何晓斌. 2024. 中国家庭财富不平等的趋势、来源与驱动机制(2010—2020). 社会学研究, 39(4): 158-180.

陆康强. 2012. 要素均衡: 人类发展指数的算法改进与实证研究. 统计研究, 29(10): 45-51.
路磊, 郝虹生, 高凌. 1994. 1990 年中国分省简略生命表. 人口研究, (3): 52-59.
罗楚亮, 李实, 岳希明. 2021. 中国居民收入差距变动分析(2013—2018). 中国社会科学, (1): 33-54, 204-205.
吕冰洋, 詹静楠, 李钊. 2021. 中国税收负担: 孰轻孰重?. 中国税务年鉴, (1): 616-621.
马磊. 2018. 我国劳动收入差异影响因素研究: 基于“中国民生调查”2014—2017 年数据的分析. 重庆理工大学学报(社会科学版), 32(10): 1-13.
茅于轼. 2009. 从 GDP 到人类发展指数 HDI. 民主与科学, (3): 34-35.
宁光杰. 2011. 中国的工资性别差距及其分解: 性别歧视在多大程度上存在?. 世界经济文汇, (2): 19-34, 86.
亓昕, 马金, 高杏华, 等. 1999. 我国 1995 年各省市分性别简略生命表编制(续一). 人口与经济, (6): 61-62.
乔晓春. 2019. 养老产业为何兴旺不起来?. 社会政策研究, (2): 7-21.
邱国华, 沈百福. 2005. 关于入学率与平均预期受教育年限的思考. 高教发展与评估, (2): 40-45.
任栋, 吴翔, 曹改改. 2020. 中国各地人类发展水平的测度与影响因素分析. 中国人口科学, (1): 41-52, 127.
任媛, 谢学仁. 2011. 人类发展指数的解析及应用: 基于山西省各地市的测算与比较. 西北人口, 32(4): 63-66, 70.
邵帅, 葛力铭, 朱佳玲. 2024. 人与自然何以和谐共生: 地理要素视角下的环境规制与环境福利绩效. 管理世界, 40(8): 119-146.
沈扬扬, Alkire S, 詹鹏. 2018. 中国多维贫困的测度与分解. 南开经济研究, (5): 3-18.
盛来运, 郑鑫, 周平, 等. 2018. 我国经济发展南北差距扩大的原因分析. 管理世界, 34(9): 16-24.
宋洪远, 马永良. 2004. 使用人类发展指数对中国城乡差距的一种估计. 经济研究, 39(11):4-15.
宋健, 张洋. 2015. 婴儿死亡漏报对平均预期寿命的影响及区域差异. 人口研究, 39(3): 18-33.
孙伟增, 罗党论, 郑思齐, 等. 2014. 环保考核、地方官员晋升与环境治理: 基于 2004—2009 年中国 86 个重点城市的经验证据. 清华大学学报(哲学社会科学版), 29(4): 49-62, 171.
覃成林, 罗庆. 2004. 中国区域人类发展差异研究. 经济经纬, 21(6): 49-51, 86.
谭琳. 2013. 2008～2012 年: 中国性别平等与妇女发展报告. 北京: 社会科学文献出版社.
唐高洁, 闫东艺, 冯帅章. 2023. 走向共同富裕: 再分配政策对收入分布的影响分析. 经济研究, 58(3): 23-39.
田辉, 孙剑平, 朱英明. 2007. 东部六省市可持续发展状况: 基于人类发展指数(HDI)的研究. 统计与决策, 23(16): 74-76.
汪毅霖. 2009. 将政治文明嵌入人类发展指数的原理、方法和测量: 基于主成分分析和自由发展的视角. 中共南京市委党校学报, (5): 34-43.
汪毅霖. 2011. 人类发展指数测度方法的改进路径与方向: 基于 HDR2010 和中国经验分析的思考. 西部论坛, 21(4): 35-45.
汪毅霖. 2012. 生态人类发展指数的原理、构建和应用: 基于 HDI2010 新方法的中国区域间人类发展差距测算. 西部论坛, 22(4): 70-79.
王爱丽. 2023. 黑龙江社会发展报告(2023). 北京: 社会科学文献出版社.
王昌林. 2020. 国民经济和社会发展五年规划(计划)制定和实施的主要历程、重要作用、宝贵经验与建议. [2024-11-12]. http://www.npc.gov.cn/c2/c30834/202010/t20201020_308360.html.
王红帅, 董战峰. 2020. 联合国可持续发展目标的评估与落实研究最新进展: 目标关系的视角. 中国环境管理, 12(6): 88-94.
王金营, 戈艳霞. 2013. 2010 年人口普查数据质量评估以及对以往人口变动分析校正. 人口研究, 37(1): 22-33.
王培安. 2016. 全面实施健康扶贫工程. 行政管理改革, (4): 36-41.
王青, 金春. 2018. 中国城市群经济发展水平不平衡的定量测度. 数量经济技术经济研究, 35(11): 77-94.
王升, 吴群琪. 2011. 交通基础设施建设与人类发展指数关系的统计检验. 统计与决策, 27(16): 81-83.
王圣云, 罗玉婷, 韩亚杰, 等. 2018. 中国人类福祉地区差距演变及其影响因素: 基于人类发展指数(HDI)的分析. 地理科学进展, 37(8): 1150-1158.
王玉振, Gorobets A. 2012. 人类发展指数的修正与可持续发展的替代指标. 中国环境管理, (1): 59-65.
吴殿廷. 2001. 试论中国经济增长的南北差异. 地理研究, (2): 238-246.
吴瑞君, 朱宝树. 2016. 中国人口的非均衡分布与“胡焕庸线”的稳定性. 中国人口科学, (1): 14-24, 126.
吴雪明. 2004. 中国经济和社会还需协调发展: 中国人类发展指数和人均 GDP 排名变化的动态考察. 社会观察, (10): 16-17.
鲜祖德, 巴运红, 成金璟. 2021. 联合国2030年可持续发展目标指标及其政策关联研究. 统计研究, 38(1): 4-14.
肖巍. 2016. 从发展权利到可持续发展议程: 写在《发展权利宣言》30 周年之际. 毛泽东邓小平理论研究, (7): 80-86, 92.
徐奇渊, 孙靓莹. 2015. 联合国发展议程演进与中国的参与. 世界经济与政治, (4): 43-66, 155-156.
徐志明. 2021. 沿海发达地区农村相对贫困治理的实践探索与理论创新. 江海学刊, (5): 138-145.
杨明洪, 黄平. 2020. 南北差距中的结构效应及空间差异性测度. 经济问题探索, (5): 1-13.
杨伟民. 1997. 对我国欠发达地区的界定及其特征分析. 经济改革与发展, (4): 52-56.
杨伟民. 2010. 发展规划的理论和实践. 北京: 清华大学出版社.
杨伟民. 2019. 中国人类发展报告特别版序言 2//杨永恒, 等. 中国人类发展报告特别版: 历史转型中的中国人类发展 40 年: 迈向可持续未来. 北京: 中译出版社.
杨永恒. 2012. 发展规划: 理论、方法和实践. 北京: 清华大学出版社.
杨永恒. 2020. “十三五”回顾与“十四五”前瞻. 人民论坛, (29): 96-101.
杨永恒, 陈升. 2019. 现代治理视角下的发展规划: 理论、实践和前瞻. 北京: 清华大学出版社.
杨永恒, 等. 2019. 中国人类发展报告特别版: 历史转型中的中国人类发展40年: 迈向可持续未来. 北京: 中译出版社.
杨永恒, 胡鞍钢, 张宁. 2005. 基于主成分分析法的人类发展指数替代技术. 经济研究, 40(7): 4-17.
杨永恒, 胡鞍钢, 张宁. 2006. 中国人类发展的地区差距和不协调: 历史视角下的"一个中国, 四个世界". 经济学(季刊), 5(3): 803-816.
叶江. 2016. 联合国"千年发展目标"与"可持续发展目标"比较刍议. 上海行政学院学报, 17(6): 37-45.
叶兴庆, 殷浩栋. 2019. 从消除绝对贫困到缓解相对贫困: 中国减贫历程与 2020 年后的减贫战略. 改革, (12): 5-15.
於嘉. 2019. 性别差异//谢宇, 张晓波, 涂平, 等. 中国民生发展报告 2018～2019. 北京: 社会科学文献出版社.
原梦, 童绍玉. 2012. 基于人类发展指数的楚雄州社会发展状态分析. 云南财经大学学报(社会科学版), 27(4): 99-103.
张剑, 柳小妮, 谭忠厚, 等. 2012. 基于 GIS 的中国南北地理气候分界带模拟. 兰州大学学报(自然科学版), 48(3): 28-33.
张劲. 1999. 人类发展指数浅析以及启示. 山东经济, (2): 7-9, 31.
张军, 张席斌, 张丽娜. 2022. 中国劳动报酬份额变化的动态一般均衡分析. 经济研究, 57(7): 26-44.
张美云. 2016. 人类发展指数研究前沿探析及未来展望. 改革与战略, 32(7): 33-36, 118.
张文娟, 付敏. 2022. 中国老年人的多维贫困及其变化趋势. 人口研究, 46(4): 55-68.
张莹. 2014. 城乡公共服务均等化制度障碍与破解: 基于社会结构和治理能力的视角. 人民论坛, (34): 155-157.
赵志强, 叶蜀君. 2005. 东中西部地区差距的人类发展指数估计. 华东经济管理, (12): 22-25.
周慧珺, 傅春杨, 龚六堂. 2024. 就业政策如何影响收入分配?——基于量化空间一般均衡模型的理论分析. 管理世界, 40(1): 38-63.
周脉耕, 李镒冲, 王海东, 等. 2016. 1990—2015 年中国分省期望寿命和健康期望寿命分析. 中华流行病学杂志, 37(11): 1439-1443.
周绍杰, 王洪川, 苏杨. 2015. 中国人如何能有更高水平的幸福感: 基于中国民生指数调查. 管理世界, 31(6): 8-21.
朱成全, 李立男. 2009. 大连市新人类发展指数的选取、测量与提升对策. 辽宁师范大学学报(社会科学版), 32(5): 19-26.
朱小玉, 杨宜勇. 2020. 社会保险费率国际比较: 全球水平、内在差异与经验借鉴. 税务研究, (5): 25-31.
Alkire S, Foster J E. 2010. Designing the inequality-adjusted human development index. New York: UNDP.
Anand S, Ravallion M. 1993. Human development in poor countries: on the role of private incomes and public services. Journal of Economic Perspectives, 7(1): 133-150.
Anand S, Sen A. 1995. Gender inequality in human development: theories and measurement. New

York: UNDP.

Barro R J, Lee J W. 2001. International data on educational attainment: updates and implications. Oxford Economic Papers, 53(3): 541-563.

Barro R J, Lee J W. 2013. A new data set of educational attainment in the world, 1950-2010. Journal of Development Economics, 104: 184-198.

Bilbao-Ubillos J. 2013a. The limits of human development index: the complementary role of economic and social cohesion, development strategies and sustainability. Sustainable Development, 21(6): 400-412.

Bilbao-Ubillos J. 2013b. Another approach to measuring human development: the composite dynamic human development index. Social Indicators Research, 111: 473-484.

Bravo G. 2014. The human sustainable development index: new calculations and a first critical analysis. Ecological Indicators, 37: 145-150.

Bray F, Ferlay J, Soerjomataram I, et al. 2018. Global cancer statistics 2018: GLOBOCAN estimates of incidence and mortality worldwide for 36 cancers in 185 countries. [2024-11-12]. https://jzyxyjy.jnmc.edu.cn/2018/0914/c1335a38575/page.htm.

Campos-Vázquez R M, Vélez-Grajales R. 2012. Did population well-being improve during porfirian Mexico? A regional analysis using a quasi-human development index. Journal of Human Development and Capabilities, 13(4): 597-620.

Canning D, French D, Moore M. 2013. Non-parametric estimation of data dimensionality prior to data compression: the case of the human development index. Journal of Applied Statistics, 40(9): 1853-1863.

Carlucci F, Pisani S. 1995. A multiattribute measure of human development. Social Indicators Research, 36(2): 145-176.

Chakravarty S R. 2003. A generalized human development index. Review of Development Economics, 7(1): 99-114.

Chen Y Y, Ebenstein A, Greenstone M, et al. 2013. Evidence on the impact of sustained exposure to air pollution on life expectancy from China's Huai River policy. [2024-11-12]. https://www.sem.tsinghua.edu.cn/__local/E/57/81/54AE6F92C15118CDE3847E42493_4D0AC771_5394B.pdf?e=.pdf.

Chowdhury S, Squire L. 2006. Setting weights for aggregate indices: an application to the commitment to development index and human development index. The Journal of Development Studies, 42(5): 761-771.

Cohen D, Soto M. 2007. Growth and human capital: good data, good results. Journal of Economic Growth, 12(1): 51-76.

Costantini V, Monni S. 2005. Sustainable human development for European countries. Journal of Human Development, 6(3): 329-351.

Davies A. 2009. Human development and the optimal size of government. The Journal of Socio-Economics, 38(2): 326-330.

Desai M. 1995. Greening of the HDI?//McGillivray A. Accounting for Change: Papers from an International Seminar, Toynbee Hall, October 1994. London: The New Economics Foundation: 21-36.

Despotis D K. 2005. A reassessment of the human development index via data envelopment analysis. Journal of the Operational Research Society, 56(8): 969-980.

Ebenstein A, Fan M Y, Greenstone M, et al. 2017. New evidence on the impact of sustained exposure to air pollution on life expectancy from China's Huai River policy. Proceedings of the National Academy of Sciences of the United States of America, 114(39): 10384-10389.

Escosura L. 2010. Improving human development: a long-run view. Journal of Economic Surveys, 24(5): 841-894.

Felice E, Vasta M. 2015. Passive modernization? The new human development index and its components in Italy's regions (1871-2007). European Review of Economic History, 19(1): 44-66.

Filmer D, Pritchett L. 1999. The impact of public spending on health: does money matter?. Social Science & Medicine, 49(10): 1309-1323.

Foster J E, Lopez-Calva L F, Szekely M. 2005. Measuring the distribution of human development: methodology and an application to Mexico. Journal of Human Development, 6(1): 5-25.

Gerring J, Thacker S C, Alfaro R. 2012. Democracy and human development. The Journal of Politics, 74(1): 1-17.

Grimm M, Harttgen K, Klasen S, et al. 2008. A human development index by income groups. World Development, 36(12): 2527-2546.

Gupta S, Verhoeven M, Tiongson E R. 2002. The effectiveness of government spending on education and health care in developing and transition economies. European Journal of Political Economy, 18(4): 717-737.

Harttgen K, Klasen S. 2011. A human development index by internal migrational status. Journal of Human Development and Capabilities, 12(3): 393-424.

Harttgen K, Klasen S. 2012. A household-based human development index. World Development, 40(5): 878-899.

Hicks D A. 1997. The inequality-adjusted human development index: a constructive proposal. World Development, 25(8): 1283-1298.

Indrayan A, Wysocki M J, Chawla A, et al. 1999. 3-decade trend in human development index in India and its major states. Social Indicators Research, 46(1): 91-120.

Ivanova I, Arcelus F J, Srinivasan G. 1999. An assessment of the measurement properties of the human development index. Social Indicators Research, 46(2): 157-179.

Jiang M, Behrens P, Lyu L, et al. 2023. Additional north-south differences in China revealed by the planetary pressure-adjusted human development index. Resources, Conservation and Recycling, 198: 107191.

Kelley A C. 1991. The human development index: "handle with care". Population and Development

Review, 17(2): 315.

Klugman J, Rodríguez F, Choi H J. 2011. The HDI 2010: new controversies, old critiques. The Journal of Economic Inequality, 9(2): 249-288.

Lai D J. 2003. Principal component analysis on human development indicators of China. Social Indicators Research, 61(3): 319-330.

Lee K S, Park S C, Khoshnood B, et al. 1997. Human development index as a predictor of infant and maternal mortality rates. The Journal of Pediatrics, 131(3): 430-433.

Lewis W A. 1955. The Theory of Economic Growth. Homewood: Richard D. Irwin, INC.

Lind N. 2010. A calibrated index of human development. Social Indicators Research, 98(2): 301-319.

Lopez-Calva L F, Ortiz-Juarez E. 2012. A household-based distribution-sensitive human development index: an empirical application to Mexico, Nicaragua and Peru. Social Indicators Research, 109(3): 395-411.

Lutz W, Skirbekk V. 2005. Policies addressing the tempo effect in low-fertility countries. Population and Development Review, 31(4): 699-720.

Morse S. 2003. Greening the united nations' human development index?. Sustainable Development, 11(4): 183-198.

Neumayer E. 2012. Human development and sustainability. Journal of Human Development and Capabilities, 13(4): 561-579.

Noorbakhsh F. 1998a. The human development index: some technical issues and alternative indices. Journal of International Development, 10(5): 589-605.

Noorbakhsh F. 1998b. A modified human development index. World Development, 26(3): 517-528.

Permanyer I, Esteve-Palos A, Garcia J, et al. 2015. Human development index-like small area estimates for Africa computed from IPUMS-international integrated census microdata. Journal of Human Development and Capabilities, 16(2): 245-271.

Rajkumar A S, Swaroop V. 2008. Public spending and outcomes: does governance matter?. Journal of Development Economics, 86(1): 96-111.

Ranis G, Stewart F, Ramirez A. 2000. Economic growth and human development. World Development, 28(2): 197-219.

Ranis G, Stewart F, Samman E. 2006. Human development: beyond the human development index. Journal of Human Development, 7(3): 323-358.

Ravallion M. 1997. Good and bad growth: the human development reports. World Development, 25(5): 631-638.

Ravallion M. 2012. Troubling tradeoffs in the human development index. Journal of Development Economics, 99(2): 201-209.

Ray D. 1998. Development Economics. Princeton: Princeton University Press.

Rende S, Donduran M. 2013. Neighborhoods in development: human development index and self-organizing maps. Social Indicators Research, 110(2): 721-734.

Sagar A D, Najam A. 1998. The human development index: a critical review. Ecological Economics,

25(3): 249-264.

Salas-Bourgoin M A. 2014. A proposal for a modified human development index. CEPAL Review, 2014(112): 29-44.

Sanusi Y A. 2008. Application of human development index to measurement of deprivations among urban households in Minna, Nigeria. Habitat International, 32(3): 384-398.

Sen A. 2000. Development as Freedom. New York: Anchor.

Sharma H, Sharma D. 2015. Human development index: revisited: integration of human values. Journal of Human Values, 21(1): 23-36.

Shi Y, Zhang L, Ma Y, et al. 2015. Dropping out of rural China's secondary schools: a mixed-methods analysis. The China Quarterly, 224: 1048-1069.

Srinivasan T N. 1994. Human development: a new paradigm or reinvention of the wheel?. American Economic Review, 84(2): 238-243.

Stapleton L M, Garrod G D. 2007. Keeping things simple: why the human development index should not diverge from its equal weights assumption. Social Indicators Research, 84(2): 179-188.

Talhelm T, Zhang X, Oishi S, et al. 2014. Large-scale psychological differences within China explained by rice versus wheat agriculture. Science, 344(6184): 603-608.

Tang K L. 1999. Social development in China: progress and problems. Journal of Contemporary Asia, 29(1): 95-108.

Tanzi V, Schuknecht L. 1997. Reconsidering the fiscal role of government: the international perspective. The American Economic Review, 87(2): 164-168.

Todaro M P. 1981. Economic Development in the Third World. 2nd ed. London: Longman Publishing Group.

Wu P C, Fan C W, Pan S C. 2014. Does human development index provide rational development rankings? Evidence from efficiency rankings in super efficiency model. Social Indicators Research, 116(2): 647-658.

Yang Y H, Hu A G. 2008. Investigating regional disparities of China's human development with cluster analysis: a historical perspective. Social Indicators Research, 86: 417-432.

Zambrano E. 2014. An axiomatization of the human development index. Social Choice and Welfare, 42(4): 853-872.

附录 1　全国省级、地级人类发展指数及分项指数（2020 年）

附表 1　全国省级、地级人类发展指数及分项指数（2020 年）

地区	HDI	预期寿命指数	教育指数	GNI 指数	常住人口/万人
北京市	0.890	0.961	0.820	0.893	2 189.31
天津市	0.841	0.943	0.769	0.820	1 386.60
河北省	0.762	0.888	0.703	0.708	7 461.02
石家庄市	0.778	0.892	0.731	0.722	1 123.51
唐山市	0.799	0.886	0.712	0.808	771.80
秦皇岛市	0.778	0.904	0.720	0.725	313.69
邯郸市	0.745	0.886	0.693	0.675	941.40
邢台市	0.732	0.888	0.689	0.641	711.11
保定市	0.740	0.886	0.696	0.657	924.26
张家口市	0.742	0.874	0.694	0.675	411.89
承德市	0.751	0.877	0.690	0.701	335.44
沧州市	0.757	0.878	0.689	0.716	730.08
廊坊市	0.780	0.889	0.717	0.744	546.41
衡水市	0.743	0.886	0.695	0.668	421.29
山西省	0.774	0.891	0.726	0.717	3 491.56
太原市	0.822	0.915	0.776	0.781	530.41
大同市	0.761	0.882	0.718	0.695	310.56
阳泉市	0.775	0.874	0.728	0.732	131.85
长治市	0.766	0.860	0.721	0.725	318.09
晋城市	0.779	0.862	0.730	0.753	219.45
朔州市	0.786	0.891	0.715	0.762	159.34
晋中市	0.761	0.882	0.723	0.692	337.95
运城市	0.749	0.882	0.725	0.657	477.45
忻州市	0.748	0.883	0.704	0.674	268.97
临汾市	0.748	0.865	0.721	0.672	397.65
吕梁市	0.756	0.878	0.705	0.699	339.84
内蒙古自治区	0.782	0.886	0.703	0.768	2 404.92
呼和浩特市	0.802	0.882	0.743	0.788	344.61

续表

地区	HDI	预期寿命指数	教育指数	GNI 指数	常住人口/万人
包头市	0.817	0.912	0.726	0.823	270.94
乌海市	0.805	0.874	0.729	0.820	55.66
赤峰市	0.738	0.851	0.681	0.693	403.60
通辽市	0.745	0.862	0.691	0.695	287.32
鄂尔多斯市	0.818	0.858	0.713	0.893	215.36
呼伦贝尔市	0.761	0.866	0.709	0.719	224.29
巴彦淖尔市	0.763	0.880	0.688	0.732	153.87
乌兰察布市	0.746	0.878	0.668	0.707	170.63
兴安盟	0.735	0.863	0.682	0.674	141.69
锡林郭勒盟	0.784	0.882	0.704	0.777	110.71
阿拉善盟	0.817	0.878	0.738	0.842	26.24
辽宁省	0.791	0.903	0.742	0.738	4 259.14
沈阳市	0.826	0.938	0.779	0.771	902.78
大连市	0.835	0.946	0.759	0.810	745.08
鞍山市	0.785	0.914	0.735	0.720	332.54
抚顺市	0.761	0.865	0.733	0.695	173.19
本溪市	0.798	0.923	0.742	0.742	132.60
丹东市	0.761	0.926	0.720	0.661	218.84
锦州市	0.776	0.951	0.726	0.677	270.39
营口市	0.778	0.888	0.724	0.733	232.86
阜新市	0.753	0.910	0.735	0.639	164.73
辽阳市	0.781	0.908	0.730	0.719	160.46
盘锦市	0.822	0.915	0.751	0.808	138.97
铁岭市	0.738	0.911	0.708	0.624	238.83
朝阳市	0.737	0.885	0.709	0.638	287.29
葫芦岛市	0.748	0.908	0.717	0.644	243.42
吉林省	0.782	0.899	0.743	0.715	2 407.35
长春市	0.817	0.919	0.761	0.780	906.69
吉林市	0.765	0.908	0.744	0.662	362.37
四平市	0.737	0.908	0.726	0.606	181.47
辽源市	0.762	0.914	0.725	0.669	99.69
通化市	0.755	0.892	0.735	0.657	130.28
白山市	0.772	0.892	0.741	0.694	95.19
松原市	0.731	0.877	0.714	0.623	225.30
白城市	0.730	0.880	0.712	0.622	155.14

续表

地区	HDI	预期寿命指数	教育指数	GNI 指数	常住人口/万人
延边朝鲜族自治州	0.777	0.938	0.755	0.661	198.63
黑龙江省	0.767	0.896	0.731	0.689	3 185.01
哈尔滨市	0.793	0.937	0.742	0.718	1 000.99
齐齐哈尔市	0.746	0.915	0.719	0.632	406.75
鸡西市	0.758	0.896	0.725	0.671	150.21
鹤岗市	0.757	0.881	0.732	0.671	89.13
双鸭山市	0.758	0.882	0.724	0.681	120.88
大庆市	0.810	0.906	0.745	0.789	278.16
伊春市	0.774	0.966	0.737	0.651	87.89
佳木斯市	0.757	0.886	0.731	0.670	215.65
七台河市	0.742	0.891	0.723	0.635	68.96
牡丹江市	0.757	0.896	0.731	0.663	229.02
黑河市	0.770	0.892	0.727	0.705	128.64
绥化市	0.730	0.877	0.697	0.638	375.62
大兴安岭地区	0.775	0.901	0.749	0.690	33.13
上海市	0.885	0.962	0.813	0.886	2 487.09
江苏省	0.826	0.913	0.729	0.848	8 474.80
南京市	0.879	0.983	0.779	0.889	931.47
无锡市	0.868	0.972	0.751	0.895	746.21
徐州市	0.795	0.900	0.712	0.786	908.38
常州市	0.858	0.966	0.744	0.877	527.81
苏州市	0.865	0.974	0.748	0.888	1 274.83
南通市	0.841	0.972	0.715	0.858	772.66
连云港市	0.790	0.885	0.727	0.767	459.94
淮安市	0.794	0.888	0.706	0.798	455.62
盐城市	0.792	0.889	0.697	0.800	670.96
扬州市	0.818	0.890	0.713	0.861	455.98
镇江市	0.829	0.904	0.733	0.860	321.04
泰州市	0.811	0.894	0.708	0.843	451.28
宿迁市	0.780	0.887	0.709	0.754	498.62
浙江省	0.815	0.926	0.715	0.819	6 456.76
杭州市	0.860	0.968	0.759	0.865	1 193.60
宁波市	0.840	0.953	0.723	0.861	940.43
温州市	0.797	0.951	0.693	0.768	957.29
嘉兴市	0.825	0.963	0.708	0.822	540.09

续表

地区	HDI	预期寿命指数	教育指数	GNI 指数	常住人口/万人
湖州市	0.823	0.974	0.707	0.812	336.76
绍兴市	0.832	0.957	0.717	0.838	527.10
金华市	0.795	0.930	0.712	0.759	705.07
衢州市	0.788	0.920	0.691	0.769	227.62
舟山市	0.830	0.931	0.715	0.858	115.78
台州市	0.797	0.936	0.689	0.784	662.29
丽水市	0.786	0.938	0.693	0.746	250.74
安徽省	0.767	0.892	0.678	0.747	6 102.72
合肥市	0.822	0.919	0.728	0.831	936.99
芜湖市	0.806	0.932	0.684	0.823	364.44
蚌埠市	0.767	0.885	0.680	0.749	329.64
淮南市	0.747	0.885	0.679	0.695	303.35
马鞍山市	0.799	0.912	0.681	0.820	215.99
淮北市	0.760	0.877	0.682	0.733	197.03
铜陵市	0.774	0.900	0.662	0.778	131.17
安庆市	0.761	0.882	0.676	0.739	416.53
黄山市	0.773	0.901	0.682	0.751	133.06
滁州市	0.788	0.900	0.700	0.777	398.71
阜阳市	0.723	0.885	0.651	0.656	820.03
宿州市	0.745	0.888	0.691	0.674	532.45
六安市	0.737	0.885	0.673	0.672	439.37
亳州市	0.717	0.857	0.647	0.665	499.68
池州市	0.761	0.885	0.661	0.753	134.28
宣城市	0.770	0.908	0.668	0.752	250.01
福建省	0.806	0.900	0.704	0.826	4 154.01
福州市	0.827	0.915	0.729	0.847	829.13
厦门市	0.845	0.937	0.756	0.851	516.40
莆田市	0.795	0.931	0.685	0.789	321.07
三明市	0.809	0.923	0.689	0.831	248.65
泉州市	0.807	0.899	0.696	0.840	878.23
漳州市	0.788	0.899	0.680	0.802	505.43
南平市	0.784	0.908	0.684	0.775	268.06
龙岩市	0.802	0.894	0.698	0.826	272.36
宁德市	0.785	0.903	0.676	0.791	314.68
江西省	0.766	0.887	0.690	0.734	4 518.86

续表

地区	HDI	预期寿命指数	教育指数	GNI 指数	常住人口/万人
南昌市	0.815	0.926	0.724	0.807	625.50
景德镇市	0.760	0.868	0.685	0.739	161.90
萍乡市	0.770	0.900	0.702	0.723	180.48
九江市	0.763	0.838	0.692	0.765	460.03
新余市	0.794	0.909	0.696	0.791	120.25
鹰潭市	0.784	0.862	0.703	0.794	115.42
赣州市	0.744	0.877	0.689	0.683	897.00
吉安市	0.750	0.880	0.676	0.708	446.92
宜春市	0.749	0.838	0.688	0.729	500.77
抚州市	0.742	0.880	0.672	0.692	361.49
上饶市	0.741	0.880	0.678	0.681	649.11
山东省	0.792	0.910	0.711	0.768	10 152.75
济南市	0.830	0.917	0.749	0.833	920.24
青岛市	0.844	0.945	0.749	0.851	1 007.17
淄博市	0.806	0.916	0.733	0.781	470.41
枣庄市	0.750	0.869	0.696	0.697	385.56
东营市	0.845	0.939	0.743	0.865	219.35
烟台市	0.829	0.932	0.733	0.833	710.21
潍坊市	0.788	0.912	0.717	0.747	938.67
济宁市	0.773	0.910	0.699	0.725	835.79
泰安市	0.770	0.908	0.703	0.715	547.22
威海市	0.833	0.953	0.736	0.824	290.65
日照市	0.785	0.915	0.697	0.759	296.84
临沂市	0.747	0.892	0.674	0.694	1 101.84
德州市	0.765	0.878	0.700	0.727	561.12
聊城市	0.751	0.895	0.699	0.676	595.21
滨州市	0.774	0.892	0.693	0.751	392.86
菏泽市	0.748	0.923	0.668	0.679	879.59
河南省	0.765	0.886	0.696	0.727	9 936.55
郑州市	0.832	0.932	0.760	0.812	1 260.06
开封市	0.750	0.869	0.682	0.711	482.40
洛阳市	0.789	0.888	0.717	0.771	705.67
平顶山市	0.763	0.896	0.696	0.712	498.71
安阳市	0.750	0.890	0.688	0.688	547.76
鹤壁市	0.772	0.882	0.698	0.748	156.60

续表

地区	HDI	预期寿命指数	教育指数	GNI 指数	常住人口/万人
新乡市	0.764	0.883	0.713	0.708	625.19
焦作市	0.784	0.898	0.724	0.742	352.11
濮阳市	0.750	0.888	0.685	0.694	377.21
许昌市	0.783	0.885	0.694	0.782	438.00
漯河市	0.782	0.901	0.701	0.756	236.75
三门峡市	0.786	0.885	0.715	0.768	203.49
南阳市	0.740	0.882	0.675	0.681	971.31
商丘市	0.737	0.889	0.673	0.670	781.68
信阳市	0.740	0.875	0.664	0.697	623.44
周口市	0.729	0.886	0.658	0.665	902.60
驻马店市	0.745	0.897	0.675	0.683	700.84
湖北省	0.794	0.892	0.728	0.772	5 775.26
武汉市	0.859	0.929	0.792	0.860	1 232.65
黄石市	0.791	0.911	0.719	0.757	246.91
十堰市	0.783	0.908	0.713	0.740	320.90
宜昌市	0.829	0.932	0.738	0.827	401.76
襄阳市	0.801	0.898	0.717	0.798	526.10
鄂州市	0.809	0.900	0.728	0.808	107.94
荆门市	0.803	0.903	0.742	0.772	259.69
孝感市	0.767	0.894	0.703	0.718	427.04
荆州市	0.765	0.909	0.705	0.699	523.12
黄冈市	0.748	0.908	0.691	0.668	588.27
咸宁市	0.776	0.893	0.713	0.734	265.83
随州市	0.771	0.885	0.715	0.724	204.79
恩施土家族苗族自治州	0.742	0.892	0.706	0.648	345.61
湖南省	0.776	0.890	0.702	0.747	6 644.49
长沙市	0.840	0.923	0.756	0.850	1 004.79
株洲市	0.803	0.920	0.717	0.784	390.27
湘潭市	0.804	0.911	0.717	0.795	272.62
衡阳市	0.759	0.883	0.687	0.721	664.52
邵阳市	0.734	0.878	0.688	0.656	656.35
岳阳市	0.790	0.877	0.719	0.782	505.19
常德市	0.781	0.892	0.696	0.766	527.91
张家界市	0.754	0.940	0.683	0.667	151.70
益阳市	0.757	0.892	0.688	0.707	385.16

续表

地区	HDI	预期寿命指数	教育指数	GNI 指数	常住人口/万人
郴州市	0.766	0.892	0.695	0.724	466.71
永州市	0.745	0.893	0.682	0.679	528.98
怀化市	0.737	0.883	0.681	0.666	458.76
娄底市	0.748	0.865	0.698	0.694	382.70
湘西土家族苗族自治州	0.716	0.871	0.668	0.632	248.81
广东省	0.809	0.912	0.725	0.800	1 2601.25
广州市	0.863	0.968	0.768	0.864	1 867.66
韶关市	0.764	0.898	0.702	0.706	285.51
深圳市	0.880	0.977	0.784	0.889	1 756.01
珠海市	0.864	0.969	0.761	0.875	243.96
汕头市	0.761	0.897	0.688	0.713	550.20
佛山市	0.839	0.959	0.734	0.838	949.89
江门市	0.796	0.931	0.716	0.758	479.81
湛江市	0.754	0.886	0.695	0.696	698.12
茂名市	0.761	0.882	0.692	0.723	617.41
肇庆市	0.768	0.889	0.695	0.732	411.36
惠州市	0.794	0.909	0.719	0.765	604.29
梅州市	0.749	0.931	0.702	0.641	387.32
汕尾市	0.738	0.892	0.655	0.687	267.28
河源市	0.750	0.896	0.699	0.675	283.77
阳江市	0.767	0.902	0.694	0.721	260.30
清远市	0.753	0.889	0.689	0.697	396.95
东莞市	0.815	0.915	0.734	0.806	1 046.66
中山市	0.805	0.937	0.725	0.768	441.81
潮州市	0.748	0.898	0.677	0.689	256.84
揭阳市	0.739	0.898	0.671	0.670	557.78
云浮市	0.762	0.933	0.689	0.687	238.34
广西壮族自治区	0.751	0.893	0.683	0.695	5 012.68
南宁市	0.776	0.888	0.724	0.727	874.16
柳州市	0.782	0.877	0.701	0.778	415.79
桂林市	0.757	0.905	0.695	0.692	493.11
梧州市	0.741	0.889	0.679	0.673	282.10
北海市	0.792	0.923	0.705	0.763	185.32
防城港市	0.775	0.877	0.693	0.766	104.61
钦州市	0.739	0.877	0.670	0.687	330.22

续表

地区	HDI	预期寿命指数	教育指数	GNI 指数	常住人口/万人
贵港市	0.721	0.868	0.672	0.643	431.63
玉林市	0.729	0.892	0.680	0.638	579.68
百色市	0.730	0.885	0.656	0.669	357.15
贺州市	0.741	0.911	0.665	0.670	200.79
河池市	0.713	0.891	0.654	0.621	341.79
来宾市	0.732	0.885	0.676	0.655	207.46
崇左市	0.707	0.885	0.591	0.675	208.87
海南省	0.779	0.908	0.714	0.729	1 008.12
海口市	0.801	0.906	0.757	0.749	287.34
三亚市	0.794	0.892	0.736	0.762	103.14
重庆市	0.790	0.901	0.701	0.781	3 205.42
四川省	0.762	0.889	0.677	0.736	8 367.49
成都市	0.821	0.946	0.735	0.796	2 093.78
自贡市	0.758	0.886	0.667	0.736	248.93
攀枝花市	0.790	0.901	0.687	0.795	121.22
泸州市	0.751	0.903	0.656	0.716	425.41
德阳市	0.770	0.892	0.669	0.763	345.62
绵阳市	0.776	0.928	0.674	0.746	486.82
广元市	0.739	0.883	0.661	0.692	230.57
遂宁市	0.749	0.892	0.660	0.712	281.42
内江市	0.743	0.885	0.661	0.702	314.07
乐山市	0.767	0.895	0.673	0.749	316.02
南充市	0.735	0.880	0.656	0.689	560.76
眉山市	0.749	0.895	0.664	0.708	295.52
宜宾市	0.762	0.889	0.668	0.744	458.88
广安市	0.731	0.882	0.653	0.680	325.49
达州市	0.738	0.895	0.662	0.677	538.54
雅安市	0.756	0.892	0.671	0.721	143.46
巴中市	0.722	0.897	0.672	0.626	271.29
资阳市	0.719	0.874	0.647	0.659	230.86
阿坝藏族羌族自治州	0.724	0.846	0.628	0.713	82.26
甘孜藏族自治州	0.694	0.846	0.591	0.668	110.74
凉山彝族自治州	0.704	0.868	0.606	0.663	485.84
贵州省	0.726	0.849	0.643	0.702	3 856.21
贵阳市	0.775	0.849	0.713	0.769	598.70

续表

地区	HDI	预期寿命指数	教育指数	GNI 指数	常住人口/万人
六盘水市	0.719	0.840	0.635	0.695	303.16
遵义市	0.738	0.846	0.650	0.732	660.67
安顺市	0.707	0.831	0.629	0.677	247.06
毕节市	0.717	0.846	0.641	0.681	689.96
铜仁市	0.729	0.877	0.633	0.697	329.85
黔西南布依族苗族自治州	0.686	0.846	0.603	0.633	301.51
黔东南苗族侗族自治州	0.698	0.838	0.629	0.645	375.86
黔南布依族苗族自治州	0.721	0.846	0.633	0.700	349.44
云南省	0.733	0.831	0.657	0.720	4 720.93
昆明市	0.805	0.923	0.720	0.786	846.01
曲靖市	0.736	0.858	0.647	0.717	576.58
玉溪市	0.782	0.890	0.667	0.805	224.95
保山市	0.730	0.868	0.647	0.692	243.12
昭通市	0.680	0.831	0.621	0.610	509.26
丽江市	0.726	0.846	0.661	0.683	125.39
普洱市	0.711	0.837	0.636	0.677	240.50
临沧市	0.704	0.834	0.629	0.665	225.80
楚雄彝族自治州	0.744	0.850	0.663	0.732	241.67
红河哈尼族彝族自治州	0.744	0.882	0.645	0.725	447.84
文山壮族苗族自治州	0.700	0.830	0.632	0.654	350.32
西双版纳傣族自治州	0.720	0.826	0.642	0.703	130.14
大理白族自治州	0.736	0.868	0.662	0.696	333.76
德宏傣族景颇族自治州	0.721	0.831	0.649	0.694	131.57
怒江傈僳族自治州	0.673	0.725	0.624	0.673	55.27
迪庆藏族自治州	0.721	0.791	0.621	0.762	38.75
西藏自治区	0.699	0.803	0.589	0.720	364.81
拉萨市	0.735	0.778	0.652	0.781	86.79
日喀则市	0.659	0.785	0.560	0.652	79.82
昌都市	0.705	0.778	0.605	0.743	76.10
林芝市	0.671	0.786	0.565	0.682	23.89
山南市	0.611	0.682	0.510	0.655	35.40
那曲市	0.645	0.621	0.588	0.734	50.48
阿里地区	0.729	0.786	0.629	0.785	12.33
陕西省	0.788	0.889	0.729	0.755	3 952.90
西安市	0.826	0.921	0.782	0.783	1 295.29

续表

地区	HDI	预期寿命指数	教育指数	GNI 指数	常住人口/万人
铜川市	0.773	0.882	0.726	0.722	69.83
宝鸡市	0.787	0.890	0.720	0.759	332.19
咸阳市	0.771	0.877	0.718	0.729	395.98
渭南市	0.752	0.883	0.713	0.677	468.87
延安市	0.777	0.865	0.710	0.764	228.26
汉中市	0.750	0.862	0.688	0.711	321.15
榆林市	0.799	0.872	0.698	0.837	362.48
安康市	0.733	0.851	0.668	0.692	249.34
商洛市	0.720	0.822	0.685	0.661	204.12
甘肃省	0.723	0.856	0.666	0.663	2 501.98
兰州市	0.778	0.838	0.742	0.757	435.94
嘉峪关市	0.817	0.895	0.758	0.804	31.27
金昌市	0.783	0.862	0.707	0.788	43.80
白银市	0.724	0.851	0.687	0.649	151.21
天水市	0.687	0.849	0.647	0.591	298.47
武威市	0.723	0.856	0.668	0.662	146.50
张掖市	0.728	0.834	0.677	0.684	113.10
平凉市	0.690	0.831	0.647	0.613	184.86
酒泉市	0.764	0.855	0.698	0.747	105.57
庆阳市	0.727	0.881	0.662	0.658	217.97
定西市	0.663	0.820	0.642	0.554	252.41
陇南市	0.663	0.852	0.604	0.565	240.73
临夏回族自治州	0.642	0.831	0.590	0.539	210.98
甘南藏族自治州	0.656	0.708	0.620	0.645	69.18
青海省	0.731	0.830	0.657	0.716	592.40
西宁市	0.761	0.848	0.711	0.730	246.80
海东市	0.707	0.851	0.618	0.672	135.85
海北藏族自治州	0.689	0.820	0.616	0.647	26.53
黄南藏族自治州	0.693	0.828	0.593	0.678	27.62
海南藏族自治州	0.697	0.789	0.628	0.682	44.70
果洛藏族自治州	0.640	0.738	0.597	0.594	21.56
玉树藏族自治州	0.600	0.751	0.543	0.531	42.52
海西蒙古族藏族自治州	0.793	0.837	0.692	0.861	46.82
宁夏回族自治区	0.763	0.870	0.700	0.728	720.27
银川市	0.796	0.889	0.743	0.763	285.91

续表

地区	HDI	预期寿命指数	教育指数	GNI 指数	常住人口/万人
石嘴山市	0.778	0.869	0.704	0.769	75.14
吴忠市	0.740	0.869	0.669	0.698	138.27
固原市	0.714	0.874	0.652	0.640	114.21
中卫市	0.733	0.860	0.668	0.684	106.73
新疆维吾尔自治区	0.763	0.856	0.716	0.724	2 585.23
乌鲁木齐市	0.805	0.868	0.763	0.789	405.44
克拉玛依市	0.871	0.950	0.766	0.908	49.03
吐鲁番市	0.753	0.836	0.704	0.725	69.40
哈密市	0.798	0.862	0.734	0.803	67.34
昌吉回族自治州	0.795	0.882	0.716	0.796	161.36
博尔塔拉蒙古自治州	0.801	0.911	0.724	0.779	48.82
巴音郭楞蒙古自治州	0.792	0.904	0.721	0.761	161.40
阿克苏地区	0.746	0.846	0.693	0.709	271.44
克孜勒苏柯尔克孜自治州	0.718	0.842	0.706	0.622	62.22
喀什地区	0.703	0.825	0.690	0.610	449.64
和田地区	0.676	0.836	0.681	0.544	250.47
伊犁哈萨克自治州	0.744	0.831	0.707	0.700	277.89
塔城地区	0.762	0.831	0.707	0.753	113.86
阿勒泰地区	0.755	0.831	0.720	0.718	66.86

附录 2　全国地级人类发展指数（2010~2020 年）

附表 2　全国地级人类发展指数（2010~2020 年）

地区	2010 年	2012 年	2014 年	2016 年	2018 年	2020 年
河北省						
石家庄市	0.730	0.745	0.756	0.768	0.773	0.778
唐山市	0.754	0.769	0.777	0.778	0.787	0.799
秦皇岛市	0.725	0.739	0.748	0.758	0.768	0.778
邯郸市	0.697	0.713	0.722	0.733	0.737	0.745
邢台市	0.674	0.691	0.703	0.719	0.723	0.732
保定市	0.684	0.701	0.712	0.725	0.729	0.740
张家口市	0.697	0.708	0.714	0.723	0.729	0.742
承德市	0.695	0.714	0.729	0.739	0.741	0.751
沧州市	0.708	0.722	0.734	0.746	0.750	0.757
廊坊市	0.720	0.736	0.752	0.769	0.777	0.780
衡水市	0.680	0.696	0.710	0.727	0.735	0.743
山西省						
太原市	0.788	0.793	0.797	0.807	0.821	0.822
大同市	0.701	0.714	0.720	0.726	0.743	0.761
阳泉市	0.721	0.739	0.746	0.752	0.764	0.775
长治市	0.707	0.728	0.733	0.736	0.753	0.766
晋城市	0.714	0.731	0.736	0.746	0.766	0.779
朔州市	0.734	0.751	0.753	0.757	0.772	0.786
晋中市	0.709	0.720	0.725	0.733	0.753	0.761
运城市	0.683	0.699	0.711	0.717	0.731	0.749
忻州市	0.674	0.692	0.698	0.707	0.733	0.748
临汾市	0.695	0.713	0.717	0.721	0.733	0.748
吕梁市	0.692	0.712	0.710	0.711	0.736	0.756
内蒙古自治区						
呼和浩特市	0.771	0.783	0.794	0.803	0.801	0.802
包头市	0.799	0.809	0.815	0.821	0.809	0.817
乌海市	0.776	0.786	0.793	0.794	0.790	0.805
赤峰市	0.692	0.715	0.729	0.738	0.724	0.738
通辽市	0.712	0.732	0.743	0.751	0.734	0.745

续表

地区	2010 年	2012 年	2014 年	2016 年	2018 年	2020 年
鄂尔多斯市	0.797	0.803	0.814	0.823	0.816	0.818
呼伦贝尔市	0.720	0.744	0.755	0.764	0.752	0.761
巴彦淖尔市	0.718	0.731	0.739	0.749	0.747	0.763
乌兰察布市	0.701	0.717	0.726	0.735	0.727	0.746
兴安盟	0.664	0.688	0.704	0.717	0.713	0.735
锡林郭勒盟	0.748	0.765	0.777	0.788	0.778	0.784
阿拉善盟	0.808	0.823	0.829	0.819	0.810	0.817
辽宁省						
沈阳市	0.769	0.785	0.801	0.809	0.817	0.826
大连市	0.774	0.791	0.808	0.818	0.824	0.835
鞍山市	0.768	0.781	0.788	0.767	0.778	0.785
抚顺市	0.754	0.773	0.780	0.762	0.769	0.761
本溪市	0.771	0.781	0.786	0.769	0.775	0.798
丹东市	0.726	0.752	0.764	0.753	0.757	0.761
锦州市	0.726	0.746	0.758	0.752	0.767	0.776
营口市	0.750	0.764	0.772	0.761	0.772	0.778
阜新市	0.704	0.730	0.743	0.727	0.736	0.753
辽阳市	0.753	0.769	0.774	0.754	0.768	0.781
盘锦市	0.783	0.799	0.808	0.801	0.812	0.822
铁岭市	0.716	0.729	0.736	0.716	0.719	0.738
朝阳市	0.695	0.718	0.730	0.718	0.728	0.737
葫芦岛市	0.698	0.717	0.729	0.729	0.744	0.748
吉林省						
长春市	0.750	0.767	0.781	0.792	0.806	0.817
吉林市	0.765	0.781	0.783	0.788	0.784	0.765
四平市	0.712	0.734	0.746	0.751	0.742	0.737
辽源市	0.727	0.749	0.760	0.773	0.772	0.762
通化市	0.712	0.734	0.748	0.753	0.753	0.755
白山市	0.722	0.746	0.757	0.769	0.775	0.772
松原市	0.734	0.753	0.759	0.766	0.759	0.731
白城市	0.695	0.715	0.726	0.735	0.732	0.730
延边朝鲜族自治州	0.720	0.751	0.775	0.783	0.771	0.777
黑龙江省						
哈尔滨市	0.744	0.757	0.770	0.765	0.780	0.793
齐齐哈尔市	0.689	0.707	0.713	0.717	0.728	0.746
鸡西市	0.711	0.729	0.726	0.734	0.742	0.758

续表

地区	2010 年	2012 年	2014 年	2016 年	2018 年	2020 年
鹤岗市	0.705	0.727	0.716	0.732	0.744	0.757
双鸭山市	0.715	0.735	0.725	0.729	0.744	0.758
大庆市	0.793	0.810	0.817	0.793	0.813	0.810
伊春市	0.702	0.721	0.729	0.743	0.759	0.774
佳木斯市	0.697	0.717	0.732	0.728	0.741	0.757
七台河市	0.725	0.727	0.718	0.723	0.739	0.742
牡丹江市	0.728	0.742	0.752	0.736	0.744	0.757
黑河市	0.678	0.694	0.717	0.739	0.752	0.770
绥化市	0.655	0.679	0.694	0.704	0.713	0.730
大兴安岭地区	0.715	0.739	0.736	0.738	0.750	0.775
江苏省						
南京市	0.801	0.823	0.843	0.855	0.868	0.879
无锡市	0.802	0.821	0.837	0.846	0.857	0.868
徐州市	0.728	0.748	0.766	0.779	0.787	0.795
常州市	0.784	0.798	0.814	0.828	0.843	0.858
苏州市	0.809	0.822	0.835	0.847	0.858	0.865
南通市	0.754	0.773	0.793	0.813	0.829	0.841
连云港市	0.713	0.736	0.758	0.776	0.782	0.790
淮安市	0.717	0.739	0.760	0.781	0.787	0.794
盐城市	0.722	0.740	0.754	0.772	0.782	0.792
扬州市	0.752	0.771	0.791	0.807	0.815	0.818
镇江市	0.776	0.791	0.808	0.825	0.836	0.829
泰州市	0.741	0.759	0.771	0.795	0.811	0.811
宿迁市	0.695	0.720	0.742	0.759	0.769	0.780
浙江省						
杭州市	0.796	0.814	0.832	0.850	0.859	0.860
宁波市	0.782	0.798	0.812	0.824	0.835	0.840
温州市	0.728	0.745	0.762	0.775	0.786	0.797
嘉兴市	0.758	0.774	0.791	0.806	0.821	0.825
湖州市	0.750	0.767	0.782	0.797	0.811	0.823
绍兴市	0.763	0.782	0.800	0.814	0.823	0.832
金华市	0.742	0.754	0.767	0.778	0.786	0.795
衢州市	0.726	0.743	0.757	0.769	0.778	0.788
舟山市	0.760	0.773	0.789	0.804	0.811	0.830
台州市	0.737	0.748	0.762	0.773	0.787	0.797
丽水市	0.717	0.735	0.751	0.764	0.775	0.786

续表

地区	2010 年	2012 年	2014 年	2016 年	2018 年	2020 年
安徽省						
合肥市	0.751	0.765	0.780	0.795	0.810	0.822
芜湖市	0.722	0.744	0.763	0.779	0.792	0.806
蚌埠市	0.685	0.705	0.723	0.738	0.750	0.767
淮南市	0.704	0.719	0.720	0.714	0.725	0.747
马鞍山市	0.740	0.757	0.769	0.776	0.787	0.799
淮北市	0.700	0.713	0.725	0.730	0.741	0.760
铜陵市	0.747	0.762	0.773	0.760	0.771	0.774
安庆市	0.674	0.696	0.710	0.723	0.736	0.761
黄山市	0.689	0.712	0.729	0.742	0.753	0.773
滁州市	0.669	0.692	0.713	0.730	0.749	0.788
阜阳市	0.612	0.638	0.659	0.676	0.690	0.723
宿州市	0.649	0.673	0.693	0.709	0.727	0.745
六安市	0.642	0.664	0.681	0.700	0.711	0.737
亳州市	0.623	0.645	0.664	0.679	0.690	0.717
池州市	0.679	0.699	0.716	0.729	0.739	0.761
宣城市	0.675	0.700	0.719	0.735	0.750	0.770
福建省						
福州市	0.759	0.772	0.786	0.799	0.814	0.827
厦门市	0.780	0.794	0.806	0.820	0.835	0.845
莆田市	0.708	0.730	0.749	0.767	0.785	0.795
三明市	0.723	0.747	0.767	0.781	0.795	0.809
泉州市	0.726	0.744	0.763	0.778	0.794	0.807
漳州市	0.707	0.727	0.745	0.761	0.774	0.788
南平市	0.698	0.722	0.742	0.758	0.771	0.784
龙岩市	0.725	0.745	0.761	0.775	0.789	0.802
宁德市	0.695	0.719	0.737	0.752	0.766	0.785
江西省						
南昌市	0.746	0.762	0.778	0.791	0.804	0.815
景德镇市	0.693	0.714	0.732	0.743	0.746	0.760
萍乡市	0.705	0.724	0.737	0.751	0.758	0.770
九江市	0.693	0.706	0.717	0.729	0.744	0.763
新余市	0.750	0.765	0.775	0.787	0.790	0.794
鹰潭市	0.701	0.719	0.735	0.751	0.764	0.784
赣州市	0.653	0.672	0.690	0.707	0.724	0.744
吉安市	0.668	0.683	0.695	0.709	0.724	0.750

续表

地区	2010 年	2012 年	2014 年	2016 年	2018 年	2020 年
宜春市	0.668	0.688	0.703	0.715	0.727	0.749
抚州市	0.659	0.674	0.690	0.705	0.719	0.742
上饶市	0.648	0.671	0.691	0.695	0.714	0.741
山东省						
济南市	0.771	0.787	0.806	0.815	0.825	0.830
青岛市	0.776	0.795	0.813	0.822	0.836	0.844
淄博市	0.771	0.784	0.795	0.813	0.802	0.806
枣庄市	0.729	0.743	0.757	0.763	0.766	0.750
东营市	0.787	0.802	0.816	0.823	0.834	0.845
烟台市	0.767	0.781	0.796	0.812	0.821	0.829
潍坊市	0.732	0.748	0.765	0.784	0.785	0.788
济宁市	0.721	0.735	0.750	0.764	0.772	0.773
泰安市	0.729	0.745	0.761	0.772	0.781	0.770
威海市	0.777	0.794	0.814	0.831	0.838	0.833
日照市	0.721	0.735	0.748	0.759	0.772	0.785
临沂市	0.698	0.708	0.720	0.732	0.739	0.747
德州市	0.714	0.731	0.744	0.757	0.766	0.765
聊城市	0.708	0.723	0.736	0.750	0.759	0.751
滨州市	0.728	0.745	0.761	0.767	0.772	0.774
菏泽市	0.671	0.695	0.714	0.729	0.738	0.748
河南省						
郑州市	0.765	0.779	0.795	0.808	0.825	0.832
开封市	0.684	0.699	0.716	0.730	0.739	0.750
洛阳市	0.728	0.740	0.749	0.761	0.775	0.789
平顶山市	0.703	0.711	0.721	0.733	0.747	0.763
安阳市	0.697	0.708	0.722	0.734	0.747	0.750
鹤壁市	0.701	0.715	0.735	0.748	0.757	0.772
新乡市	0.696	0.713	0.727	0.739	0.751	0.764
焦作市	0.732	0.742	0.755	0.768	0.780	0.784
濮阳市	0.684	0.697	0.715	0.730	0.747	0.750
许昌市	0.711	0.727	0.743	0.755	0.767	0.783
漯河市	0.719	0.722	0.731	0.739	0.747	0.782
三门峡市	0.742	0.751	0.757	0.764	0.776	0.786
南阳市	0.676	0.687	0.701	0.715	0.726	0.740
商丘市	0.664	0.677	0.694	0.708	0.723	0.737
信阳市	0.667	0.682	0.697	0.710	0.723	0.740

续表

地区	2010 年	2012 年	2014 年	2016 年	2018 年	2020 年
周口市	0.650	0.668	0.688	0.699	0.713	0.729
驻马店市	0.656	0.675	0.692	0.706	0.723	0.745
湖北省						
武汉市	0.781	0.804	0.829	0.844	0.860	0.859
黄石市	0.713	0.739	0.755	0.766	0.781	0.791
十堰市	0.692	0.709	0.732	0.749	0.769	0.783
宜昌市	0.734	0.765	0.786	0.804	0.815	0.829
襄阳市	0.710	0.740	0.759	0.775	0.787	0.801
鄂州市	0.724	0.748	0.769	0.787	0.805	0.809
荆门市	0.712	0.737	0.755	0.771	0.787	0.803
孝感市	0.674	0.691	0.715	0.731	0.745	0.767
荆州市	0.670	0.694	0.714	0.731	0.749	0.765
黄冈市	0.658	0.683	0.702	0.717	0.727	0.748
咸宁市	0.692	0.715	0.734	0.750	0.767	0.776
随州市	0.686	0.711	0.729	0.744	0.756	0.771
恩施土家族苗族自治州	0.632	0.660	0.685	0.706	0.720	0.742
湖南省						
长沙市	0.772	0.788	0.802	0.817	0.830	0.840
株洲市	0.722	0.743	0.762	0.777	0.785	0.803
湘潭市	0.722	0.746	0.766	0.784	0.793	0.804
衡阳市	0.683	0.702	0.720	0.736	0.743	0.759
邵阳市	0.643	0.665	0.683	0.700	0.710	0.734
岳阳市	0.716	0.736	0.752	0.764	0.771	0.790
常德市	0.713	0.728	0.742	0.754	0.762	0.781
张家界市	0.674	0.694	0.709	0.727	0.744	0.754
益阳市	0.681	0.701	0.716	0.731	0.742	0.757
郴州市	0.700	0.719	0.736	0.750	0.757	0.766
永州市	0.664	0.682	0.697	0.711	0.731	0.745
怀化市	0.669	0.691	0.703	0.717	0.723	0.737
娄底市	0.676	0.702	0.718	0.733	0.741	0.748
湘西土家族苗族自治州	0.644	0.661	0.674	0.688	0.698	0.716
广东省						
广州市	0.807	0.817	0.834	0.842	0.849	0.863
韶关市	0.703	0.718	0.731	0.741	0.752	0.764
深圳市	0.838	0.842	0.846	0.858	0.863	0.880
珠海市	0.816	0.826	0.839	0.851	0.861	0.864

续表

地区	2010年	2012年	2014年	2016年	2018年	2020年
汕头市	0.694	0.706	0.719	0.735	0.749	0.761
佛山市	0.791	0.797	0.806	0.814	0.829	0.839
江门市	0.733	0.747	0.761	0.776	0.787	0.796
湛江市	0.698	0.710	0.720	0.731	0.744	0.754
茂名市	0.712	0.722	0.732	0.740	0.752	0.761
肇庆市	0.699	0.714	0.730	0.743	0.756	0.768
惠州市	0.741	0.754	0.766	0.776	0.787	0.794
梅州市	0.673	0.686	0.701	0.720	0.733	0.749
汕尾市	0.669	0.684	0.696	0.709	0.724	0.738
河源市	0.680	0.692	0.705	0.719	0.735	0.750
阳江市	0.717	0.729	0.742	0.748	0.753	0.767
清远市	0.692	0.701	0.713	0.728	0.739	0.753
东莞市	0.776	0.777	0.783	0.793	0.805	0.815
中山市	0.772	0.778	0.784	0.794	0.797	0.805
潮州市	0.689	0.701	0.714	0.729	0.736	0.748
揭阳市	0.673	0.691	0.709	0.721	0.730	0.739
云浮市	0.675	0.693	0.712	0.729	0.743	0.762
广西壮族自治区						
南宁市	0.716	0.738	0.754	0.757	0.767	0.776
柳州市	0.722	0.738	0.752	0.762	0.775	0.782
桂林市	0.694	0.715	0.733	0.746	0.747	0.757
梧州市	0.673	0.701	0.714	0.733	0.728	0.741
北海市	0.723	0.748	0.766	0.778	0.789	0.792
防城港市	0.714	0.733	0.754	0.767	0.771	0.775
钦州市	0.669	0.685	0.698	0.717	0.728	0.739
贵港市	0.647	0.666	0.681	0.696	0.708	0.721
玉林市	0.660	0.679	0.696	0.710	0.716	0.729
百色市	0.644	0.667	0.687	0.706	0.713	0.730
贺州市	0.654	0.677	0.694	0.710	0.720	0.741
河池市	0.646	0.652	0.671	0.686	0.697	0.713
来宾市	0.675	0.693	0.702	0.711	0.721	0.732
崇左市	0.644	0.666	0.684	0.698	0.714	0.707
海南省						
海口市	0.751	0.753	0.768	0.781	0.790	0.801
三亚市	0.729	0.740	0.765	0.783	0.795	0.794
四川省						

续表

地区	2010 年	2012 年	2014 年	2016 年	2018 年	2020 年
成都市	0.680	0.701	0.718	0.732	0.749	0.762
自贡市	0.753	0.768	0.779	0.790	0.809	0.821
攀枝花市	0.687	0.705	0.720	0.734	0.742	0.758
泸州市	0.737	0.755	0.767	0.780	0.789	0.790
德阳市	0.655	0.681	0.701	0.718	0.730	0.751
绵阳市	0.692	0.712	0.726	0.740	0.757	0.770
广元市	0.674	0.698	0.714	0.730	0.750	0.776
遂宁市	0.633	0.666	0.685	0.701	0.713	0.739
内江市	0.661	0.680	0.691	0.708	0.725	0.749
乐山市	0.670	0.693	0.708	0.720	0.727	0.743
南充市	0.690	0.710	0.724	0.738	0.748	0.767
眉山市	0.657	0.676	0.690	0.701	0.713	0.735
宜宾市	0.677	0.695	0.709	0.724	0.735	0.749
广安市	0.661	0.682	0.695	0.711	0.732	0.762
达州市	0.646	0.675	0.696	0.712	0.723	0.731
雅安市	0.649	0.674	0.692	0.704	0.715	0.738
巴中市	0.680	0.698	0.710	0.724	0.737	0.756
资阳市	0.631	0.649	0.661	0.678	0.693	0.722
阿坝藏族羌族自治州	0.639	0.663	0.676	0.692	0.702	0.719
甘孜藏族自治州	0.644	0.664	0.673	0.683	0.693	0.724
凉山彝族自治州	0.595	0.616	0.631	0.640	0.657	0.694
贵州省						
贵阳市	0.620	0.649	0.676	0.696	0.709	0.726
六盘水市	0.702	0.721	0.739	0.751	0.761	0.775
遵义市	0.630	0.656	0.681	0.702	0.716	0.719
安顺市	0.629	0.657	0.682	0.703	0.721	0.738
毕节市	0.584	0.611	0.638	0.660	0.676	0.686
铜仁市	0.597	0.630	0.660	0.684	0.700	0.717
黔西南布依族苗族自治州	0.603	0.631	0.657	0.685	0.708	0.729
黔东南苗族侗族自治州	0.589	0.624	0.653	0.678	0.687	0.698
黔南布依族苗族自治州	0.605	0.637	0.668	0.690	0.707	0.721
云南省						
昆明市	0.705	0.732	0.756	0.777	0.792	0.805
曲靖市	0.636	0.661	0.681	0.688	0.701	0.736
玉溪市	0.688	0.708	0.725	0.737	0.754	0.782
保山市	0.613	0.644	0.671	0.690	0.702	0.730

续表

地区	2010 年	2012 年	2014 年	2016 年	2018 年	2020 年
昭通市	0.562	0.588	0.605	0.622	0.640	0.680
丽江市	0.620	0.637	0.649	0.666	0.686	0.726
普洱市	0.586	0.611	0.632	0.652	0.672	0.711
临沧市	0.578	0.612	0.638	0.659	0.672	0.704
楚雄彝族自治州	0.632	0.658	0.680	0.702	0.712	0.744
红河哈尼族彝族自治州	0.612	0.638	0.661	0.685	0.705	0.744
文山壮族苗族自治州	0.582	0.608	0.632	0.661	0.670	0.700
西双版纳傣族自治州	0.619	0.641	0.663	0.681	0.695	0.720
大理白族自治州	0.629	0.656	0.679	0.698	0.710	0.736
德宏傣族景颇族自治州	0.608	0.633	0.654	0.677	0.690	0.721
怒江傈僳族自治州	0.574	0.590	0.607	0.623	0.641	0.673
迪庆藏族自治州	0.635	0.649	0.662	0.679	0.700	0.721
西藏自治区						
拉萨市	0.645	0.663	0.679	0.688	0.715	0.735
日喀则市	0.575	0.591	0.608	0.627	0.647	0.671
昌都市	0.549	0.564	0.582	0.599	0.623	0.659
林芝市	0.629	0.646	0.664	0.681	0.704	0.729
山南市	0.608	0.621	0.637	0.650	0.673	0.705
那曲市	0.516	0.527	0.545	0.564	0.587	0.611
阿里地区	0.575	0.580	0.583	0.595	0.619	0.645
陕西省						
西安市	0.759	0.771	0.783	0.797	0.816	0.826
铜川市	0.698	0.719	0.733	0.739	0.756	0.773
宝鸡市	0.706	0.723	0.736	0.751	0.771	0.787
咸阳市	0.697	0.716	0.732	0.744	0.760	0.771
渭南市	0.677	0.699	0.714	0.722	0.738	0.752
延安市	0.720	0.744	0.757	0.750	0.770	0.777
汉中市	0.658	0.684	0.706	0.720	0.737	0.750
榆林市	0.725	0.750	0.762	0.766	0.787	0.799
安康市	0.637	0.664	0.689	0.707	0.724	0.733
商洛市	0.632	0.656	0.679	0.695	0.713	0.720
甘肃省						
兰州市	0.731	0.747	0.758	0.764	0.773	0.778
嘉峪关市	0.786	0.806	0.808	0.790	0.825	0.817
金昌市	0.729	0.740	0.749	0.744	0.759	0.783
白银市	0.668	0.689	0.697	0.702	0.713	0.724

续表

地区	2010 年	2012 年	2014 年	2016 年	2018 年	2020 年
天水市	0.610	0.632	0.654	0.668	0.675	0.687
武威市	0.627	0.663	0.680	0.694	0.698	0.723
张掖市	0.650	0.674	0.693	0.706	0.710	0.728
平凉市	0.617	0.643	0.654	0.662	0.667	0.690
酒泉市	0.714	0.732	0.742	0.746	0.750	0.764
庆阳市	0.645	0.670	0.690	0.693	0.710	0.727
定西市	0.570	0.596	0.617	0.630	0.639	0.663
陇南市	0.567	0.590	0.607	0.629	0.636	0.663
临夏回族自治州	0.552	0.575	0.598	0.612	0.621	0.642
甘南藏族自治州	0.569	0.590	0.604	0.619	0.629	0.656
青海省						
西宁市	0.712	0.729	0.742	0.755	0.757	0.761
海东市	0.604	0.641	0.666	0.681	0.689	0.707
海北藏族自治州	0.644	0.673	0.681	0.688	0.680	0.689
黄南藏族自治州	0.620	0.633	0.645	0.657	0.672	0.693
海南藏族自治州	0.622	0.643	0.655	0.670	0.678	0.697
果洛藏族自治州	0.548	0.571	0.581	0.597	0.616	0.640
玉树藏族自治州	0.530	0.553	0.568	0.583	0.582	0.600
海西蒙古族藏族自治州	0.749	0.767	0.767	0.767	0.782	0.793
宁夏回族自治区						
银川市	0.747	0.765	0.778	0.790	0.800	0.796
石嘴山市	0.726	0.744	0.754	0.763	0.774	0.778
吴忠市	0.665	0.688	0.700	0.710	0.722	0.740
固原市	0.593	0.630	0.649	0.668	0.690	0.714
中卫市	0.652	0.676	0.690	0.704	0.716	0.733
新疆维吾尔自治区						
乌鲁木齐市	0.745	0.763	0.778	0.788	0.803	0.805
克拉玛依市	0.810	0.824	0.844	0.848	0.857	0.871
吐鲁番市	0.682	0.704	0.722	0.721	0.742	0.753
哈密市	0.721	0.743	0.765	0.770	0.789	0.798
昌吉回族自治州	0.720	0.739	0.757	0.768	0.783	0.795
博尔塔拉蒙古自治州	0.712	0.731	0.756	0.768	0.785	0.801
巴音郭楞蒙古自治州	0.740	0.758	0.776	0.772	0.785	0.792
阿克苏地区	0.646	0.674	0.693	0.700	0.721	0.746
克孜勒苏柯尔克孜自治州	0.606	0.635	0.665	0.677	0.694	0.718
喀什地区	0.595	0.627	0.654	0.668	0.680	0.703

续表

地区	2010 年	2012 年	2014 年	2016 年	2018 年	2020 年
和田地区	0.557	0.581	0.608	0.625	0.646	0.676
伊犁哈萨克自治州	0.669	0.687	0.696	0.711	0.729	0.744
塔城地区	0.695	0.717	0.732	0.736	0.748	0.762
阿勒泰地区	0.684	0.702	0.718	0.721	0.738	0.755